U0574772

权威·前沿·原创

皮书系列为
"十二五""十三五"国家重点图书出版规划项目

中国社会科学院创新工程学术出版资助项目

世界经济黄皮书
YELLOW BOOK OF
WORLD ECONOMY

2017年世界经济形势分析与预测

WORLD ECONOMY ANALYSIS AND FORECAST
(2017)

中国社会科学院世界经济与政治研究所

主　编／张宇燕

副主编／孙　杰

社会科学文献出版社
SOCIAL SCIENCES ACADEMIC PRESS (CHINA)

图书在版编目（CIP）数据

2017 年世界经济形势分析与预测 / 张宇燕主编. ——
北京：社会科学文献出版社，2017.1
（世界经济黄皮书）
ISBN 978 - 7 - 5201 - 0204 - 9

Ⅰ.①2… Ⅱ.①张… Ⅲ.①世界经济形势 - 经济分
析 - 2016②世界经济形势 - 经济预测 - 2017 Ⅳ.
①F113.4

中国版本图书馆 CIP 数据核字（2016）第 304666 号

世界经济黄皮书
2017 年世界经济形势分析与预测

主 编／张宇燕
副 主 编／孙 杰

出 版 人／谢寿光
项目统筹／邓泳红
责任编辑／周映希 张艳丽

出 版／社会科学文献出版社·皮书出版分社（010）59367127
地址：北京市北三环中路甲 29 号院华龙大厦 邮编：100029
网址：www. ssap. com. cn
发 行／市场营销中心（010）59367081 59367018
印 装／三河市东方印刷有限公司

规 格／开 本：787mm × 1092mm 1/16
印 张：22.75 字 数：342 千字
版 次／2017 年 1 月第 1 版 2017 年 1 月第 1 次印刷
书 号／ISBN 978 - 7 - 5201 - 0204 - 9
定 价／89.00 元

皮书序列号／PSN Y - 1999 - 006 - 1/1

世界经济黄皮书编委会

主要编撰者简介

张宇燕　中国社会科学院世界经济与政治研究所研究员、所长。中国世界经济学会会长，新兴经济体研究会会长。曾先后就读于北京大学和中国社科院研究生院。主要研究领域包括国际政治经济学、制度经济学等。著有《经济发展与制度选择》（1992 年）、《国际经济政治学》（2008 年）、《美国行为的根源》（2015 年）等。

孙　杰　中国社会科学院世界经济与政治研究所研究员。中国世界经济学会常务理事。主要研究领域包括国际金融、公司融资和货币经济学。著有《汇率与国际收支》（1999）、《资本结构、治理结构和代理成本：理论、经验和启示》（2006）和《合作与不对称合作：理解国际经济与国际关系》（2016）等。

摘　要

2016年世界经济增速进一步放缓，就业增长放慢。大宗商品价格触底反弹，但仍在中低价位运行，全球物价水平有所回升，通货紧缩压力下降。国际贸易更加低迷，国际直接投资活动有所放缓，全球债务水平继续上升，国际金融市场持续动荡。

世界经济面临许多重大挑战。这些挑战包括：全球潜在增长率下降，金融市场更加脆弱，美国成为世界经济不稳定的来源，贸易投资增长乏力，收入分配与财富分配越来越不平等，反全球化趋势日益明显。这些因素将抑制世界经济强劲、可持续、平衡和包容增长。同时，地缘政治风险、难民危机、大国政治周期、恐怖主义等问题也仍然在影响世界经济的稳定与发展。

预计2017年按PPP计算的世界GDP增长率约为3.0%，按市场汇率计算的增长率约为2.4%。这一预测仍然低于国际货币基金组织和其他国际组织的预测。

预计2017年大宗商品价格仍将在中低位运行，且略有上行。考虑到石油输出国组织（OPEC）已经达成减产协议，俄罗斯也承诺降低石油产量，原油价格将在2017年有所上升，并超过60美元/桶。

目　录

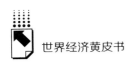

Ⅳ 热点篇

Ⅴ 世界经济统计与预测

皮书数据库阅读**使用指南**

总 论

Overview

Y.1

2016~2017年世界经济形势分析与展望

姚枝仲　张宇燕*

摘　要：　2016 年世界经济增速进一步放缓，就业增长放慢。大宗商品
价格触底反弹，但仍在中低价位运行，全球物价水平有所回
升，通货紧缩压力下降。国际贸易更加低迷，国际直接投资
活动有所放缓，全球债务水平继续上升，国际金融市场持续
动荡。世界经济面临许多重大挑战。这些挑战包括：全球潜
在增长率下降，金融市场更加脆弱，美国成为世界经济不稳
定的来源，贸易投资增长乏力，收入分配与财富分配越来越
不平等，反全球化趋势日益明显。这些因素将抑制世界经济
强劲、可持续、平衡和包容增长。同时，地缘政治风险、难
民危机、大国政治周期、恐怖主义等问题仍然在影响世界经

* 姚枝仲，中国社会科学院世界经济与政治研究所研究员、副所长；张宇燕，中国社会科学院
世界经济与政治研究所研究员、所长。

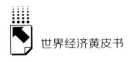

济的稳定与发展。预计 2017 年按 PPP 计算的世界 GDP 增长率约为 3.0%。

关键词： 世界经济 国际贸易 国际投资 国际金融

一 概述

2016 年世界经济增长率按购买力平价（PPP）计算约为 3.1%，按市场汇率计算约为 2.4%①。从截至 2016 年 10 月的世界经济形势来看，2016 年世界经济增长率相比 2015 年有所下降。全球经济增速持续放缓，潜在经济增长率有所下降，全球总债务水平不断增高，国际金融市场脆弱性加大，国际贸易投资更加低迷，居民收入和财富差距越来越大，反全球化趋势日益明显，世界经济面临更多的风险和挑战。针对世界经济当前面临的重大挑战，G20 杭州峰会制定了包括《创新增长蓝图》、《深化结构性改革议程》、《全球贸易增长战略》、《国际投资政策指导原则》、《迈向更稳定、更有韧性的国际金融架构的议程》和《支持非洲和最不发达国家工业化的倡议》等一系列政策措施和行动计划，旨在促进世界经济强劲、可持续性、平衡和包容增长。G20 杭州峰会的成果，为未来的世界经济政策指明了方向。

在上年度报告中，我们预计 2016 年世界经济按 PPP 计算的增长率为 3.0%，按市场汇率计算的增长率为 2.5%。这一判断低于国际货币基金组织（IMF）、世界银行、联合国、经济合作与发展组织（OECD）等国际经济机构在上年度的预测水平。2015 年 10 月 IMF 预计，2016 年世界经济按 PPP 计算的增长率为 3.6%，按市场汇率计算的增长率为 3.0%。从目前的情况来看，世界经济增长形势远不如 IMF 等国际组织上年度的预测，本报

---

① 如无特别说明，本文引用的 GDP 数据来自国际货币基金组织，其中 2016 年全年的数据为预测数，其他数据均来自 Wind 数据库。数据发布截止日为 2016 年 11 月 30 日。

告的谨慎预测更加接近实际情况。到 2016 年 10 月，IMF 已经调低对世界经济的预测，新的预测更加靠近我们上一年度的预测结果。

另外，在上年度报告中，我们预测"2016 年原油价格将在低价位运行，且略有上行，全年平均价为 60 美元/桶"。这里的原油价格是指英国布伦特轻质原油、迪拜中质原油和西得克萨斯重质原油价格的平均价。从截止到 2016 年 10 月的情况来看，上年度报告正确预测了原油价格趋势，但仍然没有预测准确具体原油价格。2016 年 1～9 月平均原油价格约为 41 美元/桶。原油价格的上升幅度低于我们的预期。

二 世界经济总体形势

（一）经济增长速度进一步放缓

2016 年世界经济增长低于普遍预期，全球经济增长率比 2015 年有所下降。全球经济增长率下降主要是由发达经济体经济增速明显回落造成的，新兴市场与发展中经济体倒是有望结束连续五年的增速下跌趋势。IMF 预测数据显示，2016 年世界经济增长率比 2015 年下降 0.1 个百分点。其中，发达经济体经济增速为 1.6%，比 2015 年下降 0.5 个百分点；新兴市场与发展中经济体经济增速为 4.2%，比 2015 年上升 0.2 个百分点[①]。

美国和欧元区 GDP 增速有明显下降，日本和其他发达经济体增速与上年基本持平。2016 年美国经济复苏进程受阻，GDP 增长 1.6%，比 2015 年下降 1.0 个百分点。欧元区 GDP 增长 1.7%，比 2015 年下降 0.3 个百分点。日本 GDP 增长率与 2014 年相同，保持在 0.5% 的水平；美、欧、日以外的其他发达经济体 GDP 增长 1.9%，也与 2014 年基本保持一致。

新兴市场与发展中经济体整体增速止跌回升。新兴市场与发展中经济体 GDP 增长率于 2010 年达到 7.5% 的历史最高水平，此后逐年下降，截至

---

① 如无特别说明，世界 GDP 增长率和各地区 GDP 增长率均为按 PPP 计算的数据。

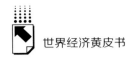

2015年，已经降至4.0%。2016年新兴市场和发展中经济体GDP增长率有望实现连续五年下跌以后的首次回升。新兴市场与发展中经济体的经济增速回升主要取决于三个方面。一是独联体国家经济状况好转。其GDP增速由2015年的负增长2.8%，回升到了2016年的负增长0.3%。俄罗斯、白俄罗斯和乌克兰在2015年经历了严重的经济衰退，其负增长幅度分别达到3.7%、3.9%和9.9%。2016年，俄罗斯的GDP负增长幅度显著缩小，为0.8%，有望在近期结束经济衰退。白俄罗斯的负增长幅度也降低0.9个百分点。衰退最严重的乌克兰，在2016年实现了经济复苏，GDP增长达到1.5%。二是中东北非地区整体上出现经济增长率的大幅度回升，GDP增长率从2015年的2.1%上升到了2016年的3.2%。这主要是由伊朗和伊拉克经济的显著回升造成的。这两个国家的GDP增长率分别从2015年的0.4%和-2.4%上升到2016年的4.5%和10.3%。需要说明的是，在这一地区，沙特阿拉伯的经济状况持续恶化，其GDP增长率从2015年的3.5%下降到2016年的1.2%。三是新兴和发展中亚洲经济体依然保持了强劲的增长。其GDP在2016年增长6.5%，与2015年相比只有0.1个百分点的轻微回落。在新兴市场和发展中经济体中，拉美和加勒比地区经济表现最弱。其中巴西经济仍然处于较为严重的衰退之中，2016年GDP增长率为-3.3%，负增长幅度仅比2015年减少0.5个百分点。委内瑞拉经济形势进一步恶化，GDP增长率从2015年的-6.2%下降到2016年的-10.0%。阿根廷再一次陷入衰退，GDP增长率从2015年的2.5%下降到2016年的-1.8%。

（二）劳动力市场改善放慢

美国劳动力市场持续改善的态势出现波折。2016年9月美国失业率为5.0%，相比2015年9月，下降了0.1个百分点，但是相比2016年5月的最低点，上升了0.3个百分点。美国失业人数有所增加，2016年9月美国失业人数为793.9万，相比2015年9月增加了1.4万，相比2015年5月的最低点增加了50.3万。但与此同时，美国的劳动参与率并没有显著上升。美国的劳动参与率于2015年9月下降到金融危机以来的最低点62.4%，此后开始有所回升,至2016年3月,回升至63%。但是劳动参与率的回升势头并没有持续,而是在63%的水平上反复波动,2016年9月为62.9%。失业人数的增加和劳动参与率并没有持续提高,反映了美国经济的疲软态势。

欧洲的劳动力市场也处在改善过程之中,但是改善速度有所放缓。欧盟整体失业率已经从2013年5月11.0%的最高值下降到2016年9月的8.4%,欧元区失业率已经从2013年5月12.1%的最高值下降到2016年9月的10.0%。但是,欧洲失业人数减缓幅度和失业率下降速度均有所放缓。从2014年9月到2015年9月,欧盟失业人数减少了212万,失业率下降了0.9个百分点,欧元区失业人数减少了132万,失业率下降了1个百分点;而从2015年9月到2016年9月,欧盟失业人数仅减少了152万,失业率仅下降了0.7个百分点,欧元区失业人数仅减少了92万,失业率下降幅度也缩小至0.6个百分点。

日本失业率在2015年10月就达到了3.1%,在发达经济体中属于失业率最低的国家。此后日本劳动力市场并非处于稳定持续的改善之中,其失业率曾于2016年3月回升到了3.3%的水平,截至2016年9月,其季调后的失业率下降到3.0%。加拿大的劳动力市场没有改善,其失业率在2015年9月为6.4%,截至2016年9月仍然为6.4%。澳大利亚的失业率在2016年表现出持续下降的态势,其失业率从2015年9月的6.1%下降到2016年9月的5.6%。

新兴经济体的劳动力市场表现差异较大。印度、越南这两个发展较快、经济形势较好的国家,2010年以来失业率均持续下降。其中印度的失业率从2010年的10.8%下降到2015年的7.1%,越南的失业率从2010年的4.3%下降到2015年3.4%。中国的劳动力市场一直比较稳定,虽然经济增长速度有所下降,但是失业率没有上升。俄罗斯虽然处于GDP负增长状态,但是负增长幅度有所收窄,其劳动力市场也有所恢复。俄罗斯失业率从2015年9月的5.2%上升到2016年3月的6.0%之后,开始逐渐下降,截至2016年9月,已经降至5.2%。另有一部分新兴经济体,劳动力市场处于不断恶化中。GDP负增长的巴西,失业率进一步上升,2014年9月,其失业

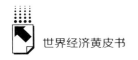

率仅为4.8%，2015年9月，则为7.8%，2016年2月，进一步上升到8.2%。南非的劳动力市场也进一步恶化，其失业率从2015年9月的25.5%上升到2016年9月的27.1%。

（三）物价水平有所回升

美国CPI同比增长率从2015年9月的零增长开始回升，至2016年10月，CPI同比增长率为1.6%。美国CPI增长率的回升主要有两个原因：一是能源价格下降幅度显著缩小。CPI中能源价格指数从2015年10月的同比增长-17.2%回升到了2016年10月的0.1%。二是核心CPI指数增长率有所上升，扣除能源和食品价格，核心CPI同比增长率从2015年10月的1.9%上升到2016年10月的2.3%。

欧洲物价也逐渐摆脱零增长困境。欧盟的消费价格调和指数（HICP）月度同比增长率从2014年12月开始变为负值，到2015年9月仍然负增长0.1%，此后开始有回稳迹象，截至2016年10月同比增长0.5%。扣除能源和季节性食品的欧盟核心HICP月度同比增长率基本保持稳定，2016年10月同比增长0.8%。欧元区的物价走势与整个欧盟基本同步，2016年10月欧元区HICP同比增长率也回稳至0.5%，核心HICP同比增长0.8%。欧元区物价水平离2%的通胀目标还有一定距离，仍保有较大的货币宽松空间。

日本虽然不断加大货币宽松力度，甚至开始采取负利率政策，但是仍然没有成功阻止经济陷入通货紧缩困境。日本CPI月度同比增长率从2016年1月开始出现负值，至2016年9月，其增长率为-0.5%，其核心CPI增长率也同样是负值，2016年9月增长率也为-0.5%。

在新兴市场和发展中国家中，俄罗斯、巴西和印度这几个原本通货膨胀比较严重的国家，2016年在控制通胀方面都取得了明显的效果。其中俄罗斯的CPI同比增长率从2015年9月的15.7%下降到2016年9月的6.4%，巴西全国CPI同比增长率从2015年9月的9.9%下降到2016年9月的9.2%，印度产业工人CPI同比增长率从2015年9月的5.1%下降到2016年9月的4.1%。原本通货膨胀不太严重的南非，出现不断升高的通胀率。其

CPI 同比增长率从 2015 年 9 月的 4.5% 上升到 2016 年 9 月的 6.5%。南非经济增长率下滑、失业率上升和通货膨胀率升高同时存在，是其经济陷入滞胀的表现。中国的物价则相对比较稳定，相比上一年，CPI 增长率略有回升。其 CPI 同比增长率从 2015 年 9 月的 1.6% 上升到 2016 年 10 月的 2.1%。

（四）国际贸易更加低迷

根据世界贸易组织（WTO）的数据，世界货物出口总额从 2014 年第四季度开始出现负值，至 2015 年第三季度，世界货物出口总额同比增长率达到 -15.4% 的最大萎缩幅度。此后的负增长幅度有所收窄，到 2016 年第二季度，世界货物出口总额同比增长 -3.8%，至 2016 年 9 月，同比增长率进一步收窄至 -1.1%。然而，世界货物出口总额负增长幅度收窄主要是因为贸易品价格，尤其是大宗商品价格下降幅度大幅度收窄造成的。排除价格因素后的实际世界货物出口总量同比增长率仍在持续下降，其中，2016 年第一季度同比零增长，第二季度同比增长 1.5%。其增长率不仅低于世界 GDP 平均增长率，也分别比上年同期的增长率低 4.2 和 1.2 个百分点。世界货物进口增长率的变动趋势与出口增长率变动趋势基本相同，进口总额的负增长幅度有所收窄，但排除价格因素的实际进口总量增长率进一步下降。

分地区来看，北美洲、中南美洲、亚洲和非洲地区的货物出口总额均为负增长，虽然负增长幅度有所收窄，但是实际货物出口总量增长率均进一步走低。唯一有点例外的地区是欧洲。欧洲的出口总额在 2016 年第二季度实现了 1.5% 的同比正增长。欧洲出口增长主要来源于欧盟内部贸易的增长。2016 年第二季度，欧盟内部贸易同比增长 3.4%。然而，欧盟内部贸易额的正增长并不能说明欧盟的经济活力在提升。首先，欧盟内部实际出口量从 2014 年以来虽然保持了比较强劲的增长，其季度同比增长率从 2014 年第一季度以来均保持 3% 以上的增长率，远高于欧盟 GDP 的增长率，但是 2016 年第二季度，同比增长率下降到 1.6%，这是近十个季度以来，第一次低于 3%。其次，欧盟对欧盟以外地区的出口总量增长率从 2015 年第三季度以来出现负值，而且负增长幅度逐步扩大，到 2016 年第二季度，增长率下降到

-3.9%。这一情况说明，欧盟的贸易形势仍然是非常严峻的。

国际贸易更加低迷，增大了贸易保护和去全球化的风险。

（五）国际直接投资活动减缓

2015 年全球外商直接投资（FDI）流入额为 1.76 万亿美元，达到全球金融危机以来的最高值，比上年增长了 38%[①]。FDI 大幅增长主要是由跨国并购激增造成的。2015 年跨国并购总额达 7215 亿美元，比上年增长 66.8%。

发达经济体的 FDI 流入额增长迅速。2015 年流入美国的 FDI 增长了 2.55 倍，达到 3800 亿美元。美国重新回到第一大外商直接投资目的国的地位。欧盟的 FDI 流入额达 4395 亿美元，比上年增长了 51%。发达经济体 FDI 流入总额达 9625 亿美元，比上年增长 84%，占全球比重增长了 14 个百分点，达到 55%，扭转了过去五年发展中和转型经济体在 FDI 流入额中占主导地位的趋势。在发达经济体中，日本是个例外。2015 年日本的 FDI 流入额不仅没有增长，反而出现了 FDI 净撤出 22.5 亿美元的现象。发展中和转型经济体整体的 FDI 流入额仅增长了 6%。除了亚洲发展中经济体增长了 15.6% 之外，其他所有地区的发展中和转型经济体 FDI 流入额都有所下降。其中，拉美和加勒比海地区下降了 1.2%，降至 1680 亿美元；非洲地区下降了 6.9%，降至 540 亿美元；转型经济体下降了 37.5%，降至 350 亿美元。中国吸引的 FDI 保持了稳定的增长，2015 年 FDI 流入额为 1356 亿美元，比上年增长了 5.5%。

发达经济体 FDI 流出额结束了连续三年的下降趋势，2015 年 FDI 流出总额为 1.1 万亿美元，比上年增长了 33%。其中欧洲表现尤为突出，在经历了连续四年的下降后，欧洲对外直接投资在 2015 年增长 85%，达到 5760 亿美元，约占全球 FDI 流出总额的 40%。日本对外直接投资也出现较快的

---

① 本文关于中国国际直接投资的数据来自中国商务部，其他国际直接投资数据均来自 UNCTAD。

增长，2015 年比上年增长 13.2%，达到 1290 亿美元。美国仍然是全球对外直接投资第一大国，但 2015 年对外直接投资额下降了 5.4%。与发达经济体对外直接投资迅猛增长的势头相反，发展中和转型经济体在 2015 年减少了对外直接投资。其中亚洲发展中经济体在 2015 年对外直接投资只有 3320 亿美元，比上年减少 17%。这主要是因为中国香港对外直接投资从 2014 年的 1250 亿美元（全球第二）骤减至 2015 年的 550 亿美元（全球第九），降幅达到 56%。

2016 年全球对外直接投资活动有所减缓。世界经济增长低迷、美国等国家对反转交易的限制、G20 对国际避税行为的限制等因素对跨国并购活动有所制约，2016 年全球并购交易增长率显著下降，导致全球 FDI 活动开始放缓。上半年全球 FDI 流入额下降 5%，预计 2016 年全年全球 FDI 流入额将下降 10%～15%。其中流入发展中经济体的 FDI 将下降 12%～16%，流入发达经济体的 FDI 将下降 10%～14%，流入转型经济体和金砖国家的 FDI 将有可能进一步上升。2017 年的国际直接投资相比 2016 年将有温和增长，但仍然达不到金融危机以前的规模。

2016 年全球投资政策仍然朝着更加自由化的方向发展。2015 年 10 月至 2016 年 10 月，全球共有 50 个国家和地区出台了 94 个与外国直接投资相关的新投资政策，其中 78% 以投资更加自由或促进投资为方向，22% 为投资限制措施。投资自由化措施主要是促使发展中国家扩大投资准入范围，限制措施主要出于对当地企业竞争力和国家利益等方面的考虑。

2015～2016 年，国际投资协定（IIA）谈判继续取得进展。2015 年全球共签订 31 个国际投资协定，其中有 20 个双边投资协定（BIT），11 个其他协定。2016 年前 10 个月，又有 16 个国际投资协定被签订，其中 9 个双边投资协定，7 个其他协定。IIAs 进一步增加到 3321 个，包括 2958 个双边投资协定（BITs）和 363 个其他 IIAs。

2016 年国际投资领域还出现了一件标志性的事件，即 G20 通过了《全球投资政策指导原则》，其提出了指导国际直接投资政策的九条原则，为进一步形成多边投资框架，甚至形成真正的多边国际投资协定起到奠基石的作用。

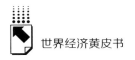
（六）债务水平继续升高

2016 年全球政府债务水平继续升高。发达经济体政府总债务与 GDP 之比从 2015 年的 105.4% 上升至 2016 年的 108.6%，政府净债务与 GDP 之比从 2015 年 70.3% 上升至 2016 年的 72.5%。新兴市场与发展中经济体总债务与 GDP 之比从 2015 年的 44.8% 上升到 2016 年的 47.3%。

美国政府总债务/GDP 提升了 3 个百分点，2015 年为 105.2%，2016 年约为 108.2%。日本政府债务状况继续恶化，政府总债务/GDP 从 2015 年的 248% 上升到 2016 年的 250.4%。欧元区政府总债务/GDP 于 2014 年达到最高点 94.3%，2015 年回落至 92.5%，2016 年继续回落至 91.7%。对欧元区政府总债务水平回落贡献较大的是葡萄牙和德国。其中葡萄牙政府总债务/GDP 从 2015 年的 129% 下降到 2016 年的 128.4%，德国从 2015 年的 71% 下降到 2016 年的 68.2%。但是，欧元区的主要重债国政府债务状况继续恶化。希腊的政府总债务/GDP 从 2015 年的 176.9% 猛增至 2016 年的 183.4%，同期，西班牙从 99.3% 上升到 2016 年的 100.1%，意大利从 132.7% 上升到 133.2%，法国从 96.1% 上升到 97.1%。由于其部分重债国的债务负担持续加重，欧元区总体政府债务水平的下降并不意味着其债务风险降低。

发达经济体的财政赤字/GDP 持续下降的过程有所中断，2015 年到 2016 年，发达经济体政府总财政赤字/GDP 从 2.8% 上升到 3.0%。其中，美国从 3.5% 上升到 4.1%，加拿大从 1.3% 上升到 2.5%，日本维持 5.2% 不变，欧元区从 2.1% 轻微降到 2.0%。但在欧元区内部，重债国希腊的财政赤字/GDP 从 3.1% 上升到 3.4%[①]。财政赤字不能有效降低，再加上经济增长乏力，发达经济体很难在短期内降低政府债务与 GDP 之比。

新兴市场与中等收入经济体政府总债务/GDP 从 2015 年的 44.8% 上升到 2016 年的 47.3%。低收入发展中国家的政府总债务/GDP 从 2015 年的

---

① 以上政府债务与财政赤字数据均引自 IMF, Fiscal Monitor, October 2016。

35.9% 上升到 2016 年的 39.1% 。发展中经济体总体的政府债务水平虽然不高，但是其引发危机的债务阈值也相对低很多。新兴市场与中等收入经济体政府总债务/GDP 超过 60% 国际警戒线且比例继续上升的国家包括巴西（78.3%）[1]、克罗地亚（86.8%）、埃及（94.6%）、摩洛哥（64.4%）、斯里兰卡（77.2%）和乌克兰（92.7%）等。低收入国家政府总债务/GDP 超过 60% 且继续上升的国家包括吉尔吉斯斯坦（72.1%）、莫桑比克（112.6%）和越南（62.0%）。这三个国家的政府债务水平都是在持续快速的上升，其隐藏的债务风险比较大。

各国居民和企业债务不断累积，导致全球非金融部门债务总额与 GDP 之比不断攀升。根据国际清算银行的估计，2014～2015 年，全球非金融部门的债务总额与 GDP 之比从 221.3% 上升到 234.3%，2016 年第一季度进一步上升到 245.3% 。发达经济体非金融部门的债务总额与 GDP 之比从 2014 年的 257.0% 上升到 2015 年的 268.3%，2016 年第一季度进一步上升到 279.3% 。新兴市场经济体非金融部门的债务总额与 GDP 之比从 2014 年的 160.3% 上升到 2015 年 176.4%，2016 年第一季度上升到 186.6% 。全球债务总水平的持续攀升，是全球金融稳定面临的重大挑战。

（七）金融市场持续动荡

2016 年美联储加息步伐不断推后，欧洲中央银行和日本央行实行负利率政策，全球主要经济体货币政策持续宽松，资本市场价格上涨，外汇市场波动频繁。

2016 年全球股市整体呈价格上涨趋势。截至 2016 年 9 月 24 日，全球 15 个主要国家的股市，有 9 个国家在本年度实现了股票市场指数正增长，涨幅前 5 位的国家中有 4 个是新兴经济体，分别是巴西、俄罗斯、印尼和墨西哥。截至 2016 年 9 月 23 日，以摩根士丹利资本国际公司编制的明晟指数（MSCI 指数）来衡量，全球股指上涨 5.17%，其中新兴市场股市指数上涨

---

[1] 括号中的数据为各国的政府总债务/GDP，下同。

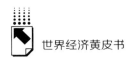
15.53%，这是自 2013 年以来，新兴市场股市指数涨幅首次超过发达国家。

2014 年 8 月之后，美联储加息预期推动美元指数实现了此后近 1 年半的快速攀升，于 2016 年 1 月 20 日达到 2002 年以来的历史高点。此后美国经济复苏不如预期，美联储加息步伐放慢，美元出现 3 个多月的快速下跌，然后进入了震荡阶段。自 2016 年 10 月起，美元指数又开始快速上涨，截至 2016 年 11 月 18 日，美元指数已经超过了 2016 年 1 月 20 日的高点。美元的快速升值和反复震荡，导致国际外汇市场出现较大波动。各主要货币基本上经历了年初大幅升值、年末大幅度贬值的过程。从 2016 年初到 5 月 2 日，欧元兑美元汇率升值 6.2%，日元升值 13%，人民币升值 0.6%；从 2016 年 5 月 3 日至 11 月 25 日，欧元兑美元汇率又贬值 8.1%，日元贬值 6.0%，人民币贬值 6.7%。新兴经济体主要货币走势与欧元、日元及人民币基本一致。英镑相对特殊。受脱欧公投影响，英镑在 2016 年一直比较疲软，在脱欧公投之后的第一天，其兑美元汇率贬值约 9%，此后两周内累计贬值 14%，到 2016 年 11 月 25 日，相对年初累计贬值 15.3%。

2017 年国际金融市场将面临更大的风险。如果美联储于 2016 年 12 月或者之后的某个时点加息，美元的升值速度将加快，而新兴经济体则面临货币贬值和资本外流的考验。

（八）大宗商品市场中低价运行

国际大宗商品价格从 2016 年 1 月开始触底反弹，但总体上涨幅不大，并在下半年逐渐丧失动能，全年处于中低价运行状态。2016 年 7 月，以美元计价的全球大宗商品综合价格指数相对于 1 月上涨 14.5%，以 SDR 计价的大宗商品价格指数上涨 13.7%。此后开始出现价格回调。2016 年 9 月，以美元计价的大宗商品价格指数相对于 7 月下降 2.0%，以 SDR 计价的大宗商品价格指数下降 2.7%。

原油平均价格曾于 2014 年 6 月的 108.4 美元/桶，逐级下跌至 2016 年 1 月的 29.92 美元/桶，此后开始反弹，2016 年 6 月达到 47.7 美元/桶，2016 年 9 月，又回调至 45.1 美元/桶。

各类非燃料大宗商品价格在 2016 年也大致保持了先扬后抑、总体价格不高的态势。食物类价格指数、矿物与金属类价格指数在 2016 年 1～7 月分别上涨 15.6% 和 15.2%，此后两个月又分别下降 2.9% 和 0.6%。中国进口铁矿石的平均价格从 2015 年 12 月的 40.4 美元/吨上涨到 2016 年 8 月的 60.7 美元/吨，9 月下降到了 56.9 美元/吨。

三　世界经济面临的主要挑战

（一）潜在经济增长率下降

世界经济复苏乏力，GDP 增长率持续下降，其原因有全球总需求不旺，更重要的是世界经济潜在增长率的下降。美国金融危机以前的 10 年，世界 GDP 年均增长率（1998～2007 年）为 4.2%；美国金融危机之后的 8 年，世界 GDP 年均增长率（2008～2015 年）下降至 3.2%。长期平均的世界 GDP 增长率持续下降，是世界经济潜在增长率下降的重要体现。

全球潜在经济增长率下降，源于劳动供给和劳动生产率增长幅度降低的共同作用。根据美国大型企业联合会经济总量数据库的计算，劳动供给对全球经济增长的贡献从 1999～2006 年的 0.6 个百分点下降到了 2007～2015 年的 0.4 个百分点，劳动生产率增长率从 1999～2006 年的年均增长 2.7%，下降到 2007～2013 年的年均增长 2.1%，此后进一步下降，到 2015 年，全球劳动生产率的增长率已经下降到 1.5%。发达经济体和部分主要新兴经济体的人口老龄化导致劳动年龄人口增长下降甚至负增长，婴幼儿抚养教育、性别不平等、长期失业造成就业能力和就业意愿不足、户籍限制等因素造成妇女和成年男性的劳动参与率均有所下降，这两个因素导致了发达经济体和部分主要新兴经济体的劳动力供给减少。劳动生产率增长下降主要是由全球投资不足和全要素生产率增长缓慢所致。美国金融危机后，受融资约束、经济和政策环境不确定性以及投资壁垒的影响，各国投资尤其是私人投资增速放缓。投资放缓不仅对短期经济增长前景产生

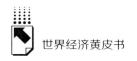

负面影响，还会造成单位劳动使用的资本增长放慢，并降低劳动生产率的提升。全要素生产率增长放缓除了由于技术进步对世界经济增长的促进作用减弱以外，还由于国际层面和各国内部仍存在诸多阻碍全要素生产率提升的制度因素。根据美国大型企业联合会经济总量数据库，全球全要素生产率增长率从 1999 ~ 2006 年的年均增长 0.9%，下降到了 2007 ~ 2013 年的年均增长 0.1%，此后几乎零增长。

短期宏观经济政策无法应对潜在增长率下降的问题，各国需要通过寻求结构改革的办法来促进世界经济强劲增长。G20 杭州峰会已经制定了结构改革议程，出台了一系列促进世界经济长期增长的措施，为提高全球潜在经济增长率指明了方向。然而，结构改革总是要触及既有的利益结构，其顺利推进仍然有赖于各国克服政治阻力的努力。

（二）金融市场脆弱性加大

全球债务水平的持续上升，增大了金融市场的脆弱性。在一定意义上讲，美国金融危机是过度负债不可持续造成的危机。应对金融危机的直觉反映应该是降低债务水平。然而，在危机期间，为了消除金融市场上的流动性恐慌，各国央行没有采取紧缩债务的方法，而是向市场大量注入流动性，用继续扩张债务的方法来应对危机。危机过后，各国央行继续使用扩张性的货币政策，包括量化宽松政策，来刺激经济复苏。货币扩张不是导致债务水平下降，反而是导致债务水平升高的政策。也就是说，一场由过度负债造成的危机过后，在八年多的时间里，各主要国家并没有采取政策来有效降低债务水平，而是在持续扩大债务规模。其结果是全球非金融部门的负债总额从 2006 年底的 97 万亿美元上升到 2016 年第一季度的 161 万亿美元，其中政府部门的债务余额同期从 30 万亿美元上升到 58 万亿美元，居民和非金融部门企业债务余额从 67 万亿美元上升到 101 万亿美元。全球非金融部门的负债总额与 GDP 之比也从 2006 年底的 206.4% 上升到 2016 年第一季度的 245.3%，共上升了 38.9 个百分点，其中政府部门债务与 GDP 之比上升 24.5 个百分点，居民和非金融部门企业债务与 GDP 之比上升 14.4 个百分点①。

全球低利率以及部分央行的负利率政策进一步加大了金融市场的脆弱性。低利率和负利率降低了商业银行的利差收入和营利能力，从而也降低了其抵御风险的能力；低利率和负利率还降低了低风险及无风险的固定收益类资产的投资收益，损害了一些长期投资者的利益，迫使他们转向高风险的投资，这在短期内会加大资本市场的风险，在长期内会影响这些长期资本公司的稳定性。

全球债务水平的持续上升和低利率及负利率政策，是悬挂在全球金融市场上的达摩克利斯之剑，随时有可能引爆下一场金融危机。

（三）美国或成为世界经济不稳定的来源

金融危机以后，美国加强了金融监管，采取了扩张性的宏观经济政策，促进了失业率不断下降和经济逐渐趋于稳定。在发达经济体中，美国属于复苏较快、经济增长率较高的国家。但是，随着特朗普成为美国总统和美国加息周期临近，美国经济可能成为导致世界经济不稳定的源头。

特朗普成为美国总统以后，其国际国内经济政策均会出现较大幅度的调整。其竞选过程中承诺的保护主义政策一旦全部或者部分实施，都将对外部世界造成不利影响，并有可能引发全球范围内保护主义政策密集出台，从而造成世界经济增长率进一步下降。

美国加息预期的变化也将反复扰动国际金融市场。发达经济体的宽松货币政策为国际金融市场提供了大量的廉价资本。根据国际清算银行的统计，全球跨境资本资产头寸 2006 年底约为 25.7 万亿美元，2014 年增加到 30.1 万亿美元。流入发展中经济体的跨国资本头寸 2006 年底约为 1.7 万亿美元，危机以后，迅速增加至 2014 年的 3.9 万亿美元。此后由于美国货币政策预期发生变化，以及新兴经济体自身经济动荡，至 2016 年 3 月底，全球跨境

---

① 数据来自国际清算银行 2016 年 9 月发布的 BIS Statistical Bulletin。统计范围包括世界 42 个主要经济体。2015 年这 42 个经济体的 GDP 占世界 GDP 的比重约为 89%。季度债务余额与 GDP 之比中的债务余额为季度末的数据，GDP 为最近四个季度的 GDP 之和。

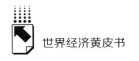

资本资产头寸缩减至27.5万亿美元，流入新兴经济体的跨国资本头寸也下降至3.2万亿美元。大规模跨国资本流动容易造成部分国家外汇市场大幅度动荡，甚至频繁引发货币危机。自2015年12月加息以来，美联储虽然一直没有进一步加息的行动，但是随着市场对美联储加息预期的增强，尤其是2016年11月以来，国际资本又开始大规模流出新兴经济体，并流向美国，导致美元指数迅速攀升，其他国家的货币，尤其是新兴经济体的货币大幅度贬值。这种状况将随着美国经济的反复波动及加息预期的变化而反复出现，国际金融市场也将因此而出现反复动荡。

（四）国际贸易和投资增长乏力

国际贸易低增长已经成为影响全球经济复苏的重要制约因素。虽然世界经济复苏乏力本身也是国际贸易低增长的一个原因，但是国际贸易低迷还有国际贸易体制与国际经济格局变动方面的内在原因。这些原因包括：其一，贸易自由化的红利逐渐消失，这主要是因为多边贸易谈判进展缓慢，区域贸易谈判虽然方兴未艾，但目前尚无生效的重要协定，已经达成的TPP协议因特朗普的反对也变得前景不定。其二，世界经济增长由更多地依赖制造业转向更多地依赖服务业，经济增长带来的制成品贸易比过去更少。其三，全球价值链扩张速度放缓，中间产品反复过境产生的国际贸易减少。正是这些内在的原因，导致全球国际贸易自2012年以来出现低速增长，并且世界出口总量增长率持续低于世界GDP增长率。

国际直接投资规模一直没有恢复到危机以前的水平。其在2015年短暂高增长以后，2016年又一次进入低迷期，预计未来几年增长也会比较缓慢。国际直接投资是促进国际分工发展、全球经济一体化和世界经济繁荣的重要力量。国际直接投资活动的低迷与三个因素有关：一是国际投资准入和开放的推进力度较慢；二是发达经济体开始重视本土制造业的发展，鼓励制造业回流；三是对避税天堂的打击以及防止税基侵蚀和利润转移的国际行动计划虽然有利于各国公平地获得跨国公司的税收，但也在一定程度上了抑制了跨国投资活动。

提振国际贸易与投资成为世界经济面临的重大挑战。

（五）收入和财富差距拉大

习近平主席在 2016 年 9 月 3 日 20 国集团工商峰会上的主旨演讲和 9 月 4 日 20 国集团领导人峰会开幕式的讲话中，均提到世界基尼系数达到 0.7。全球的收入不平等达到了非常惊人也非常危险的程度。

全球收入不平等既存在于国与国之间，也存在于一国内部。2014 年世界上最富裕国家是挪威，其人均年国民收入达到 10.3 万美元，最贫穷国家是布隆迪，人均年国民收入仅为 250 美元。最富裕国家的人均国民收入是最贫穷国家的 410 余倍。以日均收入低于 1.25 美元为标准来衡量绝对贫困的话，布隆迪 80% 以上的人口生活在绝对贫困线以下，而挪威则几乎没有绝对贫困人口。在不少国家内部，也存在严重的且不断扩大的收入不平等现象。比如美国，1986 年的基尼系数仅为 0.37，1994 年上升到 0.39，2000 年进一步上升到 0.40，到 2012 年，又上升到 0.41。2012 年，美国收入最高的 10% 的人口占据了 30% 的国民收入；而收入最低的 10% 的人群只获得了 1.7% 的国民收入。收入不平等还会导致社会财富越来越集中于少部分人手中，从而引起更大的不平等。瑞士瑞信银行的《全球财富报告 2016》指出，世界上最富裕的 1% 的人拥有世界上 50% 的财富。

不平等加剧不仅在部分国家内部引起越来越严重的社会分裂和冲突，也是许多国际冲突产生的一个重要根源。

（六）反全球化趋势日益明显

全球化有利于世界市场的扩大与资源在全球配置效率的提高，也有利于国际分工的发展和全球生产能力的提高，世界经济的繁荣与发展在很大程度上依赖于全球化的推进。然而，全球化在使得世界整体利益上升和各国整体上获益的同时，并不能使世界上所有的人均获益。

一般来说，国际贸易投资活动在一国内部总会使一部分人受益，另一部分人受损。如果一个经济体存在较好的利益补偿机制，在国际贸易和投资活动中受到损害的群体能够得到一定的补偿，则经济开放和全球化的推动就会

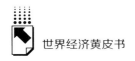

比较顺利；如果这些受损的群体得不到补偿，则他们就会反对开放和全球化。贸易投资低迷降低了开放带来的收益，世界经济增长乏力也减少了在开放中受到损害的人群可能获得的补偿及其他机会，并使得反对进一步开放和反全球化的力量逐渐增加。英国脱欧、贸易投资保护措施频频出台、贸易谈判进展不力、贸易投资规则碎片化、特朗普竞选总统成功等现象均是反全球化趋势的表现。

反全球运动会带来相互割裂、封闭及以邻为壑的世界，将阻碍世界经济的繁荣。

四 2017年世界经济展望

2016 年 10 月国际货币基金组织预测，2017 年按 PPP 计算的世界 GDP 增长率为 3.4%。其中发达经济体 GDP 整体增长 1.8%，美国增长 2.2%，欧元区增长 1.5%，日本增长 0.6%，其他发达经济体增长 1.9%；新兴市场与发展中经济体 GDP 整体增长 4.6%，中国增长 6.2%，印度增长 7.6%，俄罗斯增长 1.1%，巴西增长 0.5%，南非增长 0.8%。新兴与发展中亚洲经济体仍然是世界上增长最快的地区，GDP 增长率为 6.3%。国际货币基金组织还预测，按市场汇率计算，2017 年世界 GDP 增长率为 2.8%。总体来说，国际货币基金组织认为 2017 年的世界经济增长率会高于 2016 年。其他国际组织预测 2017 年世界经济形势会好于 2016 年。世界银行预测 2017 年按 PPP 计算的世界 GDP 增长率为 3.6%，较 2016 年提高 0.5 个百分点；按市场汇率计算的世界 GDP 增长率为 2.8%，比 2016 年提高 0.4 个百分点。经合组织预测 2017 年按 PPP 计算的世界 GDP 增长率为 3.34%，比 2016 年提高 0.03 个百分点。

我们预计，2017 年世界经济增长形势依然不容乐观，按 PPP 计算的世界 GDP 增长率约为 3.0%，按市场汇率计算的世界 GDP 增长率约为 2.4%。我们的预测仍然低于国际货币基金组织和其他国际组织的预测。较低的预测主要反映了我们对世界经济潜在增长率下行、金融市场脆弱性加大、反全球化趋势、美国政策调整、欧洲内部政治冲突、难民危机、英国脱欧进程、日本通货紧缩等问题的担忧。

另外，我们预计 2017 年大宗商品价格仍将在中低位运行，且略有上行。考虑到石油输出国组织（OPEC）已经达成减产协议，俄罗斯也承诺降低石油产量，原油价格将在 2017 年有所上升，并超过 60 美元/桶。

国别与地区

Country/Region Study

Y.2

美国经济：增长初现疲态

孙 杰*

摘 要： 在过去的一年中，个人消费支出对美国经济增长的拉动作用
在逐渐下降，私人国内投资的减速也暗示着企业对未来经济
形势的不乐观预期。在全球经济增长形势严峻，政府债务负
担沉重的情况下，净出口和政府支出也难于有效地拉动经济
增长。虽然各项经济基本面指标的绝对水平还比较乐观，但
是失业率的下降和企业盈利水平的提高都出现了疲态，劳动
市场持续改善的步伐放慢、消费信心指数在达到高位后回撤，
这些都使得未来美国经济增长难言乐观。考虑到外部经济形
势给美国经济增长带来的不确定性，美联储在加息问题上也
放慢了节奏。预计2016年美国的经济增长低于2015年的水
平，并且在2017年也不会出现根本性好转。

* 孙杰，中国社会科学院世界经济与政治研究所研究员，主要研究领域：金融学。

关键词：　宏观经济形势　美国经济　宏观经济政策

　　如果要对过去一年间美国的经济形势做一个判断，那就是谨慎乐观。2015 年美国经济的实际增长率为 2.6%[①]，与 2014 年相当，表现出略为疲弱的增长势头，处于我们在 2015 年 9 月提出的预测区间上限，依然维持在潜在增长率水平附近，但低于我们在 2014 年给出的预测数据 0.2 个百分点。这说明美国经济的未来走势可能比我们在两年前做出的判断更严峻一些。美国经济虽然延续着此前的增长态势，但主要指标出现了疲态，美联储也越来越关注国际经济形势对美国经济的不利影响。

　　经过季节调整的年化环比实际经济增长率显示，从 2015 年第三季度到 2016 年第二季度，美国经济增长出现了逐渐下行的趋势。季调年化同比实际经济增长率也保持了平稳下降的态势。即使在下半年出现反弹，美国经济在 2016 年的实际增长速度也很可能会下降。从对美国经济增长的贡献看，个人消费支出依然是支撑增长的最主要因素，但是支撑力度在下降；私人国内投资对经济增长的贡献则由正转负；净出口和政府开支出现周期性波动，但两者的影响程度较小，且呈现相互抵消的状态。因此，美国经济的实际增长大体上取决于国内个人消费的拉动与私人国内投资拖累之间此消彼长的结果。从经济基本面的主要指标来看，失业率在 5% 的水平上窄幅徘徊；投资信心出现一定的回落；个人可支配收入持续上升，但储蓄率也随之提高；虽然公司融资成本略有下降，但是公司利润水平还是出现了下降的苗头。国内初现疲态的经济基本面指标叠加国际经济中的不确定性，使得美联储在加息决策上有些踌躇和徘徊。目前，美联储在 2016 年可能仅加息一次的判断已经成为比

---

① 美国经济研究局在 2016 年 7 月 29 日公布的更新数据对 2016 年 6 月 28 日更新的数据进行了大幅度的调整。其中，2015 年实际经济增长率从 2.4% 上调到 2.6%，对 2015 年第一、二季度的年化环比季调实际增长率进行的调整更惊人，分别从 0.6% 和 3.9% 调整到 2.0% 和 2.6%。本文的分析全部是根据写作时美国经济研究局在 2016 年 8 月 26 日的最新更新数据展开的，无法保证此后数据大幅度调整后出现的相应变化。

较一致的市场预期。我们预计 2016 年全年美国的经济增长可能会维持在 1.4%~1.6% 的区间内，2017 年可能会回升到 2% 左右，都低于 2015 年的水平。

一　经济增长呈现出持续的微弱下降趋势

从 2015 年第三季度到 2016 年第二季度，美国经济总体呈现比较稳健的增长态势，四个季度经过季节调整后的年化环比季度增长率分别为 2.0%、0.9%、0.8% 和 1.1%，出现了明显的放缓趋势。如果从更常用的季度同比经济增长率来看，下降趋势更加明显，分别为 2.2%、1.9%、1.6% 和 1.2%。值得注意的是，在这四个季度中，私人国内投资对经济增长的拖累作用越来越明显，这是过去几年间从来没有出现过的情况。这在一方面是全球油价下跌造成美国能源投资减速的反映，在另一方面也表现了企业对未来经济形势的悲观预期。同期个人货物消费的持续下降也间接印证了这种判断。净出口虽然从 2016 年开始对经济增长转变为拉动，但是影响力度非常有限，而且在美元持续升值以及全球性经济增长减速的大背景下，净出口对经济增长拉动的前景不容乐观。虽然政府消费和投资对经济增长的贡献一直为正，拉动力度也同样是有限的，而且在持续拉动三个季度以后骤然转为拖累。这样，个人消费支出就成了支持经济增长的决定性因素。不过，随着原油价格的不断走高，美国个人消费支出的增长也受到了明显的抑制，对经济增长的贡献不断下降，原油价格的走高也没有带动私人国内投资，最终造成了美国经济增长的持续下滑。

（一）季度环比增长呈现波动下行趋势

在 2015 年第三季度，经过季节调整后的美国季度年化环比实际增长率从第二季度的 2.6% 下降到 2.0%。在影响经济增长的诸多因素中，个人消费支出对经济增长的贡献起决定性作用，达到 1.81 个百分点，虽然比上一季度的 1.94 个百分点的贡献略低，但仍是最主要的经济增长支撑因素，且消费结构没有明显的变化，还属于正常的回调幅度。事实上，在这个季度，私人国内投资、净出口和政府支出三项加起来对经济增长仅仅贡献了 0.17 个百分点。在经历了前期的反弹以后，政府消费和投资对经济增长的拉动从 0.57 个百分点下降到 0.34 个百分点；在世界经济增长普遍减速的大背景下，净出口对美国经济增长的贡献从拖累 0.08 个百分点变成了拖累 0.52 个百分点。私人国内投资对经济增长的拉动为 0.35 个百分点，比上一个季度微升 0.17 个百分点，是本报告分析期内唯一一次拉动。在所有这些因素的共同作用下，环比季度经济增长率下降达 0.6 个百分点，同比季度经济增长率也从 3.0% 下降到 2.2%。

到 2015 年第四季度，美国经济环比增长进一步下滑到 0.9%。仅从数据看，这次下滑主要是个人消费与国内投资下降造成的。其中，个人消费对经济增长的贡献从 1.81 个百分点下降到了 1.53 个百分点，减少了 0.28 个百分点。应该说个人消费的下降有些蹊跷，因为每年第四季度圣诞节期间应该是个人消费支出明显增加的时候，更何况此时全球大宗商品，特别是原油价格均出现了进一步下滑，此时个人消费的下降不是好兆头。私人国内投资的影响则从拉动经济增长 0.35 个百分点下降到拖累 0.39 个百分点。由于一个新的财政年度刚刚开始，为了预防出现意外事件，政府支出比较谨慎，对经济增长的拉动从 0.34 个百分点下降到 0.18 个百分点。相比之下，净出口对经济增长的影响也不是很大，净出口从拖累 0.52 个百分点微降到拖累 0.45 个百分点。

由于个人消费支出在美国经济中具有举足轻重的地位，其疲弱的增长势头必然影响到宏观经济数据，因此到了 2016 年第一季度，美国经过季节调整后的年化环比季度经济增长率继续下降到 0.8%。考虑到 2016 年初的冬季并没有出现美联储和经济学家常常用来解释季节性下降的天气原因，所以 2016 年第一季度相比往年同期经济增长的好转应该是情理之中的事情。然而，国内个人消费对环比经济增长拉动却下降了 0.42 个百分点，这无疑成为 2016 年第一季度美国经济增长进一步减速的主要因素。应该说，消费同比减速常常意味着消费意愿的下降，而造成环比减速的原因可能主要有两点：一是季节性因素，即在每年第四季度圣诞节消费大爆发以后常常会出现一定程度的回调；二是从 2016 年第一季度开始，全球大宗商品价格，特别是原油价格出现了比较明显的反弹走势，对消费增长产生了一定的抑制作用。相比国内个人消费对经济增长的影响，私人国内投资、净出口和政府支出的变化都影响不大，私人国内投资继续拖累经济增长并达到了0.56个百分点，比上一季度增加了0.17个百分点；政府支出开始有所上升，对经济增长的拉动达到了0.28个百分点，比上一季度增加了0.1个百分点。变化较大的是净出口，从拖累0.45个百分点变成拉动0.01个百分点。后两个因素的综合作用在一定程度上抵消了个人消费下降的影响，拉动了0.29个百分点的经济增长。

与此前美国经济在年初的周期性下跌后的情况一样，2016年第二季度出现了一定程度的反弹。经过季节调整后的年化环比季度实际增长率达到1.1%。虽然相比变化不大，但是个人消费支出对经济增长的拉动在连续三个季度下滑以后出现反弹，达到了2.94个百分点，再次体现出重要的支撑作用。净出口也扭转了拉动经济增长无力的局面，从拉动0.01个百分点变成拉动0.1个百分点。虽然绝对力度还非常有限，但是在整个分析期内的变动是稳定向上的，反映了逐渐转暖的国际市场环境。不巧的是，私人国内投资对经济增长的拖累却从0.56个百分点骤然上升到1.67个百分点，连续三个季度呈现拖累影响，为金融危机以来首次，并且在本季度成为最主要的拖累因素。与此同时，政府消费和投资也出现逆转，从拉动0.28个百分点变成拖累0.27个百分点，净拖累达到0.55个百分点。后两个因素的共同拖累几乎抵消了个人消费和净出口好转对经济增长的拉动，抑制了消费上升带动增长提速的幅度。

表1 总需求各部分对 GDP 增长率的贡献

单位：%

季度	2015年第一季度	2015年第二季度	2015年第三季度	2015年第四季度	2016年第一季度	2016年第二季度
GDP 增长率	2	2.6	2	0.9	0.8	1.1
个人消费支出	1.63	1.94	1.81	1.53	1.11	2.94
货物	0.59	0.94	0.92	0.47	0.25	1.52
耐用品	0.3	0.55	0.45	0.3	−0.05	0.71
非耐用品	0.28	0.39	0.47	0.17	0.3	0.81
服务	1.04	1	0.89	1.07	0.86	1.42

续表

季度	2015 年第一季度	2015 年第二季度	2015 年第三季度	2015 年第四季度	2016 年第一季度	2016 年第二季度
私人国内投资	1.62	0.18	0.35	−0.39	−0.56	−1.67
固定投资	0.61	0.7	0.92	−0.03	−0.15	−0.42
非住宅	0.18	0.21	0.49	−0.43	−0.44	−0.11
住宅	0.43	0.49	0.43	0.4	0.29	−0.3
存货变化	1.01	−0.52	−0.57	−0.36	−0.41	−1.26
净出口	−1.65	−0.08	−0.52	−0.45	0.01	0.1
出口	−0.78	0.37	−0.36	−0.34	−0.09	0.14
进口	−0.87	−0.44	−0.16	−0.11	0.09	−0.04
政府消费和投资	0.45	0.57	0.34	0.18	0.28	−0.27
联邦政府	0.13	0.01	0.06	0.25	−0.1	−0.02
国防	−0.02	−0.02	−0.05	0.17	−0.13	−0.12
非国防	0.15	0.03	0.11	0.08	0.03	0.1
州和地方政府	0.32	0.56	0.27	−0.07	0.39	−0.25

资料来源：美国经济研究局，经过季节调整的年化环比季度数据，2016 年 8 月 26 日公布。

（二）2017年美国的经济增长速度将放缓

从 2015 年第三季度到 2016 年第二季度的情况来看，美国的经济增长中的正面和负面趋势叠加在一起，先呈现下滑又出现微弱反弹，前景不明，但总的来说中期展望不甚乐观。在这种情况下，外部因素的影响就凸显出来，成为美联储关注的核心或掩饰对当前形势判断不明的借口。

按照常规的分析框架，美国经济增长的内生基础依然是个人消费。事实上，个人消费在美国 GDP 中的占比接近 70%，但是国内个人消费增长对美国经济增长的贡献常常远远超过了 70%，甚至超过了 100%。这在一方面说明支撑美国经济增长其他因素的贡献不仅远远低于它们在 GDP 中的贡献，使得个人消费的作用得到了凸显，另一方面也意味着分析美国个人消费可能的变化，或者说分析决定美国个人消费因素的变化成为分析美国经济增长的最重要视角。从目前的情况看，造成美国个人消费增长的主要因素是非农部门就业人口和薪资的不断增长。与此同时，劳动生产力，特别是制造业部门的劳动生产力也在缓慢回升，以及能源和食品价格的下降不仅抑制了美国的

通货膨胀，而且刺激了个人消费支出的提高；金融市场的财富效应也进一步支持了个人消费；由于利率水平大体维持在低位，消费信贷可得性总体还是较高的，特别是当消费信贷可得性与依然维持在相对高位的消费者信心指数结合在一起时，对消费支出的扩张就产生了更大影响。当然，一旦美国经济增长超常规地依赖于个人消费的增长，这种失衡的状态本身就足够让人担心了。能源价格的回升，以及加息预期对股票市场，进而对财富效应的影响都给美国的个人消费和经济增长埋下了阴影。不过从消费结构看，在过去两年中，美国个人消费中的服务支出一直保持相对稳定，与波动较大的货物消费支出呈现鲜明的对比，表现出美国经济相对成熟的一面。

当然，个人消费信心最终取决于对美国未来经济形势的预期，而企业投资又是判断美国未来经济走势的一个先导指标。我们已经指出，在此期间，美国私人国内投资持续负增长，而在过去三年间，则是以大约三个季度为一个周期进行波动的。因此，在我们这个分析期内，投资对经济增长的连续拖累显然有些异乎寻常。本来在2016年第二季度投资应该反弹并拉动经济增长，但事实却是投资对经济增长的拖累进一步加剧。值得注意的是，在此期间的固定投资中，伴随着房地产市场的逐渐转暖，住房信贷可得性再次上升，住宅投资也在逐步改善，对经济增长的贡献始终为正。总投资下降的主要原因可能是，石油价格的下跌使得在此前保持旺盛的能源投资出现下跌。此外，海外需求的下降、强势美元以及企业利润的缓慢增长也抑制了一部分国内投资。不过，由于存货投资在此期间也一直拖累经济增长，加之金融市场环境和利率水平有利于融资，所以我们预计未来投资对经济增长的拖累将有所缓解，至少应该出现一轮反弹，但能否带动固定投资上升或拉动经济增长还不得而知。

随着美国年度财政收支赤字的不断下降，2014年以来一改此前连续15个季度政府支出对经济增长的拖累而在总体上呈现中性特征。从2015年开始，政府支出对经济增长的拉动作用逐渐明显。在联邦政府层面，在金融危机后收支缺口迅速收窄之后又出现了微弱的扩大趋势。从支出方面看，相当于GDP 21%的财政支出在最近10年中依然处于相对高的水平，而相当于GDP 18%的财政收入却已经达到了新经济以后的次高点。尽管在联邦政府支出中非防务开支在下降，但是防务开支的周期性波动成了联邦政府开支波动的主要原因。有意思的是，当联邦政府支出下降的时候，州和地方政府的支出就会上升以维持政府支出对经济增长的拉动。这主要是因为经济增长和房地产价格的回升使得主要依靠征收财产税的地方政府财政收入得到了明显改善，进而带动了州和地方政府支出增加。不过从总的形势看，美国政府支出对经济增长的拉动虽然不会明显提高，但可能会大致保持相对稳定的水平。事实上，2016 年第二季度美国政府支出对经济增长再次呈现拖累状态可能是依靠政府支出来拉动的经济增长已经在达到某种均衡状态后的回调。

从美联储公开市场委员会公告中看，其对国际形势的变动及其影响越来越关注。不过从金融危机以来的数据对比看，这种影响显然不完全集中在净出口上。因为净出口在绝对多数的时期都不是影响美国经济增长的重要因素，最多造成暂时的波动。因此，在近期美联储提交给国会的货币政策报告以及美联储高官的讲话中表明，对国际形势的关注成为影响美联储政策决策的重要因素，且主要表现在对欧洲和日本等发达国家的货币政策以及新兴市场增长前景，甚至包括中国股市的波动的担心。这无疑是一种新的动向。国际因素对美国的影响首先应该是金融市场，特别是资本流动、汇率和利率变动，其次是能源价格的变动，最后才是对净出口的影响。欧洲和日本的负利率政策和依然处于低位的能源价格是当前影响美国经济的主要因素。这种情况也反映出美国经济增长可能处于非常微妙的阶段，稍有风吹草动就可能造成逆转。当然，长期停滞理论的流行也不可避免地使得美联储的货币政策决策变得越来越谨慎。

从影响经济增长的长期因素来看，美国在技术进步储备和人力资本方面的优势依然明显，甚至还将在一段时间内继续充当推动世界经济增长的"火车头"，而市场规模、制度和资源环境等方面也可以为创新提供相对有利的环境。所以在未来一段时间内，相比欧洲和日本，美国经济增长仍可能相对乐观。即使受到国际经济形势的拖累，也很可能会率先走出来。

美国联邦公开市场委员会成员在 2016 年 6 月给出的长期经济增长率中心趋势为 1.8% ~ 2.0%，长期经济增长率的区间为 1.6% ~ 2.4%，都比

2015年同期下降了0.2个百分点左右。具体到对2016年的经济增长率，中期趋势值为1.9%~2.0%，低于2015年3月给出的2.1%~2.3%的预测值，经济增长率区间为1.6%~2.2%，也低于2015年3月给出的1.9%~2.5%的预测区间。对2017年的预测也大体维持在这个水平上，只是区间范围更大一些，显示出不确定性的上升，并且也比2015年做出的预测更低。从实际利率水平看，大体维持在零水平之下，显示出长期停滞在美国可能正在成为一种现实。根据上面的分析，我们认为，2016年美国的经济增长率可能处于1.4%~1.6%的区间，2017年则可能会回升到2%左右。

二　缓慢的加息节奏

自2015年底美联储第一次加息以后，在整个2016年，美联储的每次议息会都成为市场关注的焦点。从数据看，虽然出现一些经济增长放缓的迹象，突然加息还可能对资本市场造成较大的冲击，并给全球经济增长带来负外部性，但是如果从对美国未来经济增长预期这个美联储货币政策决策最主要的视角看，美国经济总体依然是相对乐观的，似乎还不足以使美联储在后续加息问题上迟迟按兵不动。长达7年的宽松货币政策释放出来的大量流动性如何收场？是否需要尽快为下次衰退预留出一些政策空间？所有这些都正在成为越来越紧迫的问题。事实上，一方面美联储高官在2016年初开始谈及负利率的政策选项，而另一方面在议息会中也流露出了越来越明显的不同意见，显示出美联储在加息问题上的矛盾、审慎和踌躇。不过，从基础货币发行的数据看，美联储早已经开始了货币紧缩的过程。所以，问题似乎不在于要不要货币政策正常化，而是以何种方式实现货币政策的正常化。如何看待美联储对货币政策目标的理解？如何看待当前的美国和全球经济形势？这些都成了我们理解和预测美国货币政策的核心。

（一）多变的货币政策目标

在《2014年世界经济形势分析与预测》美国经济部分的分析中，我们曾经从利率对美国债务利息负担的影响角度就美联储持续执行量宽政策的原因进行了分析。同时，我们根据公开市场委员会会议公告的内容表述还指出，美国货币政策已经从刺激复苏转向实现更强劲的复苏，已经从反衰退变成了经济增长的助推器。这可能暗示着美联储货币政策目标的重大转变。

应该看到，不论是与美国自身纵向比较还是与欧洲和日本的横向比较，自 2010 年以后，尽管季度数据也存在波动，美国经济形势总体是比较乐观和相对稳健的。按照货币政策单一目标是稳定价格水平的一般理解看，核心通货膨胀指标也曾经达到，并且近期再度达到货币紧缩的临界值。所有这些都意味着量化宽松本来不应该持续这么长的时间，加息的节奏似乎也不应该这么缓慢。显然，仅仅用审慎来解释美联储在加息问题上迟迟按兵不动的行为恐怕不是很有说服力，必须从更深入的角度去看待美联储的货币政策决策，而这可能首先要了解当前美联储主席的学术背景和观点。也只有这样，我们才能够理解美联储在进行货币政策沟通时对决策依据做出的种种解释。

伯南克对大危机的经济史研究使得他在 2008 年危机中果断实施量化宽松以防止出现流动性枯竭并稳定金融市场，但是，要从耶伦的学术经历中窥见她的政策倾向则要稍微复杂一些。

在加入美联储以前，耶伦早期对效率工资理论的研究实际关注了失业问题，并由此引出了宏观政策的必要性。2006 年她与丈夫合作的论文《稳定政策：一个反思》则沿用菲利普斯曲线进一步充实了新凯恩斯经济学的逻辑内容并支持了宏观经济政策的必要性。美联储副主席费希尔在 2016 年 3 月作的题为《反思宏观经济学的过去与现在》的讲演中也强调，时至今日，新凯恩斯主义经济学依然没有过时。耶伦在 2006 年的论文《增强美联储的可信性》则强调了货币政策规则和沟通的必要性。关于货币政策本身，她在 1996 年的《货币政策：目标和战略》一文中就已经提出货币政策的长期目标不仅应该包括价格稳定，还应该包括产出和就业的稳定[1]。而在 2014

---

[1] 在此我们可以发现，目前美联储在名义上还没有明确产出稳定的目标，但是从之前公开市场委员会公告中促进复苏的表述以及耶伦的很多讲话中不难发现她对产出稳定的追求和重视。

年《很多目标，很多工具：我们应该站在哪里？》一文中，耶伦更强调了就业在货币政策目标中的地位。在 2016 年耶伦的几次有关经济形势和货币政策展望的公开讲话中，不仅通货膨胀、失业率和经济增长成为当然的关键词，生产率增长出现的频率也越来越高①。如果说稳定经济增长是货币政策最终的目标，而通货膨胀、就业乃至生产率增长都不过是货币政策的中间目标，那么在耶伦这里，她只是淡化了中间目标而更加直接地关注最终目标罢了。

当然，与理解耶伦及美联储当前货币政策实践最相关的文字可能是耶伦与艾伦·布林德②在他们合著的《令人惊艳的十年》一书中对美国 20 世纪 90 年代经济大缓和时代分析的结论。他们认为，除了当时生产率的快速提升以及由于医疗保险等福利成本的变动改变了菲利普斯曲线的位置等因素使得美国微观经济得以重组之外，宏观经济政策的成就也是不可忽视的。这包括重整财政与货币政策。而就货币政策的成功经验而言，紧的财政政策与松的货币政策相配合、政策微调以实现软着陆以及央行应该同时控制通货膨胀与失业率的目标等因素至关重要。不难看出，耶伦就任美联储主席以来，在她的所有政策决策中都带有她上述所有学术观点的影子。

耶伦之所以被视为"鸽派"，最主要的原因就在于她在货币政策决策中对失业率的关注。自她任职以来，美联储稳健的货币政策本身又显示出她对政策微调理念的信仰。而美国在金融危机以后空前的公共债务负担和在相当长的一段时间内政府开支不太可能有效拉动经济增长的局面很可能又构成了她在收紧量化宽松政策，特别是在加息节奏上迟缓的主要原因。当然，近几年日益流行的长期停滞理论以及欧洲一些国家和日本相继进入负利率时代也可能会使得耶伦在加息问题上更加谨慎。不过，从 2015 年第二季度以来，也许政府开支逐渐从拖累经济增长转为对经济增长产生微弱拉动作用以后，加息选项才可能逐渐进入耶伦的政策视野。

---

① 奥巴马在 2016 年 10 月的《经济学家》中也表达了他对生产率的关注。
② 有意思的是，艾伦·布林德在 1993 年曾短暂出任美联储副主席，但是由于他主张货币政策不仅应该专注通货膨胀，而且应该关注失业和经济增长，而这与格林斯潘相异，所以 18 个月后即辞职。显然，他的观点与耶伦高度重合，两人才可能合作著述。

（二）国内经济形势与国际环境的影响

在前面的分析中我们已经看到，从 2015 年第三季度到 2016 年第二季度美国的经济增长呈现出微降的趋势，而且不论是从个人消费还是投资角度看，这两个最重要的内生性增长动能都呈现出下降的趋势①。不过进入 2016 年以来，通货膨胀的压力似乎在上升。尽管由于国际油价的抑制作用，标题 CPI 和标题 PCE 依然在 1% 左右的水平上徘徊，但是核心 CPI 与核心 PCE 都呈现出上扬态势，核心 PCE 一度达到 1.7%，核心 CPI 更达到了 2.3% 的临界水平。从失业情况看，2015 年 10 月以来，经过季节调整的失业率大体结束了过去 72 个月以来的持续下降趋势，进入平台期并呈现出微弱的波动，暗示着已经达到或接近了自然失业率水平。耶伦自己也承认这个失业率水平已经相当接近最大就业的目标（fairly close to the FOMC's goal of maximum employment）。

不过在这些指标背后，情况并不完全乐观。以 5 年、7 年和 10 年国债名义收益率与同期限通货膨胀指数国债（TIPS）收益率之差表示的市场对 5 年、7 年和 10 年通货膨胀预期都大体维持在 1.5% 的水平上，它们在 2011 ~ 2014 年的平均水平还在 2% 上下，所以呈现出一定程度的下降。而美联储对货币政策长期目标的声明以及美联储官员在进行货币政策沟通时也曾经多次强调，他们在进行货币政策决策时考虑的主要是通货膨胀预期而不是当时的通货膨胀水平。所以耶伦认为，通货膨胀水平持续低于美联储的目标是美联储适度扩张性货币政策的主要原因（inflation continuing to run below our objective），她更关心通货膨胀需要多久才能回到 2% 的水平（how quickly inflation will move back to 2 percent）。

从劳动市场的指标看更是这样。虽然失业率似乎达到了自然失业率水平，已经降无可降，但是从失业平均持续时间、失业平均时间中位数和失业

---

① 目前，我们还不能确定 2016 年第二季度的反弹能否持久。但是，仅就此前三个季度的持续下降趋势来看，这种局面已经够让人担心了。

27 周以上的长期失业者在总失业人数中的比例来看，还远没有那么乐观：前两者分别在 27 周和 11 周上下波动，而后者大体维持在 26% 的水平上。这三个指标均处于 1948 年以来的高点。虽然经过季节调整的登记失业人数大体保持着既往的下降趋势，但是经过季节调整的新增登记失业人数在 2016 年 6 月却增加了 34.7 万人，创下了金融危机以来的第二个新高。耶伦自己在 2016 年 7 月 21 日的讲话中提到，失业率的下降伴随着主动找工作的人数下降。事实上，截至 2016 年 6 月前的 27 个月中，美国的劳动参与率一直处于 62.7% 上下的水平，而这却是美国自 1977 年以来的最低水平。这意味着美联储对当前劳动市场的改善是有保留的。

当然，除了对通货膨胀和失业率的不满之外，在耶伦和费希尔等人近期的公开讲话中，最醒目的还是他们对不确定性和国际风险的提示。在国际风险方面，与美联储在 2015 年的货币政策中强调中国股市波动带来的金融市场风险不同，在 2016 年他们直接点明了中国经济增长减速可能引起全球经济增长放缓和国际市场能源价格低迷给美国经济带来的影响①。其实，正如我们在前面看到的那样，全球经济放缓通过净出口渠道对美国经济的影响是比较有限的。所以，美联储官员所指美国经济所面临的不确定性主要还是集中在国内。

耶伦和费希尔承认美国经济表现比大部分国家要强劲，并且认为这主要是美国国内因素造成的，但是他们也都关注到诸如私人国内投资疲软造成国内需求下降等经济基本面因素的不利变化，同时都特别提到在过去和未来几年内美国生产率增长下降所带来的挑战。费希尔引用美国劳工部的数据显示，以非农部门全部雇员的每小时实际产出衡量的生产率平均增长速度在 1952～1973 年间为 3.0%，在 1974～2007 年间为 2.1%，而到了 2008～2015 年间仅为 1.2%。事实上，在美国劳动市场不断改善的同时美国相对稳健的经济增长本身就说明生产率增长的减缓。这样，当美国人口老龄化问题越来越严重，投资由于没有新的产业革命而持续低迷的情况下，美国的潜在经济

---

① 低油价对美国经济的综合影响究竟如何还存在不同看法。尽管低油价会打击美国的新能源产业，费希尔还是明确表示低油价对美国经济的影响总体上是正面的。

增长率必然下降。尽管我们可以说对美国经济基本面的分析是为了说明通货膨胀和失业率的变动趋势，但是联想到耶伦在《令人惊艳的十年》中的观点，我们也应该意识到仅仅用稳定物价和保证就业来定义美国货币政策的目标可能已经有些简单化了。在耶伦看来，大缓和时期的货币政策微调以及有宽松货币政策配合的财政整顿所保证的需求和投资激励是最终促成美国新经济繁荣的重要因素。可以想见，为了再度激发新经济的到来，只要条件允许，没有过高的通货膨胀，耶伦领导下美联储不大可能会贸然地、大幅度地、频繁地加息。因此，即使失业率已经接近自然失业率水平也要找理由看到劳动市场的另一面，而对于通货膨胀的态度同样不是警惕或防止通货膨胀率上升，而是感到通货膨胀率过低！

当然，最重要的还是美联储自己可能已经在踌躇中失去了对经济形势判断的信心，或者说在踌躇中走过一个周期而出现自己造成的迷茫，结果不作为，少作为就成了最优策略。另外，我们也应该看到，货币政策多目标以及对走势判断主观性的上升，使得美联储在进行货币政策决策时的内部分歧开始增加。

综上所述，我们认为，在当前的情况下，如果世界经济形势不出现意外，美联储加息进程不会太快，在 2016 年最多加息一次，2017 年最多两次，且力度不会太大，每次调整都会维持在 25 个基点水平上。

三 转向积极的财政政策

经过了连续几年的财政整顿和经济增长的支撑，2016 财年美国联邦政府的财政开始重新转向积极有所作为的方向。这在一方面表现为政府支出对经济增长呈现出拉动作用，而在另一方面也不可避免地呈现出年度财政赤字略有上升的局面。

（一）2016年的美国财政转向积极作为

2016 年 7 月 15 日，美国白宫预算管理办公室发布了中期评估报告，将 2016 年 2 月提出的 6160 亿美元的财政赤字略微下调 160 亿美元至 6000 亿美元①，但还是比 2015 财年 4384 亿美元的财政赤字大幅度上升了 1616 亿美元。相应的，财政赤字占 GDP 的比重也从 2015 财年决算的 2.5% 上升到 3.3%，略低于 2013 财年 4.1% 的水平。这个大幅度的上调是国会始料不及的。在 2016 年 3 月国会发布的《2016~2026 年预算更新预测》中，对 2016 财年的财政赤字预测仅为 5340 亿美元，占 GDP 的 2.9%，略高于过去 50 年间美国财政赤字占 GDP 约 2.8% 的平均水平。不过，美国财政赤字的上升并不意味着美国财政状况的恶化，主要是美国政府采取了更主动和积极的财政政策，优化未来的经济增长和社会福利。

从财政收支的具体科目来看，2016 财年财政赤字上升主要不是因为财政收入的下降而是财政支出的增加。在财政收入方面，2016 财年总额为 33355 亿美元，比 2015 财年增加了 856 亿美元，而财政支出则从 2015 年的 36883 亿美元上升到 39513 亿美元，大幅增加了 2630 亿美元，成为造成财政赤字上升的主要因素。

从财政支出的具体项目看，相比 2015 财年增长最快的项目有农业（38%）、社区与区域发展（34%）、司法（24%）、自然资源和环境（18%）、政府（16%）、退伍军人（11%），而从支出增长绝对额来看，增幅最大的则是医疗保险（491 亿美元）②、健康（436 亿美元）、社会保障（416 亿美元）、收入保障（193 亿美元）、退伍老兵（184 亿美元）、利息（168 亿美元）、国防（148 亿美元），这几项加起来总额达到了 2036 亿美元，占财政支出增加总额的 77%。如果我们对照奥巴马在 2015 年 2 月提交

① 在 2015 年 2 月，白宫预算办公室对 2016 财年财政赤字的估计为 4640 亿美元，财政赤字占 GDP 的比例为 2.5%。而在 2015 年 7 月发布的中期评估报告将预算赤字进一步下调到 4290 亿美元，对 GDP 的占比仅为 2.3%。不过，到了 2016 年 2 月，在白宫发布的 2017 财年预算报告中，就将 2016 财年的财政赤字大幅度上调到了 6158 亿美元，对 GDP 占比也达到了 3.3%。

② 在美国的财政体制中的一个独特现象是社会保险收入是进入财政收入的，相应的，社会保险支出也算作财政支出。但是很明显，这部分支出是难以进行预算的，只要达到支出标准就应该列支，所以是具有美国特色的预算外支出。在这个意义上说，美国财政减赤本身具有不确定性。美国的财政口径也与不少国家有明显差异，因而在进行国际比较的时候应该进行调整。

的 2016 年财政预算中特别提出的要增加研发以促进制造业增长、促进环保和资源开发、完善农民安全网、建设交通等基础设施、减低教育费用、推进华尔街改革、加强工人退休保障和社会保障、保证社区信任和司法体系、稳定国防、修补移民体系和改善健康医疗等方向，大多得到了落实，只是在教育方面反而有所下降，减少了 81 亿美元的支出，降幅达到 6.6%，其中主要是高等教育支出下降明显，减少了 124 亿美元，降幅达到 24%。此外，交通等基础设施投资增长也不明显。而随着美联储在 2015 年底的加息，美国国债利息支出一下子就增加了 448 亿美元，如果不是其他预算内信托基金和其他利息收入大幅度增加，美国财政支出的增长还会更明显。

在财政收入方面，虽然总体情况看起来还比较好，但是也存在一些隐忧。2016 财年财政收入的增长预计可以等于 2015 年的经济增长速度，达到 2.6%，但是这主要得益于在财政收入中占比将近一半的个人所得税增长达到了 5.6% 的拉动。公司所得税虽然仅占不足 9%，却出现了高达 14.9% 的负增长。与此同时，联邦政府财政收入中的社会保险和退休收入、特许权税和其他税收变动都不大。这一增一减的反差中虽然有税率变动的影响，但是税率变动本身也反映出政府的考量。毫无疑问，不管个人所得税和公司所得税在整个财政收入中占多大的比重，个人所得的增长最终来源于并受制于公司所得的增长。我们在后面对美国微观经济形势的分析中可以看到，美国国内企业的利润水平在 2014 年中达到峰值以后呈现一定的下降趋势。这显然对于个人所得和个人所得税在未来的持续增长不是一个好消息。

总之，与 2015 财年的财政收支相比，美国联邦政府在 2016 财年的财政收入略有上升，而财政支出则出现了更大幅度的上升，增长速度达到了 7.1%，不仅大大超过了经济增长速度，也明显超过了财政收入的增长速度，是导致 2016 财年美国联邦政府财政赤字增加的主要原因。从这些支出的具体项目上看，虽然有助于提高居民福利水平并在长期助推经济增长，但是在短期内却难以应对收入增长放缓的挑战。因此我们预计，在经过总统选举的政治周期之后，2017 年美国财政可能再度适当收缩，对经济增长的拉动作用也将下降。而按照耶伦的思路，这将给美联储的加息带来新的制约。

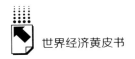

（二）2017财年的美国财政将回到适度收紧的轨道上

金融危机以后，美国联邦政府财政赤字占GDP的比例在2009财年达到9.8%的最高点，此后缓慢下降。随着2011年国会自动减赤法案的出台，2012财年的财政赤字出现了一个明显的下降，从8.5%下降到6.8%。而在平稳度过财政"悬崖"的冲击之后，2014财年的财政赤字更急降到2.8%的水平上。在此期间，国会对白宫的预算压力不减，甚至一度达到了政府关门的僵持局面。这使得2015财年的财政赤字更进一步下降到GDP的2.5%，低于过去50年来的平均水平，大体可以认为美国的财政状况实现了正常化，所以在2015年国会也没有再以债务上限为由进行施压。在这种情况下，在2016财年，白宫终于有余力再考虑一些更长远的财政战略以便从根本上应对巨额公共债务可能在未来带来的挑战。

不过，从白宫在2015年2月提交给国会的2016年财政预算看，当时预计财政赤字占GDP的比例仅为2.5%。但是到2016年3月，国会做出的赤字预测就已经上调到GDP的2.9%，而白宫在2016年7月提交给国会的中期评估就将财政赤字占GDP的比例进一步提升到3.3%。由此可以看出，尽管财政状况好转，来自国会的减赤压力也小多了，但是白宫为了有所作为，还是采取逐渐加码的策略，而且最后幅度不小。这可能为以后白宫与国会的博弈埋下了伏笔。

在2015年2月白宫提交国会的2016财年预算中，财政收入预算达到了35250亿美元。但是在白宫2016年2月发布的2017财年预算中，对2016财年财政收入的预测就下调到33360亿美元，而到7月发布的中期评估报告中，预计财政收入进一步下调到32760亿美元。与往年一样，白宫对此的解释主要还是从经济预测基准和技术调整两个方面展开的。其中，由于对经济基本面假定的修改，个人所得税收入增加了70亿美元而公司所得税收入减少了160亿美元。在技术调整方面，由于最终收入低于预期使得个人所得税比此前的预测减少了910亿美元。在财政支出方面的情况也类似。2015年2月最初预算的2016财年财政支出为39990亿美元，到2016年2月略微减少为39510亿美元，而在2016年7月发布中期评估时进一步下调为38760亿美元，显示出白宫在减赤方面所做的努力，只是这种努力相比财政收入的大幅度下调来说显得不值一提，因而最终造成财政赤字的上升。

尽管白宫在财政预算问题上似乎耍了小手腕，但是与前几年国会与白宫在预算问题上的针锋相对不同，即使民主党已经失去了对参众两院的控制，国会虽然在财政赤字的幅度上与白宫还有分歧①，但是态度似乎缓和了很多。在2016年3月国会预算办公室发布的更新预算预测中甚至为财政赤字的攀升做了不疼不痒的解释：这主要是因为2017财年的第一天，2016年10月1日是一个星期日，导致大约410亿美元的支出从2017财年的预算中转移到了2016财年的财政支出中，而如果把这笔支出剔出，则2016年美国联邦政府的财政赤字就可以降低两个百分点。

当然，国会的视角还是与白宫不同，更多的是关注未来的财政挑战。对于白宫将2016财年的赤字水平上调太多，国会也更多地考虑的是未来的影响。赤字会推高政府总体的债务负担，而这将带来四个方面的问题：其一是加息迟早会到来，从而加重财政支出中利息支出的比重，挤占其他财政开支，这在2016年的财政支出中已经有所体现；其二是政府债务会挤占储蓄，降低私人投资，妨碍生产率的提升和经济增长并最终降低政府的举债能力；其三是压缩经济衰退时政府降低税收和扩大支出的政策空间；其四是增加了发生政府财政危机的概率。当前的低利率和高债务是非常脆弱的：低利率会刺激债务累积，然而一旦投资者调高对政府债务风险的评价，必然要求提高风险补偿，从而带动利率水平的全面上扬，连锁发生债务危机、金融危机和经济危机②。显然，与前几年的分析视角相比，国会开始更加关注利率变动给美国财政稳定带来的影响。当然，与白宫一样，国会也关心政府的财政支

---

① 国会在2016年3月对财政赤字占GDP比例的预测调整为2.9%，但仍远低于白宫在7月做出3.3%的预测，但是美国国会在2016年8月更新的预算预测中将2016财年的财政赤字预测调整为5900亿美元，相应的，财政赤字占GDP的比例也上升到3.2%，与白宫的评估大体一致。

② 从这个角度看，我们坚持我们曾经在《2014年世界经济形势分析与预测》中进行的分析：当时我们断定美联储会尽量延长量化宽松，现在我们则认为美联储在加息的频率和幅度上会非常慎重。

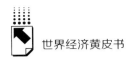

出如何影响未来的经济增长。在这方面，国会与白宫的看法没有根本分歧。也许正是基于这个原因，虽然白宫调高了财政赤字的水平，但鉴于增加的财政支出有助于未来的经济增长，国会也在相当程度上容忍了白宫上调2016年的财政赤字预算。但是可以预见，2017年国会不一定会容忍财政赤字的进一步大幅度上升，白宫也会有所自律，预计2017财年的美国财政赤字对GDP的比例可能回复到2015财年的水平。

四　公司部门形势不容乐观

与宏观经济的走势相呼应，从2015年第三季度到2016年第二季度，美国公司部门的运营指标都停止了增长的趋势，预示着美国经济的微观基础面临挑战。

（一）公司部门的运营指标出现金融危机以来的持续下降

2008年金融危机以后，美国公司部门的各项运营指标都出现了一个"V"形的深跌和反弹过程。到了2011年，基本恢复到正常状态。直到2015年第三季度以前，即使是经过季节调整后的同比增长率也有周期性波动，但是基本维持着增长状态，即便出现负增长，也是非常短暂的，不超过一个季度。然而，从2015年第三季度开始，情况就发生了变化。

事实上，从2014年11月开始，经过季节调整的美国全部制造业出货量的同比月度增长率就开始出现微弱的下降，进入2015年以后，下降速度扩大到2%左右，而从2015年7月开始更呈现5%左右的负增长。与此同时，企业手中握有的经过季节调整的未完成订单同比增长率也在一路下降，到2016年第二季度也出现了5%左右的负增长，而经过季节调整的新增订单同比增长率也从2014年11月出现负增长并不断加速，到2015年7月竟然达到了 - 13.79%，此后一直维持在 - 4%的水平上。与此相对应，从2015年第三季度到2016年第二季度经过季节调整以及存货计价和资本消耗调整的企业利润季度同比增长率分别为 - 4.5%、 - 11.2%、 - 6.6%和 - 4.3%。经过季节调整的工业总体产出指数同比增长率也从2015年9月开始出现负增长，全部工业的产能利用率则从 2015 年 3 月就开始下降，已经从 2014 年 11 月 78.89% 的峰值一路下降到了 2016 年 6 月的 75.37%。在这种情况下，美国的中小企业乐观指数从 2015 年 6 月开始，同比增长率只有一个月为正数，而 Sentix 投资信心指数的同比增长率自 2015 年 4 月就开始呈现大幅度下降，从 2015 年 5 月的 27.40 下降到 2016 年 7 月的 14.30。由此，我们也印证了为什么从 2015 年第三季度以来，私人国内投资对美国经济增长一直呈现拖累。PPI 的同比增长率也从 2015 年第二季度就持续下降，而个人消费对经济增长的百分点贡献同样一直在下降。以上所有公司运营指标的持续下降是 2008 年金融危机以来从没有出现过的，应该引起我们的高度重视。这种趋势还会持续多久，将对美国宏观经济形势产生多大的影响，都值得我们密切关注。

（二）疲弱的资本市场表现

在金融危机的复苏期，美国经济表现出一个悖论，即微观经济形势好于宏观经济形势。现在的情况似乎出现了逆转，即宏观经济形势略好于微观经济形势。从一般的常理推断，宏观经济形势最终取决于微观经济形势。所以对于美国微观经济形势未来走势的判断对预测美国未来的经济形势和宏观经济政策具有非常重要的意义。

在前面我们已经指出，美联储的货币政策决策依据从关注物价稳定转向更多地强调就业，而且最近更出现了关注经济增长和生产率提高的倾向。美联储目前判断，美国的生产率水平在不断下降。显然，扭转这种趋势不仅是一个微观运营问题，而且更是一个设备投资和更新的问题，这又在相当程度上取决于企业的投资愿望。在企业投资愿望不强的情况下，为了刺激企业投资，唯一的办法就是降低税收和利率水平，以降低企业融资成本，提高营利能力。在当前美国财政状况刚刚好转的情况下，尽量维持低利率，放缓加息节奏，创造一个有利的融资环境就成了一种必然的选择。

从股票市场的情况看，道琼斯指数和标普 500 指数在 2015 年第三季度到 2016 年第二季度基本维持在 18000~16000 点以及 2100~1900 点区间波动。在 2015 年 9 月底和 2016 年 1 月底还都经历了比较大的震荡，一度下跌了 10% 左右，VIX 指数接近 2012 年欧洲债务危机时带来的冲击水平。从成交量看，在 2015 年 9 月波动时并没有明显的放大，但是在 2016 年 1 月的波动中成交量却放大了 20% 以上。由此可见，美国的资本市场处于比较敏感的高位。在债券市场上，尽管美联储已经在 2015 年 12 月将联邦基金目标利率从 0.25% 提高到了 0.5%，市场上的联邦基金利率也迅速做出反应，但是始终没有达到目标水平，最高仅为 0.41%，显示出市场依然相对疲弱的走势。而且更重要的是，尽管美联储加息了，市场利率也上升了，但是 Aaa 和 Baa 公司债的利率却都维持了持续下降的趋势。这种情况有利于有债券融资需求的公司进行融资，也显示出债券市场上的强烈需求。不过，从 2015 年 6 月开始，美国企业新发行的债券月度同比数据大多呈现比较明显的负增长，仅在 2015 年 9 月和 2016 年 5 月和 6 月呈现出微弱的反弹。从全美商业银行发放的商业信贷月度同比增长率来看，2015 年 7 月以来大体维持在 9% 的水平上。不过与此同时，消费信贷和住房抵押信贷发放的月度同比增长率却呈现微弱的上升趋势，这是否会拉动未来企业经营还有待进一步的观察。

五　外部经济部门对美国经济和政策的影响

过去几年中，在美国经济增长趋势稳定并酝酿加息的同时，欧洲和日本经济却持续低迷，因而它们始终维持宽松的货币政策甚至出现了负利率。这种明显的走势分化使得美联储在政策决策中不得不考虑国际金融市场变动的影响。但是，欧洲债务危机和欧日经济疲弱似乎并没有对美国经济增长带来实质性威胁。2015 年，中国经济走势和股市波动开始进入美联储的分析视野，而到了 2016 年，中国经济减速也同欧日经济疲弱一样被美联储当成外部不确定性。这一方面说明了在世界经济版图中美国的相对衰落，另一方面也印证了美联储对当前经济增长稳健性的担心[①]。

---

① 我们在前面已经表明，美国经济的稳定增长主要是建立在个人消费支出贡献稳定基础上的，但是我们在这里需要强调的是，由于美国经济越来越难以独立于世界经济形势，所以国际经济形势的不确定也会影响到美国经济增长的稳定性。

（一）经常项目稳定背后的隐忧

我们在前面的分析中已经指出，尽管美国经济增长从 2015 年下半年开始出现了放缓的迹象，但是与欧洲和日本的经济形势相比还是乐观的，只是国外市场对美国商品和服务的进口需求增长出现放慢。虽然自 2014 年以来美国出口就已经停止了危机后的持续增长状态，呈现出顶部特征，但是从 2015 年下半年开始，美国出口进一步出现了持续恶化的趋势，这在金融危机以后还是第一次，显示出国际环境最终也开始拖累美国的经济增长。好在与此同时，在美国国内市场上由于个人消费增长下降，对外国商品和服务的进口需求也出现了下降，这才勉强维持了美国的经常项目没有出现显著的恶化。

与 2015 年 6 月相比，2016 年 5 月美国经过季节调整的月度出口金额从 1903 亿美元下降到 1824 亿美元，其中经过季节调整的月度服务出口金额大致维持在 620 亿美元以上，商品出口金额从 1274 亿美元下降到 1198 亿美元，反映出外需的疲弱。同期，美国经过季节调整的月度进口金额从 2333 亿美元下降到 2235 亿美元，其中服务贸易的进口金额也比较稳定，一直维持在 410 亿美元左右，但是商品贸易的进口金额则从 1927 亿美元大幅度下降到 1821 亿美元。这样，在此期间，美国经过季节调整的月度贸易逆差大体稳定在 410 亿美元的水平上。其中商品贸易逆差稳定在 620 亿美元左右，而服务贸易顺差则维持在 210 亿美元左右。在这里我们可以发现，美国的贸易优势还是主要集中在服务贸易上，而且相对于商品贸易来说，对服务贸易的需求是比较稳定的。货物贸易逆差一直是美国经常项目逆差的主要来源。只是我们应该注意的是，虽然与 2015 年 6 月相比，2016 年 5 月经过季节调整的美国经常项目逆差变化不大，但是 2015 年第三季度到 2016 年第二季度与 2014 年第三季度到 2015 年第二季度相比，经过季节调整的经常项目逆差还是出现了比较明显的恶化。

在 2015 年第三季度到 2016 年第二季度期间，不论从名义美元指数还是从实际美元指数看，美元都出现了一定程度的升值。这应该会打击出口刺激进口，从而使得美国的经常项目呈现恶化的趋势。然而实际情况是美国的出

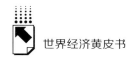

口和进口出现了同步变动，因而对经常项目差额影响不大。由此我们也可以看出，如果叠加进汇率的影响，从经常项目收支的最终变动来看，美国自身经济基本面因素造成进口下降的程度可能比国际市场疲弱造成出口下降的程度更深。也就是说，汇率有影响，但没有基本面的影响显著。

（二）金融项目的波动

从理论上说，影响美国国际收支的另一个主要因素——金融项目，作为经常项目的融资项目，其变化应该是与经常项目相对的。在2015年第三季度到2016年第二季度期间，在美国经常项目维持逆差的情况下，金融项目也应该维持顺差状态。实际情况也是如此，只是差额远不能弥补经常项目的差额。

如果说美国的金融项目顺差远不能弥补经常项目的逆差可以用美元的国际货币地位来解释，那么金融项目顺差的波动则可能与美国与主要国家之间的利差以及市场对美国经济形势和经济政策变动的预期有关。由于美国经济的基本面相对欧洲和日本要乐观一些，所以一般的规律是全球金融市场越动荡，美元资产的安全岛效应就越突出。在金融危机和欧洲债务危机期间这种情况就表现得非常明显。但是在2015年下半年，当市场开始预期美联储加息，海外市场出现经济减速以后，美国企业开始从海外撤资回国，在美国的外国投资也开始从美国撤资。虽然其间美国的金融项目的净交易额一直维持着净流入的状态，但是已经改变了此前外国投资者流入大于美国投资者流出的常态，而是依靠美国海外投资回流大于外国人在美国撤资来实现的金融项目盈余。考虑到从1983年以来美国的金融项目净交易额就以流入为主，所以美国的海外投资存量很可能少于外国人在美国的投资存量，所以难以长期维持依靠本国资本回流来抵消外国资本流出的局面。一旦美国的金融项目出现逆差，在经常项目难以改变逆差的情况下，美国的经济形势以及这种形势给全球经济带来的影响可能是巨大的。好在到了2016年第一季度，随着美联储迟迟没有表现出加息的意图，欧洲和日本也相继进入负利率时代，美联储官员又有意无意地发布一些有关零利率和负利率的言论，金融项目下的交易虽然还是保持着净流入状态，却回到了外国资本流入超过美国资本海外投资的常态。

我们认为，由于市场已经对美联储的加息预期有了比较充分的消化，而且只要欧洲和日本继续实行负利率政策，美国的金融项目还会维持顺差的状态。

六 结论和展望

2015年下半年以来，尽管美国经济的基本面依然相对较好，但是美联储认为好转的趋势开始放慢，同时他们也更加强调国际经济环境的不确定性影响。当然，更重要的影响是由于个人消费对经济增长的拉动作用在减弱，投资也出现了近年来少见连续拖累经济增长的现象，净出口的拉动作用难言乐观，唯一的亮点是政府支出一改颓废之态，但是对经济增长的影响实在有限，且依然受制于债务负担高企的制约，因此美国经济难言乐观。就业情况、消费信心指数、个人可支配收入、企业运营指标等已经接近历史最好水平并进入平台期，融资状况的改善也没有有效刺激企业融资和投资。在这种情况下，美联储放缓加息节奏是可以理解的。但是放缓不等于不加息。我们预计，在2016年底再次加息，且在2017年进行第三次加息的概率依然很大，不过加息的幅度不会太大。

2016年的美国经济会变得比较敏感，不仅会受到国际突发事件的影响，而且市场对政策的反应也会增强，此时政策沟通就变得非常重要。在未来几年中，美国的财政状况将继续有所改善，政府消费和投资对经济增长的影响不会出现根本逆转。美国经济的结构转型虽然缓慢但会保持不断深化，这将有利于未来美国经济的增长。如果不出现意外冲击，我们预计2016年美国的经济增长率可能比2015年低，维持在1.4%~1.6%的区间内。2017年可能会缓慢上升到2%左右。

参考文献

Board of Governors of the Federal Reserve System（2016），*Monetary Policy Report to the*

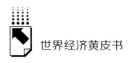

Congress, June 21, 2016.

Congressional Budget Office (2016), The 2016 Long – Term Budget Outlook.

Congressional Budget Office (2016), Updated Budget Projections: Fiscal Years 2015 to 2025.

Janet L. Yellen (2015), Recent Development and the Outlook for the Economy, Remarks at the City Club of Cleveland, July 10, 2015.

Janet L. Yellen and George A. Akerlof (2006), "Stabilization Policy: A Reconsideration", *Economic Inquiry*, Vol. 44, No. 1.

Janet L. Yellen (1996), "Monetary Policy: Goals and Strategy", *Business Economics*, Vol. 31, No. 3.

Janet L. Yellen (2006), "Enhancing Fed Credibility: Too Much of a Good Thing Can be Wonderful", *Business Economics*, Vol. 41, No. 2.

Janet L. Yellen (2014), "Many Target, Many Instruments: Where Do We Stand?", in *Policy After the Crisis*, pp. 31 – 36, edited by George Akerlof, Olivier Blanchard, David Romer and Joseph Stiglitz, Published by MIT Press.

Office of Management and Budget (2016), Mid – Session Review: Budget of the U. S. Government, Fiscal Year 2017.

Stanley Fisher (2015), Monetary Policy in the United States and in Developing Countries, Remarks at University of Oxford, England.

Stanley Fisher (2016), "Reflection on Macroeconomics Then and Now", Speech at 32nd Annual National Association for Business Economics Economic Policy Conference.

Stephanie Lo and Kenneth Rogoff (2015), "Secular Stagnation, Debt Overhang and Other Rationales for Sluggish Growth, Six Years on", *BIS Working Papers*, No. 482.

Y.3
欧洲经济：平缓复苏

摘　要： 2015 年第三季度以来，欧洲经济继续呈现复苏态势，但复苏
速度较为缓慢。资产购买计划等量化宽松政策以及负利率的
实施促进了货币供给的增加；欧洲财政政策总体具有一定的
扩张性；大宗商品价格，特别是原油价格处于较低水平，劳
动力市场条件改善等因素也促进了欧洲经济的持续复苏。但
是，欧洲经济复苏的前景仍面临诸多挑战：全球经济发展中
不确定性的增加、全球经济增速放缓的趋势仍将持续、英国
脱欧的影响将逐步显现、欧洲银行体系内蕴含风险爆发的可
能性增加以及结构改革仍需深入进行等。2017 年欧洲经济将
继续处于较为平缓的稳步复苏状态。

关键词： 欧洲经济　量化宽松　经济前景

从 2015 年下半年以来，欧洲经济处于平缓复苏期。2015 年欧洲经济增
长率为 2.2% ，欧元区经济增长率为 2.0% 。我们在 2015 ~ 2016 年度的世界
经济黄皮书报告中认为："欧洲经济将继续复苏，宽松的货币政策将逐渐发
挥作用，与促进投资与结构改革相结合的财政政策将有利于经济增长和促进
就业，实际可支配收入的增长通过促进私人消费成为经济复苏的主要动

---

* 东艳，经济学博士，中国社会科学院世界经济与政治研究所研究员，主要研究领域：国际贸
易。

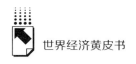

力"。欧洲经济复苏的总体趋势与我们的预期基本一致。2017年欧洲经济将继续处于较为平缓的稳步复苏状态，欧盟和欧元区经济增长率预计分别为1.8%~2.0%和1.5%~1.7%。

一　宏观经济增长形势

（一）经济增长：平缓复苏

从2015年第三季度到2016年第二季度，欧洲经济总体呈现持续复苏的态势，但复苏速度较为缓慢。欧盟四个季度经季节调整后的年化环比季度实际增长率分别为1.65%、2.14%、1.93%和1.57%。欧元区的季度增长波动状况略大于欧盟，四个季度经季节调整后的年化环比季度实际增长率分别为1.49%、1.73%、2.06%和1.21%。国内需求是支持欧洲复苏的主要动力，净出口对增长的拉动作用较弱。受原油价格下降的刺激以及结构性改革带来的就业改善等因素影响，私人消费的增长势头较好。融资条件和公司利润的改善促进了2015年欧洲投资的复苏，但投资在2016年前两个季度出现波动。此外，受英国脱欧带来不确定性、外部需求疲软、扩张性财政政策逐渐调整为中性政策、地缘政治冲突等因素影响，欧洲经济复苏的进程仍较为缓慢。

2015年第三季度，欧洲经济继续平稳复苏。欧盟和欧元区经过季节调整后的年化环比实际增长率分别达到1.65%和1.49%，比上一季度有所提升。私人消费和投资均发挥了积极的作用，投资信心的增加促进了资本利用率的提升和投资的增加；而新兴经济体增速下降导致的外部需求下降，使欧洲的净出口呈现负增长，拖累了经济的复苏。

2015年第四季度，欧洲经济的增速进一步提升，欧盟和欧元区经过季节调整后的年化环比实际增长率分别达到2.14%和1.73%。增长主要由投资支撑，其中，建筑业和非建筑业设备投资均有所增加。私人消费对欧盟的经济增长仍发挥了较为重要的作用，但欧元区的私人消费对经济增长的贡献出现短期下滑，主要是不利的气候因素影响了能源及其他季节性产品的消费，法国遭遇恐怖袭击对消费有一定的负面影响；外部需求的下降使欧盟和欧元区的净出口对季度经济增长的贡献率为负。

2016 年第一季度，欧洲经济复苏势头较好，欧盟和欧元区经过季节调整后的年化环比实际增长率分别达到 1.93% 和 2.06%。经历了上一季度的下降后，私人消费重新成为经济增长的主导贡献力量，就业率提高及低油价等因素引致的实际可支配收入的提高有助于促进私人消费；净出口的贡献由负转正，欧元区对中国的出口增长率提高；投资的贡献出现下降。

2016 年第二季度，欧洲经济增速有所下滑，欧盟和欧元区经过季节调整后的年化环比实际增长率分别下降至 1.57% 和 1.21%。增长主要由净出口贡献支撑；私人消费是近年来欧洲经济复苏的主要动力，但本季度对经济增长的贡献率有所下降；由于上一季度私人消费的增速较快，在本季度的环比增速中出现调整；投资出现负增长，这是由房地产投资的下滑以及资本品投资的疲软等因素引致的；政府消费对经济增长的贡献率比上一季度有所下滑（见表1）。

表1 欧盟和欧元区 GDP 增长率及各组成部分贡献率

单位：%

时间	2015 年第一季度	2015 年第二季度	2015 年第三季度	2015 年第四季度	2016 年第一季度	2016 年第二季度
欧盟（28 国）						
GDP 增长率（年率）	3.12	1.57	1.65	2.14	1.93	1.57
GDP 增长率	0.77	0.39	0.41	0.53	0.48	0.39
私人消费支出	0.29	0.29	0.33	0.24	0.39	0.23
总资本形成	0.31	−0.24	0.35	0.35	−0.04	−0.11
固定资本形成	0.33	0.08	0.1	0.23	0.01	0.03
存货变化	−0.02	−0.32	0.25	0.12	−0.05	−0.14
净出口	0.08	0.24	−0.34	−0.18	0.01	0.24
出口	1.06	0.41	0.18	0.49	0.04	0.47
进口	−0.98	−0.17	−0.52	−0.67	−0.03	−0.23
政府消费	0.09	0.10	0.07	0.12	0.12	0.03

续表

时间	2015 年第一季度	2015 年第二季度	2015 年第三季度	2015 年第四季度	2016 年第一季度	2016 年第二季度
欧元区（19 国）						
GDP 增长率（年率）	3.32	1.41	1.49	1.73	2.06	1.21
GDP 增长率	0.82	0.35	0.37	0.43	0.51	0.3
私人消费支出	0.23	0.23	0.29	0.17	0.34	0.12
总资本形成	0.34	-0.21	0.35	0.4	-0.05	-0.21
固定资本形成	0.31	0.02	0.1	0.29	0.08	0
存货变化	0.03	-0.23	0.25	0.12	-0.12	-0.2
净出口	0.15	0.25	-0.34	-0.28	0.09	0.36
出口	1.12	0.56	0.18	0.32	0.01	0.51
进口	-0.97	-0.31	-0.52	-0.6	0.08	-0.15
政府消费	0.10	0.08	0.07	0.13	0.13	0.03

　　资料来源：欧盟统计局，除标注的两项外，其他数据为未经年化的季度环比数据。设季度环比实际增长率为 CLV_ PCH_ PRE，年化季度环比实际增长率 CLV_ PCH_ ANN =（ [1 +（CLV_ PCH_ PRE/100）]^4 - 1）×100。

　　从 2015 年第三季度到 2016 年第二季度，国内需求，特别是国内私人消费需求对欧盟和欧元区的经济增长持续发挥了主导作用；政府消费对经济增长具有一定的促进作用，但随着财政政策由扩张性逐渐转向中性，政府消费的影响也基本处于中性；总资本形成和净出口的贡献存在波动，投资的贡献由正转负，净出口的贡献由负转正。

　　欧盟和欧元区居民消费占 GDP 的比重分别为 56.4% 和 54.9%（2015 年数据），居民消费需求的变动是影响欧洲经济走势的重要因素。从 2015 年第三季度至 2016 年第二季度，欧盟和欧元区季度环比平均增长率（未调整为年率）分别为 0.45% 和 0.42%，而居民消费需求在这四个季度平均分别贡献了 0.31 和 0.26 个百分点，在 2013 年居民消费贡献率由负转正以来逐渐增长。近年来能源价格的下降促进了居民消费，劳动力就业状况的改善正日益成为促进居民可支配收入增加的主要因素。金融机构借贷条件的改善有助于促进居民消费支出。从这些支持居民消费增长的因素看，居民消费将继续成为引领欧洲经济复苏的主要动力。

政府消费占欧盟和欧元区 GDP 的比重分别为 20.5% 和 20.7%（2015 年数据）。自 2013 年以来，随着财政状况的改善，政府消费对 GDP 增长逐渐发挥正向作用。从 2015 年第三季度至 2016 年第二季度，欧盟和欧元区政府消费需求在这四个季度对 GDP 环比增长率平均均贡献了 0.09 个百分点，这表明 2016 年欧元区的扩张性财政政策对经济增长起到了一定的作用。预计 2017 年欧元区的财政政策逐渐转为中性，政府消费变动对欧洲经济增长的影响将趋向中性。

总资本形成占欧盟和欧元区 GDP 的比重均为 19.8%（2015 年数据）。存货和投资调整具有一定的波动性。有利的融资条件和需求预期的改善有助于促进投资复苏。但是英国脱欧等因素对投资者信心产生了一定的不利影响。

净出口与投资类似，对 GDP 增长率的贡献的波动性也较大。在全球贸易增速下滑、本地化生产增强、贸易保护主义增强等因素影响下，欧洲的出口前景并不乐观。英国确定脱欧后，对欧盟与英国的贸易往来将产生不利影响。

（二）各国走势：业绩分化

从 2015 年第三季度至 2016 年第二季度，欧洲各国经济增长速度继续呈现明显的差异（见表 2）。

表 2　欧洲国家 GDP 增长率

单位：%

国家和地区＼时间	2015 年第一季度	2015 年第二季度	2015 年第三季度	2015 年第四季度	2016 年第一季度	2016 年第二季度
比利时	1.2	2.1	0.7	2.1	0.9	2.2
德国	0.7	2.1	1.0	1.4	2.9	1.7
爱沙尼亚	−4.3	5.7	−2.0	4.4	−1.8	1.9
爱尔兰	109.5	1.5	10.0	14.2	−8.3	2.6
希腊	0.2	0.6	−4.5	0.8	−0.7	0.7
西班牙	3.7	3.9	3.3	3.2	3.1	3.3

续表

国家和地区＼时间	2015 年第一季度	2015 年第二季度	2015 年第三季度	2015 年第四季度	2016 年第一季度	2016 年第二季度
法国	2.3	0.0	1.5	1.5	2.7	− 0.4
意大利	1.5	1.0	1.0	0.8	1.2	0.1
塞浦路斯	4.7	3.2	1.8	1.9	3.9	3.0
拉脱维亚	4.0	4.2	2.5	− 1.3	− 0.3	2.5
立陶宛	1.2	2.5	2.1	2.1	3.7	0.6
卢森堡	− 0.8	4.3	4.6	6.2	2.7	：
马耳他	5.6	8.3	4.4	6.5	0.6	0.8
荷兰	2.3	0.1	1.1	0.9	2.3	2.6
奥地利	1.5	0.9	1.4	1.4	2.5	0.2
葡萄牙	2.4	1.1	0.5	1.4	0.8	1.0
斯洛文尼亚	2.1	2.4	1.4	2.4	2.1	1.8
斯洛伐克	：	：	：	：	：	：
芬兰	− 1.2	3.0	− 1.1	1.6	1.2	− 0.2
欧元区（19 国）	3.3	1.4	1.5	1.8	2.1	1.2
保加利亚	3.5	2.7	2.9	3.0	3.0	3.0
捷克共和国	5.6	5.4	3.9	1.2	1.6	3.7
丹麦	2.3	0.8	− 2.2	− 0.5	2.7	1.8
克罗地亚	1.0	3.6	5.7	− 2.2	2.2	2.2
匈牙利	5.6	0.4	1.8	3.6	− 2.1	4.2
波兰	5.6	1.7	3.4	5.5	− 0.2	3.6
罗马尼亚	5.1	− 0.6	6.4	4.8	6.3	6.2
瑞典	3.0	5.2	4.2	6.1	1.6	2.0
英国	1.1	1.7	1.8	2.8	1.8	2.4
欧盟（28 国）	3.1	1.6	1.7	2.2	2.0	1.6
挪威	− 0.5	0.4	6.2	− 5.0	4.2	0.1
瑞士	− 1.7	0.3	1.0	2.1	1.4	2.5
塞尔维亚	− 1.1	8.0	1.2	− 0.6	7.7	0.0

1. 德、英、法等经济体对欧洲经济稳步复苏发挥了主导作用

德国、英国和法国三国 GDP 占欧盟 GDP 的比例分别为 17.54%、14.85% 和 11.13%，加总为 43.52%（2015 年数据），这三个国家的稳定发展对欧洲经济复苏发挥主导作用。从 2015 年第三季度到 2016 年第二季度，三国按年率计算的季度环比平均增长率分别为 1.75%、2.20% 和 1.33%。其中，德国经济继续稳步增长，强劲的私人消费需求是拉动经济增长的主要因素，难民相关的政府支出增长也对经济增长发挥积极作用。在报告期内，英国经济增长较为稳健，但脱欧公投后，英国经济内在风险增加，为未来发展带来不确定性。法国经济逐步复苏，2015 年 GDP 增长率达到了 1.2%，但在 2016 年第二季度，受存货下降等因素影响，出现负增长，预计 2016 年法国经济仍能呈现低速正增长。

2. 欧元区曾陷入欧洲债务危机的国家经济走势呈现分化状态

爱尔兰、西班牙和塞浦路斯的复苏态势较为强劲。从 2015 年第三季度到 2016 年第二季度，三国按年率计算的季度环比平均增长率分别为 4.63%、3.23% 和 2.65%，高于欧元区的整体增长率。爱尔兰的经济增长速度继续位于欧洲前列，外商直接投资的增加、良好的就业状况、税收减免安排等因素促进了爱尔兰的经济增长，但英国脱欧也给其未来发展带来了不确定性。西班牙复苏较为强劲，就业形势的好转、融资状况的改善，以及"无政府状态"宽松的市场环境等促进了经济复苏。塞浦路斯在 2015 年经济增长率由负转正，达到 1.6%，成功摆脱危机状态，2016 年塞浦路斯经济继续持续增长，服务业出口，特别是旅游相关行业对经济增长发挥了重要促进作用。

葡萄牙、意大利和希腊的复苏进程趋缓。从 2015 年第三季度到 2016 年第二季度，这三个国家按年率计算的季度环比平均增长率分别为 0.93%、0.78% 和 −0.93%，拉低了欧元区的增速。葡萄牙经济复苏平缓，2016 年葡萄牙政府制定的经济增长和稳定计划将有助于消减财政赤字和促进经济复苏。意大利在 2015 年结束了经济衰退，呈现低速增长态势，但增速低于预期。银行业危机、地震、地缘政治风险等因素增加了经济发展的不稳定性。希腊 2015 年的经济增长率为 −0.2%，结构性改革等措施的实行、净出口的增加等将有助于希腊的经济复苏。

3. 欧盟中非欧元区国家的平均经济增速高于欧元区国家

罗马尼亚、瑞典、波兰和保加利亚等非欧元区国家的经济增长速度较快。从 2015 年第三季度到 2016 年第二季度，这四个国家按年率计算的季度环比平均增长率分别为5.93%、3.48%、3.08%和2.98%。罗马尼亚的扩张性财政政策有效地刺激了国内需求；瑞典的私人消费和政府消费是促进经济增长的重要动力；国内消费是支撑波兰经济增长的重要因素；保加利亚政府的多项提振经济的政策有效促进了经济增长。

4.塞尔维亚、挪威等非欧盟国家经济呈现较大的波动性

非欧盟国家塞尔维亚和挪威在报告期内均出现了季度环比经济增长率在正负间波动较大的情况。塞尔维亚经济增长严重依赖外部市场，投资和出口是塞尔维亚经济增长的主要动力，而这两项受外部因素影响较大。挪威的出口在2015年第三季度以来呈现下滑趋势，国际能源价格低迷使得占挪威出口结构比重较大的油气出口下滑严重，由此影响了经济稳定。

（三）就业态势：持续改善

随着经济的逐步复苏，欧洲国家劳动力市场状况也逐渐改善，但调整速度不快。从月度数据来看，欧盟和欧元区的失业率分别从2015年8月的9.3%和10.7%下降到2016年7月的8.6%和10.1%。如图1所示，欧洲国

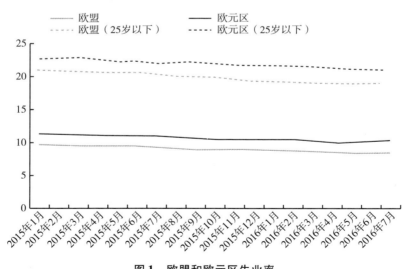

图1 欧盟和欧元区失业率

资料来源：欧盟统计局。

家的就业状况呈现向好的趋势。曾深受欧债危机困扰的希腊和西班牙的失业率下降幅度较大，但在整个欧洲范围内仍处于最高水平，2016 年 6 月两国的失业率分别为 23.4% 和 19.9%。如图 2 所示，在其他多国失业率逐年下降的对比下，法国的失业率仍处于 10% 上下的水平，没有明显下降趋势。各国的经济改革及劳动力市场改革提升了产出中的劳动力投入比重，随着经济复苏的持续，欧洲国家的失业率将继续改善，但是移民的涌入给德国、瑞典等国的就业市场带来一定的压力。

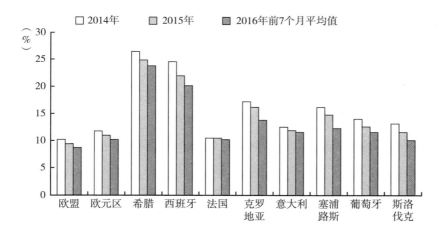

图 2 欧洲国家失业率

资料来源：Eurostat。

（四）物价水平：低位徘徊

欧洲的通货膨胀率在较长时间内低于预期的水平。如图 3 所示，欧盟的消费价格调和指数（HICP）月度同比增长率从 2011 年 9 月的 3% 下降至 2015 年 2 月的 -0.5% 的低点，之后在正负 3% 间呈现振荡整理的走势。2016 年前 8 个月，欧盟 HICP 月度平均增长率为 0.1%。

能源价格持续下降是引发 HICP 在低位徘徊的重要原因。在 2016 年的前 8 个月，能源价格月平均降幅为 6.5%。食品价格呈现上升趋势，成为推动物价水平上升的主要动力，其中非加工食品的价格依然存在较大的波动性，服务的价格在2016年的前8个月稳定在1.4%的水平，而工业制成品价格呈现小幅下降。欧元区的物价走势与欧盟基本同步，2016年前8个月，欧元区HICP月度平均增长率为0%。

欧盟和欧元区剔除能源和非加工食品的核心通货膨胀率（Core Inflation）在2016年前8个月的平均水平均为0.8%。在全球价值链影响下进口中间品价格的下降也对欧洲的物价水平造成下行压力。预计在2017年，欧洲通货膨胀率将继续处于低位。

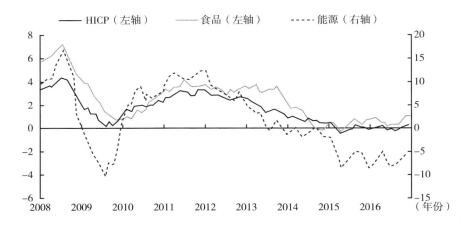

图3　欧洲消费价格调和指数及其组成部分相关数据

注：数据为欧盟的年变动率，月度数据，期限为2008年1月至2016年8月。

资料来源：根据Eurostat相关数据绘制。

二　货币与金融状况

（一）货币政策：量化宽松

在全球经济低迷、欧洲经济复苏趋缓、通货膨胀率低位徘徊的情况下，欧洲中央银行在报告期内继续采取了一系列扩张性货币政策：包括在隔夜存款利率出现负利率的情况下继续下调利率水平、扩大资产购买计划的额度、扩大量化宽松的范围、提出新的长期定向再融资操作（TLTRO Ⅱ）等。

近年来，日本央行、欧洲央行和瑞士、瑞典、丹麦等央行开始实行负利率政策。欧洲央行期望通过降低利率水平来刺激信贷，缓解低通货膨胀的压力，提振经济。继 2014 年 6 月欧元区出现负利率后，在报告期内，欧洲央行又两次下调了利率水平。2015 年 12 月，欧洲央行将隔夜存款利率水平下调 10 个百分点至 - 0.30%，而主导利率、隔夜贷款利率仍保持在 0.05%、0.30% 的水平不变。2016 年 3 月，欧洲央行将主导利率和隔夜贷款利率均下调 5 个百分点，分别至 0.00% 和 0.25% 的水平，隔夜存款利率水平再次下调 10 个百分点至 - 0.40%。

除了负利率，欧洲央行还采取了一系列量化宽松措施。自 2016 年 4 月起，资产购买计划的月购买规模由每月 600 亿欧元提高至 800 亿欧元；扩大量化宽松的范围，将由非银行机构在欧元区发行的投资级欧元债券纳入其资产购买计划；2016 年 6 月起推出新的为期四年的长期定向再融资操作（TLTRO Ⅱ）。

（二）货币供给：持续增加

在欧洲中央银行的量化宽松政策影响下，欧元区货币供应量（M3）持续增加，2015 年第三季度至 2016 年第二季度，M3 增速分别为 4.7%、4.5%、5.1% 和 5.0%。从具体项目看，M3 增长速度的变动主要源于流动性较高的 M1，特别是其中的隔夜存款的增速较快。在 2015 年第三季度至 2016 年第二季度，M1 增速分别为 11.3%、10.4%、10.2% 和 8.7%。欧洲央行的长期定向再融资操作和资产购买计划的实施促进了货币供给的增加。

货币供给的增加最终体现为贷款的增加。欧元区公共采购计划的实施，促进了欧元区政府部门信贷规模的快速增加。同时，对私人部门贷款稳步增加，但增速仍较慢，量化宽松政策发挥一定的效果。长期金融负债出现增长态势。负利率预计通过银行信贷渠道，减少超额准备金，刺激个人和企业信贷需求，促进经济复苏。

负利率等政策对提升物价水平的效果不明显。此外，负利率引发欧洲银行业收入下降，欧洲央行对商业银行的超额准备金收取保管费用，增加了现金需求。总体来看，货币政策的作用有限，当前的低价格水平和平缓复苏的态势需要通过结构性改革来改善。

表3　欧元区的货币供给的同比增长率

单位：%

指标＼时间	2015年第二季度	2015年第三季度	2015年第四季度	2016年第一季度	2016年第二季度
M1	10.4	11.3	10.4	10.2	8.7
流通中的货币	6.7	8.3	6.7	5.9	3.9
隔夜存款	11.1	11.9	11.1	11.0	9.6
M2－M1（其他短期存款）	－3.5	－4.7	－3.5	－2.4	－1.5
两年期以下定期存款	－9.0	－11.4	－9.0	－6.8	－4.6
3个月期可赎回通知存款	0.6	0.5	0.6	0.6	0.6
M2	5.0	5.0	5.0	5.5	4.9
M3－M2（可交易有价证券）	－3.6	0.6	－3.8	－0.6	6.5
M3	4.5	4.7	4.5	5.1	5.0
对欧元区的信贷					
对政府部门信贷	7.9	7.2	7.9	10.1	11.7
对私人部门信贷	0.6	0.6	0.6	1.1	1.5
长期金融负债（不包括资本和储备）	－0.4	－0.3	－0.4	0.8	1.3

注：表中数据为年增长率，经过季度调整。

资料来源：European Central Bank (2016)，*Economic Bulletin*，Issue 6/2016。

（三）欧洲银行：风险增大

欧元区银行业的监管机制逐步完善，单一监管机制的实行有助于降低系统性的金融风险，但是欧洲银行业体系仍需要进一步完善，如需要建立共同存款保险机制等。根据IMF 2016年4月发布的《全球金融稳定性报告》（Global Financial Stability Report），欧洲的一些银行仍面临较高的系统性风险。特别是对于意大利、葡萄牙等经历欧债危机国家的银行来说，英国退出欧盟使欧洲银行系统面临的风险增大。意大利银行的不良贷款率较高，近年来意大利经济形势不佳，金融机构盈利水平较低，意大利银行面临的潜在危机增加了欧洲银行业的风险。

三　财政状况

（一）财政状况：持续改善

较低的利率水平，逐渐好转的宏观经济形势以及财政巩固计划的逐步实施，使欧盟和欧元区的财政状况呈现持续改善的趋势，财政赤字率继续下降。2015 年欧盟和欧元区的财政赤字率分别为 2.4% 和 2.1%，比上一年分别下降了 0.6 和 0.5 个百分点。在欧元区中，希腊、西班牙、葡萄牙和法国的财政赤字率仍居于较高的水平，其他国家的财政赤字率实现了欧盟条约中规定的低于 3% 的参考标准。政府的债务负担占 GDP 的比例虽然仍处于较高的水平，但总体呈现逐渐下降的趋势。2015 年欧盟和欧元区的政府债务负担率分别为 85.2% 和 90.7%，比上一年分别下降了 1.6 和 1.3 个百分点。

同时，各国之间财政状况的差异出现分化，各国财政政策的使用空间有明显的差异。希腊、意大利、葡萄牙、塞浦路斯和比利时等国的债务负担率均超过 100%，分别为 176.9%、132.7%、129.0%、108.9% 和 106.0%。希腊 2015 年财政赤字占 GDP 的比重为 7.2%，但是希腊的个人收入所得税等改革措施将有利于促进财政状况的好转，而移民支出、预算改革措施的延迟进行等给财政前景带来了下行的压力。西班牙的财政赤字占 GDP 的比重由 2014 年的 5.9% 下降到 2015 年的 5.1%，经济复苏促进了税收的增加，带动公共投资增加，总体看，财政赤字率下降，财政状况有明显改善。

欧洲主要经济体的财政状况稳定向好。德国 2015 年财政赤字占 GDP 的比重为 0.7%，比 2014 年略有增加。财政收入呈现上升趋势，但是儿童补贴的增加等因素也使财政支出有增加的压力。2016 年德国财政支出的增加主要源于政府公共消费的增加、现金福利支出的增加以及养老金支付的增加。公共住房计划支出也增加了政府支出。英国财政状况预算向好，2015

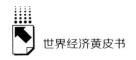

年财政赤字占 GDP 的比重为 4.4%，比 2014 年下降了 1.2 个百分点。英国财政状况的改善主要来源于较低的支出水平，财政赤字有进一步下降的趋势。但是，英国政府债务占 GDP 的比重继续增加，在 2015 年达到了89.2%，预计在 2016 年达到高峰之后将逐渐下降。

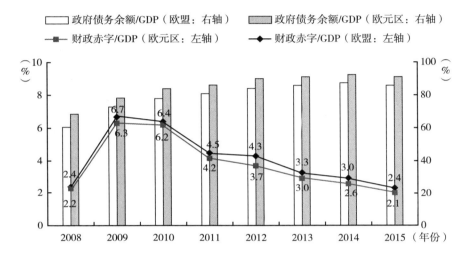

图 4　2008～2015 年欧盟及欧元区财政赤字与政府债务余额占 GDP 比重

资料来源：根据 Eurostat 相关数据整理。

（二）财政政策：分化调整

欧元区财政政策总体来看是促进经济增长型的扩张性财政政策。大多数成员国的财政政策发挥了熨平经济周期的作用。欧元区中有一半以上的国家采取了扩张性的财政政策，一些国家采用的适应性的财政政策，有四个国家采取了财政紧缩的政策。面对欧洲各国财政状况呈现差异的情况，各国的财政政策继续分化调整。对于高负债的国家，需要通过额外的财政巩固政策，促进债务负担率进入下降的通道；对于财政状况较好的国家，应该继续采用扩大公共投资等政策，来更好地发挥对经济复苏的积极促进作用。

欧洲整体的财政状况在改善，较低的利息支付水平、经济复苏期财政的自动稳定器作用，社会保障支出的下降等促进财政支出的下降。随着劳动力市场形势的好转，失业保障支出也在下降。但是欧洲的财政发展中也面临一些风险因素：移民的大量涌入增加了政府支出压力；投资较为虚弱，公共支出对私人支出的引领作用有待于加强；结构改革等仍需加强；纠正过度财政赤字等措施正在持续进行，各国财政的独立性仍需加强，财政政策对经济复苏的促进作用有待进一步发挥。

四　国际因素对欧洲经济的影响

欧洲面临的外部环境中不确定因素增多，包括：全球复苏速度总体平缓、英国脱离欧盟对欧洲经济产生的不确定性、欧盟银行业风险凸显引发的不确定性、新兴经济体的经济表现不一、经济结构单一的经济体面临的下行压力较大、大宗商品出口呈现下降趋势。同时，有利于促进全球经济改善的因素包括：较低的利率水平、劳动力市场的逐步改善等。总体看，国际环境所引发的不确定性增加，欧洲面临的外部挑战增强。

（一）经常项目[①]：顺差增加

欧盟和欧元区的经常项目余额呈现上升趋势。这一趋势主要是受大宗商品价格，特别是原油价格的下降、欧元汇率调整以及国内需求不足引发的进口疲软等因素的影响而形成的。从 2015 年第三季度至 2016 年第二季度，欧盟各季度经常项目余额分别为 470.1 亿、499.8 亿、269.1 亿和 385.3 亿欧元，占 GDP 的比重分别为 0.8%、1.3%、1.3% 和 0.7%，四个季度的经常项目余额累计为 1923.34 亿欧元，比上一年度同期增长了 28.5%。欧元区各季度经常项目余额分别为 973.2 亿、1062.9 亿、606.1 亿和 902.3 亿欧元，占 GDP 的比重分别为 2.7%、3.7%、3.9% 和 2.3%。四个季度的经常项目余额累计为 4255.6 亿欧元，比上一年度同期增长了 57.7%。

欧元区经常项目余额的增加主要源于货物贸易顺差的增加。在报告期

---

①　未经季节和工作日调整的数据。

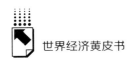
内，欧元区进出口均呈现增加态势，出口增加幅度大于进口增幅。在出口方面，新兴经济体增长速度放缓导致需求下降和全球贸易增长速度下滑影响了欧元区商品贸易出口，但是服务贸易顺差增加了 32.7%，旅游、电信、计算机和信息服务贸易的顺差增加对服务贸易顺差有明显的贡献。初级收入的盈余下降，而二级收入的逆差增加。

欧元区各国的经常项目状况呈现明显的不对称性，德国、荷兰等国的经常项目顺差逐渐增加，意大利和匈牙利等国家通过再平衡使经常项目赤字转向盈余，波兰、罗马尼亚等国的经常项目将继续出现赤字。欧元区的经常项目余额在 2016 年将保持增加趋势，但之后可能面临下行压力。大宗商品价格的逐渐回升、欧元的升值、劳动力成本逐渐增加，这些都可能引发贸易增速的下滑。同时，随着经济复苏进程，国内需求将逐步回升，进口需求也会增加。

（二）欧元汇率：走势分化

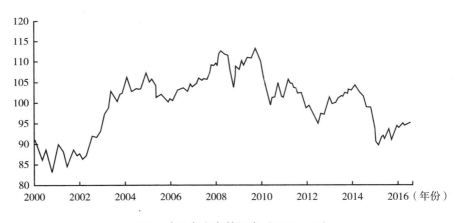

图5　欧元名义有效汇率（EER-19）

注：月度平均数据，1999 年第一季度为 100。
资料来源：ECB。

自 2015 年第三季度欧元汇率向下调整以后就处于缓慢上升的趋势。欧元对 19 个最主要贸易伙伴货币的名义有效汇率（EER-19）从 2015 年 9 月到 2016 年 9 月上升了 1.65%。从双边汇率来看，从 2015 年 7 月 1 日至 2016 年 6 月 30 日，欧元对英镑累计升值了 15%，欧元对日元累计贬值 15%，欧元对美元汇率波幅不大。英国脱欧后经济发展面临的不确定因素增加，影响了英镑的稳定性。

五 对欧洲经济增长的展望

欧洲的各项指标显示，欧洲经济继续复苏，但复苏速度较为平缓。资产购买计划等量化宽松政策促进了货币供给的增加、负利率对经济的刺激作用逐渐发挥，各国财政状况的差异决定了财政政策使用空间的差距，财政政策总体具有一定的扩张性。大宗商品价格，特别是原油价格处于较低水平、劳动力市场条件改善等也促进了欧洲经济的持续复苏。

展望 2017 年，欧洲经济将继续稳步复苏。支持欧洲经济增长的有利因素包括：量化宽松的货币政策和促进增长型财政政策将有助于促进国内需求和投资增长；劳动力市场的好转将促进居民实际可支配收入的增长，进而促进私人消费增长。与此同时，2017 年欧洲经济仍存在诸多风险因素：全球经济增速放缓的趋势仍将持续，世界经济中蕴含的不确定性增加，英国脱欧对欧洲宏观经济形势的影响逐步显现，欧洲银行体系内蕴含的风险爆发的可能性增加，结构改革仍需深入进行。2017 年欧盟和欧元区经济增长率预计分别为 1.8% ~ 2.0% 和 1.5% ~ 1.7%。

参考文献

European Central Bank（2016），*Economic Bulletin*，Issue 1 ~ Issue 6/2016.

European Central Bank（2015），*Economic Bulletin*，Issue 6 ~ Issue 8//2015.

European Commission（2016），*European Economic Forecast*，Spring 2016.

IMF（2016），*Central，Eastern，and Southeastern Europe：How to Get Back on the Fast Track*，May 2016.

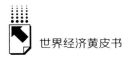
IMF（2016），*World Economic Outlook：Too Slow for Too Long*，Washington，April 2016.

IMF（2016），*World Economic Outlook：UPDATE*，Washington，July 2016.

IMF（2016），*Euro Area Policies：Selected Issues*，Washington，June 2016.

IMF（2016），*Global Financial Stability Report—Potent Policies for a Successful Normalization* Washington，April 2016.

OECD（2016），*OECD Economic Surveys：Euro Area*，June 2016.

OECD（2016），*OECD Economic Surveys：European Union*，June 2016.

张明：《欧洲银行业风云再起》，中国社会科学院世界经济与政治研究所国际金融研究中心，RCIF Policy Brief No. 2016. 044，2016 年 7 月 12 日。

Y.4
日本经济：刺激政策效力减弱

冯维江*

摘　要：　2016 年日本银行出台负利率和量化质化宽松货币政策，但从股市、日元汇率、CPI 增长率的表现来看效果不佳。为弥补货币政策效力的下降，日本政府出台了 28.1 万亿日元的刺激政策，但受限于低增长和高企的政府债务，进一步刺激的潜力有限。中日贸易和投资关系双双趋降，显示政治趋冷造成的经贸降温转向长期化。预计 2016 年日本实际 GDP 增长约为 0.4%，2017 年预计增长约为 0.6%。

关键词：　负利率　"新三支箭"　刺激政策

一　2015~2016年总体经济情况

在《2016 年世界经济形势分析与预测》中，我们预计"2015 年日本国内生产总值实际增长率约为 0.53%"。这个预测结果比其他多数机构的预测结果更加接近日本内阁府后来公布的 0.5% 的实际增长率[①]。2015 年 1~4 季

---

* 冯维江，中国社会科学院世界经济与政治研究所副研究员，经济学博士。主要研究领域：国际政治经济学。感谢张斌研究员的审阅指正，但文责自负。

① 当时国际货币基金组织（IMF）和经济合作与发展组织（OECD）的预测是 0.59%，世界银行的预测是 1.1%，经济学人信息部（EIU）的预测是 1%，彭博社的预测是 0.95%，欧盟委员会的预测是 1.1%。参见冯维江《日本经济：复苏之路不平坦》，《2016 年世界经济形势分析与预测》，社会科学文献出版社，2016。

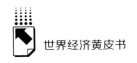

度日本实际 GDP 季调环比增长折年率分别为 5.0%、－1.9%、2.1% 和
－1.7%。第三季度增长率的转正让日本避免了连续两个季度增长率为负的
技术性衰退。但是，日本经济第四季度再度陷入负增长，全年只实现了微弱
的增长，我们称"日本复苏之路不平坦"并非言过其实。

2016 年是日本首相安倍晋三提出"新三支箭"后的第一年。① 从经济
增长表现看，这一年来新政策效果不尽如人意。在上个季度负增长较低的基
础上，2016 年第一季度实际 GDP 季调环比增长折年率仅为 2.1%，明显低
于上年同期水平。其增长主要得益于私人消费、政府消费和净出口的支撑，
此三项对当季实际 GDP 增速的贡献分别为 1.6 个、0.7 个和 0.5 个百分点。
公共投资疲软，私人投资对增长的贡献甚至为负。2016 年第二季度实际
GDP 季调环比增长折年率下滑至 0.7%，主要是因为净出口的贡献由正转负，
私人部门和政府消费的贡献都出现明显下滑。如果不是私人和政府投资的贡
献有所增加，第二季度增长表现会更差。日本经济复苏缺乏坚实的基础。

日本官方一直坚持经济维持缓慢复苏的基调，但其措辞的变化反映出经
济形势趋紧。内阁府每月公布的经济报告对 1~9 月经济形势的总看法② 分
别是：1 月和 2 月均为"景气存在部分疲软迹象，但缓慢复苏的基调仍在继
续"；3 月措辞趋于严厉，变为"景气疲软，但缓慢复苏的基调仍在继续"。
其后，这个判断一直延续至 9 月。

2016 年第三季度日本制造业和服务业的 PMI 双双在荣枯线之下，企业
利润等经营指标显示经济状况不佳，但在该季度日本政府出台了 28.1 万亿
日元的刺激政策，其效果将在第四季度缓慢显现，促进投资和消费对增长的
拉动。综合来看，我们预计 2016 年日本实际 GDP 增长 0.4% 左右。

---

① 2015 年 9 月 24 日安倍晋三连任自民党总裁，新任期将延续至 2018 年 9 月。改组后的内阁
2015 年 10 月 8 日开始运作，表示要推出升级版的安倍经济学。"新三支箭"就是新内阁实
施升级版安倍经济学的主要内容，具体包括"孕育希望的强大经济"、"构筑梦想的育儿支
援"和"安心的社会保障"等三项基本方针，围绕这些方针新内阁还提出了将 GDP 扩大到
600 万亿日元、特殊出生率（即女性一生中所生孩子的平均数）达到 1.8，护理离职率降到
0 等具体目标。

② 参见 http://www5.cao.go.jp/keizai3/getsurei/getsurei-index.html。

表1　实际 GDP 增长率及其各组成部分贡献率

单位：%

指标＼时间	2015 年第一季度	2015 年第二季度	2015 年第三季度	2015 年第四季度	2016 年第一季度	2016 年第二季度
GDP 增长率	5.0	−1.9	2.1	−1.7	2.1	0.7
私人消费	0.2	−1.5	1.1	−1.9	1.6	0.4
私人住宅投资	0.3	0.2	0.1	−0.1	0.0	0.6
私人企业设备投资	1.7	−0.5	0.4	0.7	−0.4	−0.1
私人存货变化	2.5	1.1	−0.2	−0.7	−0.4	0.3
政府消费	0.2	0.3	0.2	0.7	0.7	0.1
公共投资	−0.3	0.2	−0.3	−0.6	0.0	0.5
公共存货变化	0.0	0.0	0.0	0.0	0.0	0.0
净出口	0.4	−1.6	0.8	0.2	0.5	−1.0
出口	1.3	−3.1	1.8	−0.7	0.1	−1.1
进口	−0.9	1.5	−1.0	0.9	0.4	0.0

注：表中数据为季调环比增长折年率。

资料来源：日本内阁府网站统计资料。

二　货币政策

2016 年，日本央行围绕实现消费物价指数（CPI）年增长率 2% 的"价格稳定目标"，在继续实行量化质化宽松货币政策（QQE）的基础上，还出台了负利率政策。尽管其宽松货币政策层层加码但仍效果不彰。

2016 年 1 月，日本央行货币政策委员会以 5∶4 的微弱优势通过出台负利率政策的决定，日本继瑞典、瑞士、丹麦、欧元区之后也成为负利率经济体。根据这项政策，日本央行对开设准备金账户的金融机构实施"三级利率体系"。其中，既有超额准备金存量称为基本余额（Basic balance），继续适用原来的 0.1% 的超额准备金利率；法定准备金以及此前日本央行提供给金融机构的一些贷款计划带来的准备金增加的部分称为宏观附加余额（Macro Add‐on balance），适用零利率；超出上述两个部分之外的准备金称为政策利率余额（Policy‐rate balance），适用 −0.1% 的负利率。自此，日

本央行通过利率、量化和质化三个维度施行宽松货币政策。在量化维度，2016 年 1 月日本央行货币政策委员会维持每年基础货币投放增量 80 万亿日元的货币市场操作目标。在质化维度，维持每年政府债券购买 80 万亿日元规模，但将所购政府债券平均剩余期限由此前的 7 ~ 10 年调整为 7 ~ 12 年；维持每年增加购买交易型开放式指数基金（ETFs）和日本房地产投资信托基金（J - REITs）的规模分别为 3 万亿日元和 900 亿日元；维持商业票据、公司债 2.2 万亿日元和 3.2 万亿日元的余额规模。

　　2016 年 3 月日本央行货币政策会议维持利率、量化维度的政策不变，质化维度将 2016 年 4 月之后新的财政年度的 ETFs 年购买增加额提升至 3.3 万亿日元，其他内容维持不变。4 月，利率、量化和质化三个维度既有政策不变，只是为了应对 4 月 14 日发生的熊本地震的影响，日本货币政策委员会出台了特殊的举措来满足灾区重建资金需求。包括设置一项总额 3000 亿日元的资金支持计划，以零利率向受灾地区金融机构提供贷款。同时，相关金融机构在该计划下借款的准备金余额的 200% 可计入其宏观附加余额之中。6 月，货币政策会议维持既有宽松货币政策不变。7 月，为应对英国脱离欧盟、新兴市场增长放缓、周边国家不确定性上升及全球金融动荡持续的影响，日本央行决定将 ETFs 年度购买增加额提升约一倍至每年 6 万亿日元，并将扩大美元借贷计划一倍到 240 亿美元，计划执行时间为 4 年。9 月，日本央行决定修改货币政策框架，引入附加收益率曲线控制的量化质化宽松货币政策（QQE with Yield Curve Control），从盯住“货币基础”转向盯住“利率曲线”。新政策由两部分组成：一是收益率曲线控制，调节短端以及长端利率，继续购买日本国债直至 10 年期国债收益率保持在零附近；二是承诺扩大基础货币水平直至 CPI 超越 2% 的目标，并且稳定在 2% 的上方。此外，日本央行还决定取消所持国债平均期限目标。[①]

　　日本银行资产负债表规模在其 2013 年宣布实行宽松货币政策以来扩张速度明显加快。如图 1 所示，在宣布实施该政策的 2013 年 4 月，日本银行

---

　　① 参见 http：//www. boj. or. jp/mopo/mpmsche_ minu/index. htm/。

资产负债表规模仅为 162.8 万亿日元，到 2014 年 12 月底上升至 300.21 万亿日元，到 2015 年底规模又扩大至 383.11 万亿日元，到 2016 年 9 月 10 日进一步上升至 456.30 万亿日元。进入 2016 年以来的 9 个多月里，日本银行资产负债表规模就扩大了 19.1%。

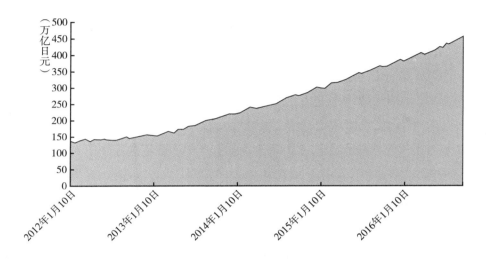

图 1　日本银行资产负债表规模迅速扩张

资料来源：Wind 数据库。

在央行资产负债表结构调整方面，日本银行也采取了行动。2016 年以来，日本银行资产负债表在资产结构方面的主要特点有四个。第一，购买政府债券仍是日本银行从资产方扩大规模，释放流动性并借以压低利率的主要方式。2016 年 9 月 10 日相对于 2015 年底，日本银行总资产增长了 19.1%，其中 19.5 个百分点的增长来自买入政府债券的贡献。① 具体来看，2015 年 12 月 31 日日本银行购买的政府债券只有 325.0 万亿日元，到 2016 年 9 月 10 日上升至 399.5 万亿日元，增加了 22.9%，略低于上年同期的 23.6%。如果第四季度各月维持此前各月的平均购债规模，全年可以实现"购买 80 万亿日元的日本政府债券"的货币政策指引目标。第二，贷款余额规模缩小。

---

① 主要是因为贷款项的贡献为负，从而削弱了买入政府债券项的贡献。

表 2　日本银行资产负债表变化情况

单位：十亿日元

项　目	2015 年 12 月 31 日	2016 年 1 月 10 日	2016 年 2 月 10 日	2016 年 3 月 10 日	2016 年 4 月 10 日	2016 年 5 月 10 日	2016 年 6 月 10 日	2016 年 7 月 10 日	2016 年 8 月 10 日	2016 年 9 月 10 日
黄金	441.25	441.25	441.25	441.25	441.25	441.25	441.25	441.25	441.25	441.25
现金	173.11	174.06	191.73	201.73	207.35	195.84	196.35	197.33	184.55	181.18
日本政府债券	325001.99	327958.13	340063.53	349491.03	353605.38	360311.84	373846.11	382672.39	389529.74	399502.59
商业票据	2195.44	2045.06	2368.67	2550.38	1769.88	1869.90	2407.98	1900.73	2474.50	2587.38
公司债券	3198.49	3198.49	3216.47	3194.58	3170.34	3170.90	3206.49	3155.73	3146.79	3152.80
财产信托a	1349.04	1349.04	1349.04	1349.04	1344.59	1332.87	1308.05	1295.70	1280.26	1267.56
财产信托b	6898.53	6918.36	7239.13	7500.50	7572.18	7817.48	8160.29	8590.81	8776.19	9241.77
财产信托c	269.55	271.98	284.17	288.91	291.27	299.47	313.72	319.78	329.57	331.92
贷款d	36463.85	36443.85	36180.65	36301.44	33540.34	32065.24	32154.12	32614.92	32639.92	32422.69
外币资产	6498.09	6486.51	6501.60	6473.89	6508.53	6491.89	6513.14	6489.25	6475.21	6446.46
代理商存款	1.34	21.52	18.57	37.06	29.25	6.51	48.40	146.95	52.13	67.43
其他	616.94	618.47	628.75	652.33	660.15	661.21	675.83	649.35	649.87	655.85
资产总额	383107.62	385926.71	398483.56	408482.13	409140.51	414664.39	429271.73	438474.20	445979.99	456298.89
货币	98430.00	96207.53	94270.30	94917.05	95241.98	96048.76	94830.02	95925.25	96259.78	95992.24
活期存款	253013.59	253487.06	251963.65	258217.26	277379.68	281479.26	285603.87	304907.56	296665.55	304368.60
其他存款	6397.04	5573.50	5929.32	6531.94	7238.31	7544.52	7823.34	8532.85	8021.24	7958.91
政府存款	17043.65	22439.57	38120.49	40621.53	21218.27	21577.45	33523.04	21111.65	37050.94	39902.80
回购协议应收款项	0.00	0.00	0.00	34.42	126.44	101.28	6.84	23.17	21.08	15.46
其他	856.77	852.48	833.22	793.35	569.26	546.54	-146.33	342.75	330.45	429.91
备抵金	4227.93	4227.93	4227.93	4227.93	4227.93	4227.93	4471.76	4471.76	4471.76	4471.76
资本	0.10	0.10	0.10	0.10	0.10	0.10	0.10	0.10	0.10	0.10
法定准备金及特别准备金	3138.54	3138.54	3138.54	3138.54	3138.54	3138.54	3159.10	3159.10	3159.10	3159.10
负债与净资产总额	383107.62	385926.71	398483.56	408482.13	409140.51	414664.39	429271.73	438474.20	445979.99	456298.89

注：a 是作为信托财产持有的股票；b 是作为信托财产持有的交易型开放式指数基金；c 是作为信托财产持有的日本房地产投资信托基金；d 对存款保险公司的贷款除外。

资料来源：日本银行。

在 2015 年，贷款还是除购买政府债券之外日本银行扩大资产最重要的方式，但是 2016 年贷款规模却有所下降。2016 年 9 月 10 日较之 2015 年 12 月 31 日降低了 11.1%，这表明在日本以负利率促进贷款的政策效果有限。第三，通过财产信托购买 ETFs 和 J-REITs 的规模显著上升。2016 年 9 月 10 日与上年末相比，上述两项目分别增长了 34.0% 和 23.1%，是同期资产方增长幅度最大的两项。第四，商业票据和公司债余额规模维持货币政策指引水平。截止到 2016 年 9 月 10 日，两者分别为 2.6 万亿和 3.2 万亿日元。

央行负债结构的主要特点有二。第一，活期存款账户总额增加，由 2015 年底的 253.0 万亿日元，增加到 2016 年 9 月的 304.4 万亿日元，增加了 51.4 万亿日元，增幅约 20.3%。受负利率政策影响，增幅较上年的 31.3% 有所下降。日本银行中的活期存款主要是民间金融机构在央行的超额准备金。[1] 活期存款的快速增长也主要源自超额准备金的增长。从 2015 年底到 2016 年 8 月，超额准备金增加了约 42.0 万亿日元，占同期日本银行活期存款增加额的 96.2% 左右。这说明日本央行实行负利率以引导资金进入实体经济的想法未能很好地实现。第二，政府存款大幅增加。2016 年 1 月 10 日政府存款余额约有 22.4 万亿日元，9 月 10 日增加至 39.9 万亿日元。政府在央行存款的大幅增加可能意味着公共部门通过财政资金支出提振经济的渠道受阻。

日本推行的所谓负利率只是对银行存放在央行账上的过剩资金实施带有惩罚性质的负利率，而且主要是针对那些将在央行 QQE 措施下获得的资金又存到央行账户而不是投放到实体经济中的银行。从短期来看，引导资金进入实体经济以促进经济增长的企图难以实现，象征意义大于实际价值。从实际效果来看，日本实施的这些货币政策并未让基础货币有效进入实体经济。我们可以从股市价格、CPI 和日元汇率等三个价格指标来观察和评价日本货币政策的效果。

首先，不断加码的宽松货币政策对股市的刺激作用显著下降。自 2013 年 4 月实行 QQE 以来，超宽松货币政策对股市的刺激作用在 2015 年中达到

---

① 武石桥：《日本信贷宽松货币政策及其有效性》，《外国问题研究》2014 年第 2 期。

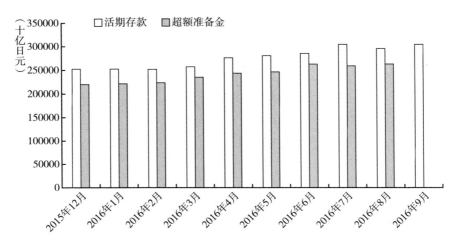

图 2　日本银行的活期存款与金融机构超额准备金

资料来源：日本银行，Wind 数据库。

峰值，尽管 2016 年以来采取了更为激进的负利率加 QQE 的宽松货币政策，但未能逆转股指下行的趋势。2016 年 10 月 6 日只有 16899 点，较之年初 1 月 4 日的 18451 点，跌去了 8.4%，较之 2015 年 6 月 24 日高点的 20868 点更是跌去了 19%。

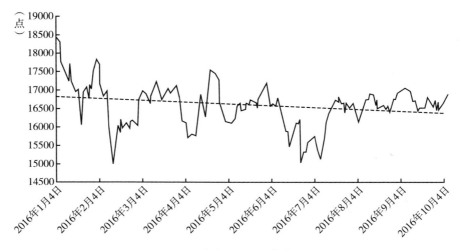

图 3　东京日经 225 指数

资料来源：Wind 数据库。

　　其次，日本央行与2%的通胀目标渐行渐远。2016年1月货币政策会议发布负利率政策时还宣布，第三次推迟实现2%通胀目标时间半年至2017财年上半年，并预计2016财年的通胀水平仅为0.8%，远低于通胀目标。4月再度推迟实现2%通胀目标的预计时间，不再以2017财年上半年为限。7月货币政策会议称预计到2017财年下半年能达到2%通胀目标。9月会议索性不再提出实现通胀目标的预计期限。从CPI增长率实际表现看，2016年第一季度CPI同比增长率、剔除生鲜食品的核心消费物价同比增长率和剔除租金的核心消费物价同比增长率分别为0.1%、–0.1%和0.1%，第二季度全部为负并下降至–0.4%、–0.4%和–0.4%。第三季度延续下行态势，8月和9月的均值分别为–0.6%、–0.5%和–0.6%。迄今负利率政策并未扭转通缩趋势。

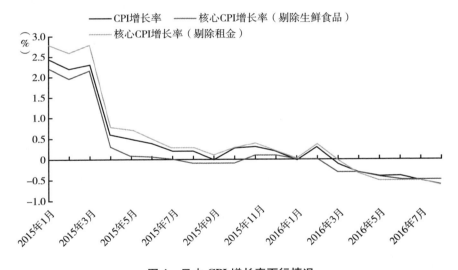

图4　日本CPI增长率下行情况

资料来源：根据Wind数据库数据计算。

　　再次，负利率政策出台之后，日元不贬反升。2016年1月东京市场美元兑日元中间汇率月平均值为1美元兑118.25日元，8月日元已经升值至1美元兑101.27日元。日元实际有效汇率也明显升值。2016年1月日元实际有效汇率指数为74.53，到8月升至84.41。

　　综合来看，如果说2015年在日本央行货币政策的三个传导方向中，股

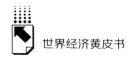

市和汇市的传导效果尚可，只是对实体经济价格水平的影响效果较差，那么在 2016 年，货币政策在三个传导方向的效果全面转差。

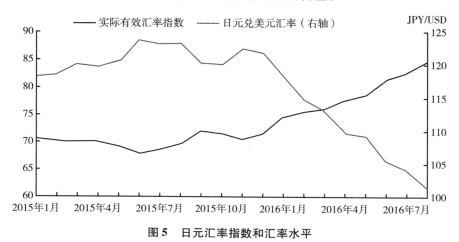

图 5　日元汇率指数和汇率水平

资料来源：Wind 数据库。

三　财政政策

在 2016 财年，日本一般预算财政收支总额创纪录地达到 96.7 万亿日元（约合人民币 5.2 万亿元）。与 2015 财年最初的预算相比，在 2016 财年收入预算中，税收一项增加了 3.1 万亿日元，相对于上财年增长了 5.6%。虽然新国债发行额较 2015 年度原始预算减少 2.4 万亿日元，但日本中央和地方的借款余额攀升至 1062 万亿日元的历史新高。从预算支出看，政策经费为 73.1 万亿日元，其中医疗、看护等社会保障费占 31.97 万亿日元，两项均创历史新高。得益于诊疗费用下调，社保费仅增加 4412 亿日元，财政计划中提出的控制目标基本达成。为配合安倍政府提出的"新三支箭"，实现所谓"一亿总活跃社会"① 目标，2016 财年预算案总共列入了 2.4 万亿日元，相比 2015 年度的同

---

① 日本习惯用一亿人代表全民或大多数国民。二战刚刚战败时有"一亿总忏悔"，1970 年代有"一亿总中流化"（大多数人脱贫进入中等收入水平）等说法。一亿总活跃社会，即建设让每个人在职场或地方上能够更加活跃的社会。

类事业增加约 5000 亿日元，主要用来实现扩大幼儿教育免费化和增加 50 万保育名额等目标。安倍政府 4 年来持续增加防卫费以加强离岛防御，日本防卫费预算增加 1.5% 至 5.05 万亿日元。而为了在七国集团（G7）"伊势志摩峰会"上开展积极外交，政府开发援助（ODA）在预算中也增加 1.8% 至 5519 亿日元，这是 17 年来首次增加。随着地方税收的增加，下拨给地方政府的财政拨款将减少至 15.28 万亿日元，较上年下降 1.6%。为帮助地方政府应对人口减少而设的新型拨款为 1000 亿日元。为吸引外国游客前往各地旅游，观光厅预算达到 200 亿日元，较上年翻一番。公共事业费将小幅增加并向面临跨太平洋伙伴关系协定（TPP）冲击的农业倾斜，推进农地大区划制等改革。

表 3　日本 2015～2016 财年的财政收支预算

单位：亿日元，%

	2015 财年预算（初值）	2016 财年预算	变化值	同比增长率
税收	545250	576040	30790	5.6
其他收入	49540	46858	−2681	−5.4
国债发行收入	368630	344320	−24310	−6.6
收入合计	963420	967218	3799	0.4
偿还国债支出	234507	236121	1614	0.7
基础财政支出	728912	731097	2185	0.3
其中：社会保障支出	315297	319738	4441	1.4
地方转移支付	155357	152811	−2547	−1.6
支出合计	963420	967218	3799	0.4

资料来源：日本财务省。

由于货币政策对经济的刺激作用减退，安倍政府在 2016 年还强力推出财政政策刺激经济增长。2016 年 8 月，日本内阁会议通过了规模达 28.1 万亿日元（约合人民币 1.82 万亿元）的经济刺激计划。这一经济刺激计划规模仅次于 2009 年的 56.8 万亿日元和 2008 年的 37 万亿日元。新的经济刺激计划中包括规模为 13.5 万亿日元的财政刺激措施，其中 2.7 万亿日元用于熊本地震和 2011 年东北地区灾害的救灾措施；3.4 万亿日元用于改善人口结构，鼓励生育；6.2 万亿日元用于基础设施；1.3 万亿日元用于应对英国

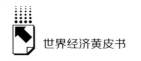

脱欧的风险，主要用于帮助中小企业。

日本的财政刺激政策面临经济增长疲软和政府债务高企双重约束。为了实现财政支出的稳健和可持续性，必须有充足的财政收入作为支撑，消费税是重要的收入来源。但由于日本经济增长疲软，原定的第二轮消费税率提升计划不得不一再推迟。2016 年 6 月 1 日，安倍政府宣布推迟第二轮消费税增长计划至 2019 年 10 月起实行。早在 2014 年 11 月，安倍政府就曾宣布推迟第二轮消费税增长计划至 2017 年 4 月实行，当时安倍政府承诺，"除非发生雷曼冲击或'3·11'大地震事件"，增税决不再延。此次以"经济为先""世界经济面临巨大风险"为由违背承诺再度延期提高消费税，引发外界对日本政府政策确定性的质疑以及日本信用评级或将遭到下调的担忧。

目前沉重的政府债务限制了扩张财政支出的潜力。2016 年 1 月，日本政府债务规模再次刷新纪录，达到 1075.2 万亿日元。其后政府债务规模略有下降，至 2016 年 7 月为 1061.4 万亿日元，总体来看仍处于历史高位。巨额政府债务的可持续性在很大程度上依赖于低利率。一旦利率上升，还本付息的负担将明显扩大，日本可能面临债务危机的风险。

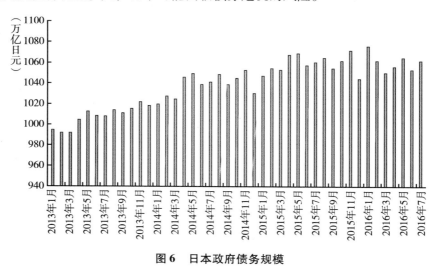

图 6　日本政府债务规模

资料来源：中国社科院世界经济与政治研究所世界经济预测与模拟实验室，Wind 数据库。

四 企业与就业

从企业短期经济观测调查（日银短观）数据来看，2016 年日本企业经营状况在前三个季度趋于恶化。第三季度日银短观数据显示，大型企业、中型企业和小型企业的信心指数分别是 12、6 和 -5。这意味着大型企业和中型企业中认为该季度经营形势好的企业数比认为经营形势差的企业数分别多 12 个和 6 个百分点，小型企业中认为该季度经营形势好的企业数比认为经营形势差的企业数少 5 个百分点。从 2016 年 1~3 季度的演变来看，企业经营状况也整体呈现恶化趋势。大型企业和中型企业在第三季度略好于第二季度，但比第一季度更差；小型企业短观指数则是一路下滑。具体来看，大型企业 2016 年 1~3 季度日银短观指数分别为 13、11 和 12，中型企业分别为 8、5 和 6，小型企业分别为 -2、-4 和 -5。

与短观指数显示的企业经营状况恶化相印证的是，日本制造业和服务业采购经理人指数（PMI）也自 2016 年第二季度起双双回落至荣枯线以下。具体来看，2016 年 1~3 季度制造业 PMI 分别为 50.5、48.0 和 49.7，服务业 PMI 分别为 51.2、49.7 和 49.4。

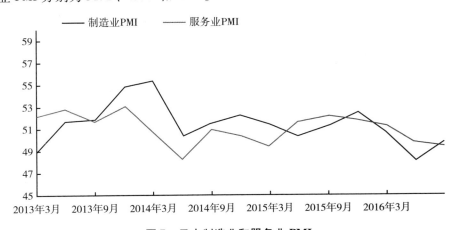

图 7 日本制造业和服务业 PMI

资料来源：Wind 数据库。

企业利润数据显示，2016 年上半年日本企业利润出现明显的负增长。第一季度全部企业经常利润①同比下降 9.3%，其中资本规模大于等于 10 亿日元的大型企业经常利润同比下降 18.7%，资本规模介于 1 亿日元和 10 亿日元之间的中型企业经常利润同比下降 6.5%，资本规模介于 1000 万日元和 1 亿日元之间的小型企业经常利润同比增长了 1.3%。第二季度全部企业经常利润同比下降幅度扩大至 10.0%，其中大型企业同比下降 13.9%，中型企业同比增长了 7.6%，小型企业同比下降了 6.1%。

从就业方面看，2016 年经季节性调整后日本失业率维持在较低水平，第一季度为 3.23%，第二季度下降至 3.17%，进入第三季度进一步下降，7 月、8 月平均为 3.05%。季调就业人数环比增长率有所上升，第二季度较上季度上升了 0.14%。进入第三季度，仍呈上升势头，7 月较上月上升了 0.31%。

图 8　日本失业率季调与就业人数环比增长率

资料来源：Wind 数据库，中国社科院世界经济与政治研究所世界经济预测与政策模拟实验室。

尽管日本失业率维持低位，就业者并未因此牺牲薪酬而处于隐蔽性失业状态，这说明日本劳动力市场是比较有效的。日本劳动调查显示，2016 年

---

①　营业利润加减利息等损益后，形成经常利润。

第二季度月均劳动现金收入 32.4 万日元，同比增长 0.6%。进入第三季度后继续有所提升，7 月劳动现金收入为 37.3 万日元，同比增长 1.2%。日本劳动收入增长比较稳定。

五 国际收支

2016 年日本经常项目状况有所改善。1~7 月经常项目累计顺差 12.6 万亿日元，比上年同期增长了 27.1%。具体来看，在服务贸易项下，2016 年 1~7 月中有 3 个月为顺差，2015 年同期只有 2 个月为顺差；货物贸易项下，2016 年 1~7 月中除 1 月之外其他 6 个月均为顺差，2015 年同期只有 2 个月为顺差。合并来看，服务及货物贸易项下，2016 年 1~7 月仅有 1 月为逆差，其他 6 个月均为顺差，累计顺差余额 2.5 万亿日元。作为对比，服务及货物贸易项下 2015 年 1~7 月只有 2 个月为顺差，累计逆差余额为 1.6 万亿日元。石油等大宗商品国际市场价格维持低位降低了日本国内生产成本从而增加了出口部门及产品竞争力，是服务和货物贸易项下顺差的主要原因。

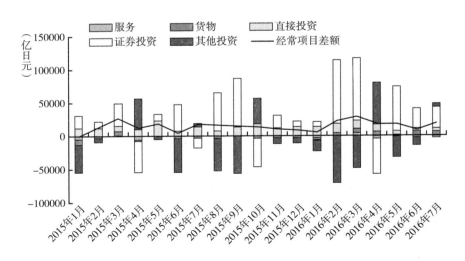

图 9　日本经常项目差额

资料来源：Wind 数据库。

投资收益，特别是证券投资收益是日本经常项目盈余的主要原因。2016年1~7月，直接投资收益累计5.9万亿日元，同比下降34.6%；证券投资收益由上年1~7月的盈余5.2万亿日元大幅提升至2016年1~7月的盈余27.8万亿日元；其他投资收益赤字则有所扩大，由上年同期的5.4万亿日元增加至2016年1~7月的10.9万亿日元。

六　中日经贸投资关系

日本与中国的贸易持续负增长。从日本与中国的进口及出口增速的变化来看，2015年第四季度以来双双下行趋势明显。2016年第一季度和第二季度日本对中国出口同比增速分别为-7.1%和-10.8%，进入第三季度继续下滑，7~8月合计同比下降10.9%。2016年第一季度和第二季度日本自中国进口同比增速分别为-7.5%和-13.0%，进入第三季度下滑速度明显加快，7~8月合计同比下降18.6%。

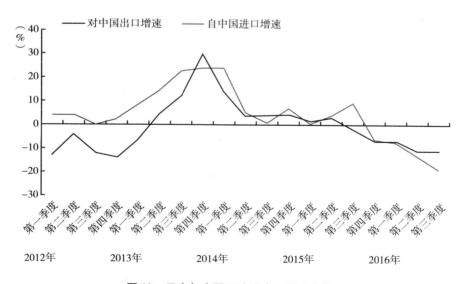

图10　日本与中国双边进出口增速变化

注：2016年第三季度值为7~8月合计值。

资料来源：Wind数据库，中国社科院世界经济与政治研究所世界经济预测与模拟实验室。

　　2016 年日本在中国的直接投资流量同比下降。2016 年第一季度，日本对中国直接投资 19.3 亿美元，同比下降 13.8%，同期日本对全世界直接投资同比增长了 33.1%。第二季度，日本对中国直接投资 21.5 亿美元，同比下降 15.3%，同期日本对全世界直接投资同比下降 7.8%。中日政治关系趋冷对双边经贸投资的负面影响已经显现并且正在长期化。

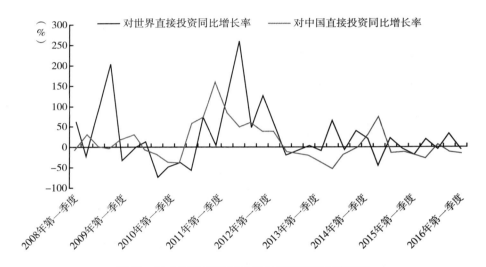

图 11　日本对世界直接投资与对华直接投资趋势

资料来源：JETRO 数据库，中国社科院世界经济与政治研究所世界经济预测与模拟实验室。

七　2017年经济形势展望

　　世界主要机构对 2017 年日本经济形势的预测分歧较大。其中，国际货币基金组织、日本政府、日本经济研究中心、彭博社和标准普尔认为其 2017 年增速会快于 2016 年，经合组织和欧盟委员会认为其 2017 年增速会慢于 2016 年，世界银行和联合国认为其 2017 年增速将与 2016 年持平。

　　2017 年大宗商品价格预计将温和回升，但是预计由此带来的生产成本的增加不会严重影响日本经济增长。日本国内更加积极的财政政策在一定程度上将刺激经济复苏。但是，日本经济复苏仍然面临复杂和不确定因素。公

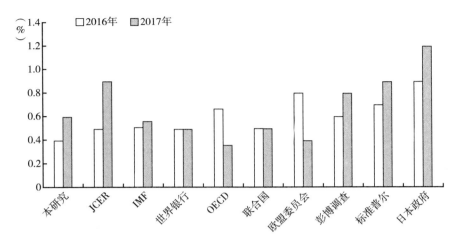

图 12　各机构对日本 2016～2017 年 GDP 增长率的预测

注：IMF（国际货币基金组织）；OECD（经济合作与发展组织）；JCER（日本经济研究中心）。其中日本政府预测数据为财年，其他均为历年。

资料来源：以上各机构官方网站。

共债务高企带来的风险还在积累，人口结构变化对生产率的不利影响日趋严重，而且这些制约日本潜在产出的结构性因素尚没有可行的解决方案。在政策方面，货币政策的有效性降低，日本政府经济刺激政策受到的约束越来越大。总之，结构性的和周期性的不利因素共同决定了日本中期经济动力仍然不足。考虑到 2016 年较低增速带来的基期效应，我们预计 2017 年日本经济增长率比 2016 年略高，约为 0.6%。

参考文献

冯维江：《日本经济：复苏之路不平坦》，《2016 年世界经济形势分析与预测》，社会科学文献出版社，2016。

日本财务省：日本の财政关系资料（平成 28 年 9 月），2016 年 9 月。

IMF：《世界经济展望》，2016 年 10 月。

武石桥：《日本信贷宽松货币政策及其有效性》，《外国问题研究》2014 年第 2 期。

Y.5
亚太经济：内需支撑增长

杨盼盼 *

摘　要：　亚太经济体 2016 年经济增速预计为 5.4%，略低于 2015 年
　　　　　5.5% 的增速。虽然区内多数发达经济体及新兴和发展中经济
　　　　　体的总体经济增长较上年有所好转，但区内最大经济体中国
　　　　　正在进行新一轮改革，从而整个亚太区域的经济增长有所放
　　　　　缓。区域内多数国家通货膨胀水平较上年出现回升；多数国
　　　　　家货币相对于上年出现贬值；经常账户的失衡水平稍有缓和。
　　　　　在区域内的主要经济体中，韩国、印度尼西亚和澳大利亚的
　　　　　经济均呈现复苏态势，私人部门需求回暖和政府积极的宏观
　　　　　经济政策是主因，外部需求仍受全球贸易低迷的影响未见好
　　　　　转。印度经济增长依旧强劲，主要动力来自私人部门消费，
　　　　　政府正积极开展结构性改革措施消除增长瓶颈。加拿大因火
　　　　　灾影响经济继续趋冷，但未来经济有望好转。展望 2017 年，
　　　　　亚太经济的增长前景仍受到外需的不确定性、内需的可持续
　　　　　性以及长期增长动力转化等因素的影响。

关键词：　亚太地区　经济增长　内需　外需

　　在《2016 年世界经济形势分析与预测》中，我们预计亚太地区主要经

　＊　杨盼盼，中国社科院世界经济与政治研究所助理研究员，研究领域：国际金融。感谢高海红
　　研究员、孙杰研究员对全文的修改建议。

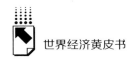
济体 2015 年的经济增速为 5.3%，略低于 2015 年亚太地区最终实现的 5.5% 实际增速。亚太地区经济增速从 2013 年的 5.8% 放缓至 2014 年的 5.5%，2015 年延续这一增速，预计 2016 年亚太地区经济增速将下降至 5.4%，2017 年下降至 5.3%。这一下滑态势同我们此前指出的亚太地区处于经济增长放缓的"新常态"这一判断保持一致。

一 亚太经济形势回顾：2015年第三季度
至2016年第二季度

亚太经济体在 2015～2016 年的经济增长呈现放缓态势。① 2016 年，亚太地区 17 个国家的加权平均预期经济增速为 5.4%（见表1），低于 2015 年的 5.5%。本区域内的发达经济体在 2016 年的经济增速与上年持平，均为 1.3%，而新兴和发展中经济体在 2016 年的经济增速则有所放缓，为 6.5%，比上年下降了 0.1 个百分点。

从国际比较的视角来看，亚太经济增速仍是全球佼佼者，引领全球经济复苏。2016 年全球经济增速预计为 3.1%，比上年放缓了 0.1 个百分点。在这一背景下，虽然亚太地区经济体 2016 年增速预计较上年同样放缓了 0.1 个百分点，但考虑到其总体增速仍比全球增速高出 2.3 个百分点，故而亚太经济仍然是全球经济增长的重要引擎。分国家组来看，亚太区新兴和发展中经济体仍然是增长动力的主要贡献者，它们 2016 年的经济增速比全部新兴和发展中经济体的平均经济增速高出 2.3 个百分点，而本区域内的发达经济体在 2016 年的经济增速则比所有发达经济体的平均经济增速低 0.3 个百分点。

近期，对中国经济放缓溢出效应的研究引发了较为广泛的关注，国际货币基金组织在其 2016 年 4 月的《亚太地区经济展望》及 2016 年 10

---

① 本文的亚太经济体包含 17 个国家，分别是：中国、日本、韩国、东盟十国（文莱、柬埔寨、印度尼西亚、老挝、马来西亚、缅甸、菲律宾、新加坡、泰国、越南）、印度、澳大利亚、新西兰、加拿大。

月的《世界经济展望》中均讨论了这一问题。从数据上来看，作为亚太区最大的经济体，中国经济本身的放缓确实导致亚太地区加权平均的增长率下滑。但中国对亚太其他国家的负面溢出效应则并不明确，如若假定溢出效应存在，考虑到总体外部环境较差且各国并无重大新增长点，经济增长应当放缓，然而这些国家的经济状况与从前相比并未出现显著的下降趋势。如果仅考虑除中国外的亚太16国，其加权增速自2014年起是逐年回升的，如果考虑除中国外的亚太新兴和发展中经济体，则其回升态势从2013年就已出现，且危机后的平均增速比危机前还高0.4个百分点。因此从数据上看，中国经济放缓给亚太地区主要国家带来的负面溢出效应尚不明确。

表1　亚太主要国家国别和加总经济增长率

	2013 年	2014 年	2015 年	2016 年	2017 年	2000～2007 年	2008～2016 年
亚太 17 国							
中国	7.8	7.3	6.9	6.7	6.2	10.5	8.4
日本	1.4	0.0	0.5	0.4	0.6	1.5	0.2
韩国	2.9	3.3	2.6	2.7	3.0	5.4	3.1
文莱	-2.1	-2.3	-0.6	0.4	3.9	2.2	-0.1
柬埔寨	7.4	7.1	7.0	7.0	6.9	9.6	6.2
印度尼西亚	5.6	5.0	4.8	4.9	5.3	5.1	5.7
老挝	8.0	7.5	7.6	7.5	7.3	6.8	7.8
马来西亚	4.7	6.0	5.0	4.2	4.6	5.5	4.6
缅甸	8.4	8.7	7.0	8.1	7.7	12.9	6.6
菲律宾	7.1	6.2	5.9	6.5	6.7	4.9	5.4
新加坡	4.7	3.3	2.0	1.8	2.2	6.5	4.2
泰国	2.7	0.8	2.8	3.3	3.3	5.3	2.9
越南	5.4	6.0	6.7	6.0	6.2	7.2	5.9
印度	6.6	7.2	7.6	7.5	7.6	7.1	7.1
澳大利亚	2.0	2.7	2.4	2.9	2.7	3.4	2.5
新西兰	1.7	3.0	3.0	2.8	2.7	3.7	1.9
加拿大	2.2	2.5	1.1	1.2	1.9	2.8	1.4

	2013 年	2014 年	2015 年	2016 年	2017 年	2000 ~ 2007 年	2008 ~ 2016 年
区域及全球加总							
世界	3.3	3.4	3.2	3.1	3.4	4.5	3.2
亚太经济体	5.8	5.5	5.5	5.4	5.3	6.3	5.8
除中国外的亚太经济体	4.2	4.2	4.3	4.4	4.6	4.4	4.0
发达经济体	1.2	1.9	2.1	1.6	1.8	2.7	1.1
亚太发达经济体	2.0	1.5	1.3	1.3	1.6	2.7	1.4
新兴和发展中经济体	5.0	4.6	4.0	4.2	4.6	6.6	5.0
亚太新兴和发展中经济体	7.0	6.8	6.6	6.5	6.3	8.2	7.3
除中国外的亚太新兴和发展中经济体	3.4	3.5	3.7	3.8	4.0	3.0	3.4

注：亚太发达经济体包括：日本、韩国、新加坡、澳大利亚、新西兰、加拿大。

亚太新兴和发展中经济体包括：中国、文莱、柬埔寨、印尼、老挝、马来西亚、缅甸、菲律宾、泰国、越南、印度。

资料来源：中国、日本、韩国、主要东盟六国（印度尼西亚、马来西亚、菲律宾、泰国、越南和新加坡）、印度 2016 年的经济增长数据基于《CEEM 全球宏观经济季度报告（2016 年第三季度）》与笔者估计，其他国别和时期的增长数据及用于国家组的权重数据均来自国际货币基金组织（IMF）《世界经济展望》数据库（2016 年 10 月）。

1. 经济增长略有下降

图 1 中横坐标显示了 2015 年亚太地区 17 个国家的实际 GDP 增速，纵坐标显示了 2016 年这些国家的实际 GDP 增速预测值。从该图中可以看出：①缅甸、老挝、印度、柬埔寨、中国、菲律宾、越南 2016 年的经济增长率高于平均水平，可被视为亚太地区相对高速增长的国家，不过，2016 年除了缅甸和菲律宾的增长速度高于上年，其他高增长国家的经济增速均低于上年或与上年持平。②印度尼西亚、马来西亚、泰国、澳大利亚、韩国、新西兰、新加坡、日本、加拿大、文莱的经济增长率在均值以下，不过其中有 6 个国家 2016 年的经济增长相较于上年有所好转，马来西亚、新西兰、新加坡和日本的增长则不如上年。

亚太地区 2016 年有 8 个国家的经济状况同上年相比出现改善，改善的

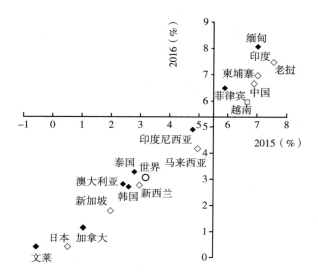

图1　2015 年和 2016 年的亚太主要国家经济增长

注：横轴和纵轴分别代表了对应国家在 2015 年和 2016 年的情况，横轴的交叉点为 2015 年 17 国实际 GDP 增速的加权平均值（5.5%），纵轴的交叉点为 2016 年 17 国实际 GDP 增速的加权平均预测值（5.4%）。因此，第一象限（右上）的国家是 2015 年和 2016 年 GDP 增速均快于均值的国家；第二象限（左上）的国家是 2015 年 GDP 增速慢于均值但 2016 年 GDP 增速快于均值的国家；第三象限（左下）的国家是 2015 年和 2016 年 GDP 增速均慢于均值的国家；第四象限（右下）的国家是 2015 年 GDP 增速快于均值但 2016 年 GDP 增速慢于均值的国家。图中实心表示该国 2016 年的经济增速高于 2015 年，空心表示该国 2016 年的经济增速低于 2015 年，或与 2015 年持平。

由于印度和老挝两年经济增速相同，故在图上为同一点。

资料来源：中国、日本、韩国、主要东盟六国（印度尼西亚、马来西亚、菲律宾、泰国、越南和新加坡）、印度 2016 年的经济增长数据基于《CEEM 全球宏观经济季度报告（2016 年第三季度）》与笔者估计，其他国别和时期的增长数据及用于国家组的权重数据均来自国际货币基金组织（IMF）《世界经济展望》数据库（2016 年 10 月）。

原因主要包括：①内需向好，由于整个外部环境仍然趋于疲弱，大部分增长向好国家的增长动力主要源自内需部门，例如印度尼西亚的私人消费增速保持稳定，泰国私人消费强劲，第二季度消费同比和环比增速均为 2013 年来的最高值，韩国受疫情影响淡化和消费者信心的恢复促进内需的扩张，澳大利亚国内消费持续向好；②政治积极因素，例如，缅甸首个民选政府上台，政局趋稳，经济环境转好，经济前景向好，菲律宾因选举效应带来国内需求全面走强，投资、私人消费和政府消费在 2016 年上半年增幅超过 10%；

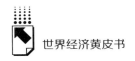

③政府宽松的政策，例如韩国宽松的货币政策和财政政策刺激经济复苏，印度尼西亚政府消费增长强劲；④对外竞争力的提升，例如澳元的贬值促进了澳大利亚服务业出口的增长，同时液化天然气的发展弥补了采矿业的不景气，加元的贬值使得加拿大非大宗商品出口好转。

亚太地区2016年有9个国家的经济增长与上年基本持平或出现恶化，主要原因如下。①外需疲软，由于外部环境复苏仍然缓慢，多数国家的出口仍然低迷；②内需难以形成有力支撑，在外部引擎熄火的情况下，前述增长好转的国家主要依赖内需的提升，但内需动力不足的国家经济增长就承受了更大的压力。例如新加坡在外需迟迟不见好转的情形下，服务业在2016年上半年也出现了连续两个季度的环比负增长，这使得2016年上半年新加坡经济增长的季调环比折年率指标接近于0，印度2016年第二季度经济出现意外放缓，也主要源自投资增速的萎缩；③自然灾害冲击，越南因气候恶劣和自然灾害频发导致占GDP 18%的第一产业出现负增长，上半年增速为 -0.18%，加拿大也因阿尔伯塔省山火事件导致石油生产和出口大幅减少；④大宗商品价格未见显著起色仍然对区内大宗商品出口国构成持续影响，例如文莱、马来西亚受到较大影响；⑤政策宽松效果有限，例如日本负利率政策宽松效果有限，国内需求仍然疲软，日元不贬反升，进出口增速双双下滑。

2. 通货膨胀略有回升

因油价和大宗商品价格有所回暖，预计亚太地区主要国家2016年的加权通货膨胀水平同2015年相比有所上升，从2.3%上升至2.5%。这一上升趋势与世界通货膨胀水平变动趋势一致（从2015年的2.8%上升至2016年的约2.9%），不过总体通胀水平仍低于世界平均水平，考虑到亚太地区的经济增长仍然显著快于世界经济增长，亚太国家总体承受的通胀压力较小。

2016年，亚太地区预计有三个国家呈现通缩局面，分别是新加坡、文莱和日本。其中新加坡和文莱已连续两年通缩，但通缩幅度在下降。泰国在2015年出现通缩，2016年通胀转正。日本的通货膨胀则由正转负。

这些国家的通缩与国内经济增长动力不足及需求不足实质上是一个硬币的两面，即需求疲软带来价格水平的走低。日本私人部门和政府部门的消费在 2016 年第二季度全面走低，新加坡制造业和服务业增长全面放缓，文莱因产业结构单一仍受大宗商品价格低迷的影响，故而这些国家出现通缩局面。

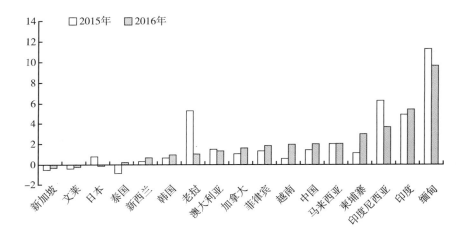

图 2　2015 和 2016 年亚太主要国家的通货膨胀率

注：通货膨胀率为年平均消费者价格指数的变动率。

资料来源：除老挝 2016 年数据为笔者估计，其余来自国际货币基金组织（IMF）《世界经济展望》数据库（2016 年 10 月）。

3. 多数货币走软

2016 年亚太地区主要国家货币出现贬值，同 2015 年相比，13 个亚太国家货币对美元出现贬值（见图 3），最高贬值了 8.3%，还有三国货币与上年基本保持相同水平，仅有日元出现了超过 17% 的升值。多数亚太国家货币走软的原因主要有三。①油价和大宗商品价格继续走低。"大宗商品货币"仍处在贬值阵营之中，如马来西亚林吉特。②市场避险情绪上升，美元走强，带来亚太国家货币对美元贬值。受英国退欧事件及欧日复苏不及预期的影响，美元作为避险货币的特征彰显，市场对于美国进一步加息的预期仍在。这些因素共同推动了对美元资产的需求，使得美元强势上升。与此同时，亚太地区国家为应对经济放缓多采取了宽松的货币政策，政策的不同步和风险偏好的变化导致亚太地区新兴市场资本外流，货币出现贬值。尽管美联储暂缓加息使得之后的情况有所改观，但是新兴市场的脆弱性并未发生显著改变。与之相对应的，日元作为本区内的避险货币，则出现了强劲的升值。③经济基本面恶化，不少国家货币贬值伴随着经济放缓。

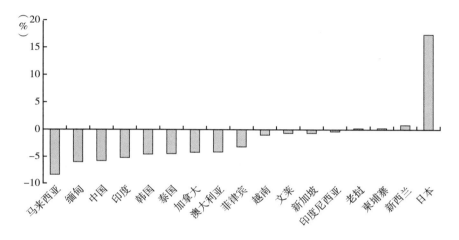

图3　2016年亚太主要国家汇率走势

注：①所有国家为2016年6月相对于2015年6月的变动幅度，所有数值均为月度平均值。②负数表示本币相对于美元贬值。

资料来源：CEIC。

4. 经常账户失衡下降

2016年，亚太地区大部分顺差国的顺差规模下降，大部分逆差国的逆差规模也下降，反映出本地区经常账户失衡程度在减轻。具体来看，2016年的顺差国为9个，逆差国为8个。2016年，经常账户顺差占GDP比重超过4%的国家有4个，分别是文莱、韩国、泰国、新加坡，但是顺差规模较上年并未有显著上升，反映外需的疲软。中国和日本的顺差一升一降，中国经常账户顺差占GDP比重从2015年的2.7%下降至2.4%，日本则从3.3%上升至3.7%，但无论升降外部需求仍处于低迷状态，日本顺差的上升仅反映出内需低迷及日元升值的叠加效果。逆差国的逆差规模大多下降，但是加拿大和马来西亚的大宗商品出口仍承受压力，逆差规模上升。

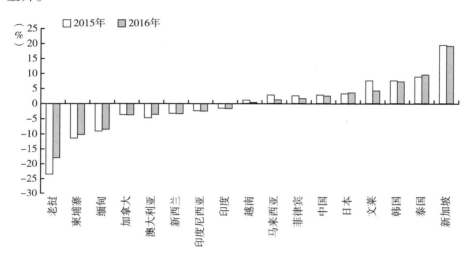

图4 2015和2016年亚太主要国家经常账户余额占GDP比重走势

资料来源：国际货币基金组织（IMF）《世界经济展望》数据库（2016年10月）。

二 亚太主要国家经济形势回顾：2015年第三季度至2016年第二季度

本部分回顾韩国、印度尼西亚、印度、澳大利亚和加拿大在2015年第三季度到2016年第二季度的经济形势①。韩国、印度尼西亚和澳大利亚的经济均呈现复苏态势，私人部门需求回暖和政府积极的宏观经济政策是主因，但外部需求仍受全球贸易低迷的影响未见好转。印度经济增长依旧强劲，主要动力来自私人部门消费，政府正积极开展结构性改革措施以消除增长瓶颈。加拿大因火灾影响经济继续趋冷，但未来经济有望好转。

---

① 各国年度数据来源为国际货币基金组织（IMF）《世界经济展望》数据库（2016年10月），2016年上半年季度和月度数据来源为CEIC数据库，其余为笔者估计数。

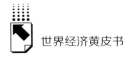

1. 韩国

韩国经济在 2015 年下半年出现反弹,第三季度同比增长 2.8%,第四季度同比增长 3.1%。这一复苏主要源于内需的复苏及政府的刺激措施。此前,韩国内需受到中东呼吸综合征(MERS)疫情的严重抑制,疫情冲击的消退和消费者信心的恢复促进了内需的扩张。宽松的货币政策和财政政策等刺激措施也是推动韩国经济复苏的重要力量。韩国央行在 2015 年上半年降息 50 个基点,政府于 7 月追加的补充预算获得议会通过,8 月降低汽车和家用电器的消费税,这些举措促进了消费和投资的大幅上升,第三季度的消费和投资实际季调环比折年率的增速分别为 4.6% 和 17.0%。2016 年上半年,政府继续政策宽松姿态,实施 20 万亿韩元的财政刺激方案并于 9 月初追加了 11 万亿韩元的补充预算,央行将利率调至 1.25% 的新低,以保证内需能继续引领韩国经济增长。第一季度和第二季度同比增长分别为 2.8% 和 3.2%,从增长的贡献来看,私人消费和投资的增速仍是增长的主要动力。

总体而言,韩国经济已开始再度复苏。但是不确定性仍然较大,具体体现在:第一,在内需方面,此前冲击调整型复苏已经告一段落,目前私人部门内需的好转在很大程度上仍源自政府的刺激政策,其影响的可持续性堪忧;第二,货币政策进一步宽松存在阻力,尽管目前央行的通货膨胀目标设定在 2%,但是继续降息可能带来的私人部门杠杆率上升和金融系统性风险值得警惕;第三,韩国传统增长驱动的外需仍然疲软,全球贸易的外部环境仍较差,航运和造船业重组带来的风险可能在行业内传导,中韩政治紧张将影响韩国同中国的双边经贸关系,韩国外需的复苏仍然存在较大阻碍。

2. 印度尼西亚

2015 年下半年至 2016 年上半年,印度尼西亚经济逐步从此前的增长放缓中走出来,呈现企稳态势。2015 年第四季度实际 GDP 同比增速重回 5%,全年实现了 4.8% 的增长。2016 年第一季度和第二季度的增速分别为 4.9% 和 5.2%。印度尼西亚经济此前因大宗商品价格低迷导致出口下滑、政府开支受阻、私人部门信心不足,政府采取宽松的财政和货币政策予以应对。财政政策方面,政府通过取消燃油补贴等改革措施提升政府财政空间,并逐步落实此前计划开展的基础设施投资计划。这些举措在促进公共部门消费和投资上升的同时，也提振了私人部门的信心。央行也采取了更加宽松的货币政策，印度尼西亚央行三度降息至6.75%。通货膨胀水平可控，为货币宽松提供空间。印度尼西亚卢比止住此前大幅跌势，恢复稳定。上述举措使得印度尼西亚的内需在2016年得以回升，预计私人部门消费增速将达到5.2%，高于上年的4.8%，投资增速预计达到6.7%，高于上年的5.1%。政府积极开展投资领域结构性改革措施促进增长，包括降低外商直接投资比例、促进私人部门参与基础设施投资项目、提升投资效率、改善营商环境等，预计将有助于提升经济的潜在产出水平。

总体而言，印尼经济正处于恢复和上行的区间中，经济逐渐从此前的高通胀、货币大幅贬值及低增长的阴影中走出，2017年经济有望进一步好转。目前经济存在的不确定性仍然在政府部门和外需部门。由于政府的收入很大程度上仍然来自油气资源的出口，因此政府预算的实施及财政收支稳健在很大程度上仍然取决于大宗商品价格和外需的情况，如果外部环境持续恶化影响政府收入，那么计划中的基础设施投资及相关的内需提振就将无法顺利开展，进而对经济增长产生负面影响。

3. 印度

印度经济增长仍然强劲，2015年全年经济增速达7.2%，2016年第一季度和第二季度的经济增速分别为7.9%和7.1%，在亚太地区增长表现亮眼。私人部门消费是带动经济增长的重要力量，得益于工资的上涨和通胀压力的缓和，私人部门消费增长强劲，预计2016/2017财年私人部门消费同比增速将上升至8.1%，高于上年6.2%的水平。政府支出也保持强劲，印度政府积极开展基础设施投资并实施"城乡计划"，预计2016/2017财年政府消费同比增速将上升至5.6%，高于上年的4.3%。印度经济增长主要靠消费带动，投资增速相对乏力，投资环境未改善、企业经营不善、银行不良贷款率上升带来印度商业信心不足。政府推进的基础设施项目私人资本参与热情不高，因而总体投资未见起色。2016年第二季度印度经济出现未及预期的放缓即主要源于投资增速的萎缩。从外部情况来看，出口也不理想，截至

2016 年 6 月，出口现 18 个月同比负增长，由于印度依赖石油进口，若大宗商品价格回升，则将对印度经济增长造成不利影响。

印度政府仍在积极推进结构性改革以消除经济增长中的瓶颈。计划推出全面外资改革措施，在民航、防务、医药、保险、电子商务、畜牧业、通信、广播、贸易等方面对外资全面开放，全部或部分取消关于投资项目技术标准，以及外国品牌在印度生产必须使用当地设计等要求。农村发展一直是制约印度经济增长的重要因素，印度于 2016 年 2 月启动了"城乡计划"，以期解决城市人口过多的问题，并提高农村地区生活就业水平。预计 2016 年有 100 个乡村被列入计划中，使农村发展成为经济发展的又一动力。然而，印度的增长前景还面临货币政策不确定性上升、财政宽松空间有限、企业重组和银行坏账核销难度较大等问题，需要进一步的结构性改革予以应对。

4. 澳大利亚

澳大利亚经济正在逐步好转，2015 年下半年至 2016 年上半年的季度同比增速逐步上升，分别为 2.6%、2.8%、3.0% 和 3.3%。经济好转的主要动力来自非能源部门，澳元的贬值促进了服务业出口的增长，国内私人消费持续向好。能源部门的再平衡则在继续进行中，采矿业的投资仍然处于下行状态，其规模占 GDP 的比重由高点的接近 8% 下降至不足 6%。不过液化天然气（LNG）的发展在一定程度上弥补了采矿业的不景气。国际能源署（IEA）曾在 2015 年的中期天然气报告中预计澳大利亚在 2020 年将成为世界第一大出口国，贡献近四成新增供应量。2016 年私人部门消费增速料将上升，预计达到 3.0%，高于上一年的 2.8%；投资的降幅将有所收窄，从 2015 年的 -4.0% 下降至 2016 年的 -2.0%。出口增速将从 6.1% 上升至 6.6%。

澳大利亚经济增长前景向好，预计 2016 和 2017 年经济增速将超过 3%。私人部门消费仍然是增长贡献主力，能源部门调整接近尾声，投资将继续恢复，LNG 的出口将促进贸易部门好转。此前房地产繁荣引发的泡沫担忧正在消退，房价的上涨态势基本得到遏制，这为货币政策留出了较多宽松空间。但是，澳大利亚面临的不确定性也和这些领域密切相关，包括全球大宗商品市场的持续低迷、中国经济增长的放缓以及国内房地产市场的下行风险等。

5. 加拿大

加拿大经济在 2016 年因阿尔伯塔省山火事件意外受到打击，石油生产和出口均大幅减少。2016 年第二季度 GDP 同比增速仅 0.9%，环比折年率则为 -1.6%，是 2009 年第二季度以来的最低值，经济增长大幅度低于此前预期。这一影响将持续至第三季度。加拿大大宗商品生产和出口部门仍将持续拖累经济增长，但是山火冲击影响结束之后，这一部门的负面影响也将逐渐消退。非大宗商品出口得益于加元的贬值而有所好转。私人部门的消费总体稳健。但是，由于房地产市场的降温，私人投资可能出现下降。因此，加拿大经济在 2017 年预计仅出现温和复苏。

三 2017年亚太经济展望

亚太经济在 2017 年的增速预计将进一步下降，约为 5.3%。预计短期内亚太经济仍将在这一水平徘徊，不会有较大规模的上升，因其增长仍受下述因素的约束。

第一，全球范围内的不确定性仍在上升。从外部环境来看，短期内全球贸易复苏动力缺乏，根据世界贸易组织的最新预测，2017 年全球贸易预计难以回暖，增速从 3.6% 下调至 1.8% ~3.1%，总体保持疲软态势，这将持续影响多数依赖外需的亚太经济体。油价和大宗商品价格的走势将继续影响区域内大宗商品的主要出口国及进口国的经济。美国大选的结果、美联储货币政策走向、英国启动退欧程序、欧洲银行业的系统性风险、日欧负利率政策等因素同样将通过实体和金融渠道对亚太经济产生冲击，可能加剧区域的资本外流，继而影响亚太地区的增长前景。

第二，亚太地区的内需动力可能存在不足。美日欧复苏的不确定性仍存在，区内中国、日本等大型经济体增长放缓，亚太各国的经济增长对内需的

依赖日趋上升。内需是经济增长的主要驱动力。为了保证内需增长，大部分国家仍然保持货币政策和财政政策的宽松姿态，但是目前这一刺激内需举措的副作用已经显现，杠杆率的攀升可能对亚太地区的金融稳定和经济增长产生负面影响，据标准普尔 2016 年初的报告，亚太地区企业在未来四年将迎来偿债高峰，需要警惕在高债务水平背景下金融周期变动带来的不利影响，同时应当避免经济下行期间对宽松政策的过度依赖。

第三，需经由结构性改革提升长期经济增长动力。中国作为 2016 年 G20 峰会主席国提出将结构性改革作为提升全球经济增长的优先事项，这一倡议对亚太地区同样适用。根据亚洲开发银行的研究，如果亚太地区国家不开展全面的结构性改革，那么本区域许多经济体的潜在增长率就将低于危机之前的水平，为了充分激活亚太地区的增长潜力，亚太各国应当在宏观经济政策的支持下积极开展结构性改革，以促进经济转型并提升潜在经济增长水平。对于区内主要发达国家，应当将结构转型、保证财政可持续性、提高劳动力市场的灵活性作为结构性改革的重点，对于区内的新兴市场及发展中国家，应当注重改善基础设施、降低增长瓶颈、促进市场竞争。

参考文献

赫苏斯·费利佩、魏尚进：《结构改革是提高亚洲潜在增长率的关键》，FT 中文网，2016 年 6 月 15 日。

杨盼盼：《G20 结构性改革的进展与评述》，《国际经济评论》2016 年第 5 期。

珍妮弗·休斯：《亚太企业将迎来偿债高峰》，FT 中文网，2016 年 2 月 25 日。

中国社科院世界经济与政治研究所世界经济预测与政策模拟实验室，《CEEM 全球宏观经济季度报告》，2015 年第三季度至 2016 年第三季度。

Asian Development Bank（ADB），"Asian Development Outlook 2016：Asia's Potential Growth"，March 2016.

International Monetary Fund（IMF），*Regional Economic Outlook：Asia and Pacific：Building on Asia's Strengths during Turbulent Times*，Chapter 2："Navigating the Transition：Trade and Financial Spillovers from China"，April 2016.

International Monetary Fund（IMF）,"Regional Economic Outlook: Asia and Pacific（update）", October 2016.

International Monetary Fund（IMF）,"World Economic Outlook: Too Slow for Too Long", April 2016.

International Monetary Fund（IMF）,"World Economic Outlook: Subdued Demand: Symptoms and Remedies", Chapter 4:"Spillovers from China's Transition and from Migration", October 2016.

International Monetary Fund（IMF）,"World Economic Outlook Database", October, 2015.

World Trade Organization（WTO）,"2016 World Trade Report", September 2016.

Y.6
俄罗斯经济：企稳向好

张 琳　高凌云*

摘　要：　受消费下降、投资萎缩、西方制裁和卢布汇率大幅贬值等经
济不稳定因素的影响，2015 年俄罗斯联邦经济出现一定幅度
的衰退。但进入 2016 年，因大宗商品价格回升、投资萎缩趋
势反转等因素的激励，俄罗斯经济下滑显著减缓。具体表现
在：外债总额和通货膨胀呈现逐渐下降的态势，卢布汇率开
始趋于稳定。不过，美欧等地区对俄经济制裁及俄反制裁措
施的效果持续发酵，俄罗斯进出口贸易仍持续低迷。但是，
中国在俄外贸中的比重稳步扩大，双边经贸合作取得了积极
的进展。总体而言，尽管俄罗斯经济已经呈现企稳向好态势，
但其增长复苏基础仍然较为脆弱。

关键词：　俄罗斯经济　经济制裁　复苏

俄罗斯经济增速在最近四年中呈现明显的下降态势，2015 年的增速为
-3.7%，比我们在上一年度世界经济黄皮书中的预测低了 0.1 个百分点，
为最近 16 年（除 2009 年国际金融危机时）的最低指标。消费下降、投资
萎缩和西方制裁等因素是当前经济衰退、卢布大幅贬值等经济不稳定问题的

* 张琳，中国社会科学院世界经济与政治研究所助理研究员，经济学博士，研究领域：国际贸
易、世界经济；高凌云，中国社会科学院世界经济与政治研究所国际贸易室副研究员，经济
学博士，研究领域：国际贸易、世界经济。

根源。但是进入 2016 年，俄罗斯经济并未像西方预计的那样加速下滑。相反，经济下滑速度显著减缓，总体运行稳定。综合考虑，预计俄罗斯在 2016 年的经济增速将收窄为 - 1.2% 左右，2017 年还有可能实现 0.5% ~ 0.8% 的经济增长。

一 2015 ~ 2016年俄罗斯经济总体形势

2015 年俄罗斯经济持续下滑，但 2016 年负增长将大幅收窄。按当前价格计算，2015 年俄罗斯名义 GDP 为 808043.1 亿俄罗斯卢布（后简称卢布），同比增长 3.67%；按 2008 年不变价格计算，俄罗斯实际 GDP 为 606820.9 亿卢布，同比增长率为 - 3.73%，较 2014 年下滑 7.4 个百分点。2016 年，随着油价等大宗商品价格逐步企稳，俄罗斯经济降幅开始逐渐收窄。其中，第一季度实际 GDP 为 135762 亿卢布，同比下降 1.2%，第二季度实际 GDP 为 14522.1 亿卢布，同比仅下降 0.6%（见表1）。

从各细项看，2015 ~ 2016 年俄罗斯的经济增长特点主要体现在以下几个方面。

第一，全年经济增长主要依靠净出口拉动。受到美欧制裁的影响，俄罗斯出口大幅度下降，但是由于国内经济衰退和反制裁，进口的下降幅度更大，结果使得净出口成为拉动经济增长的主要因素。2015 年四个季度的出口分别为 45090 亿、47114 亿、44982 亿、49107 亿卢布，尽管出口增长率仅分别为 5.8%、0.5%、 - 1.4%、9.8%，但四个季度的进口均出现了较大幅度的负增长，分别为 - 26.0%、 - 30.1%、 - 25.4%、 - 21.2%；这使得净出口对经济增长的拉动率分别达到了 7.01 个百分点、6.27 个百分点、5.05 个百分点、6.44 个百分点。2016 年上半年净出口对经济增长的拉动作用有所下降，其中，2016 年第一季度，净出口对经济增长的拉动率为 - 0.17 个百分点，但第二季度出口实现了小幅增长，同时进口降幅收窄，使得净出口对经济增长的拉动率又上升为 1 个百分点。

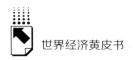
表1　俄罗斯GDP及其各部分的变动情况

单位：十亿卢布

指标名称		2015年第一季度	2015年第二季度	2015年第三季度	2015年第四季度	2016年第一季度	2016年第二季度
GDP	GDP（现价）	18209.7	19284.1	21294.4	22016.1	18561.3	19979.4
	增长率	0.062	0.021	0.043	0.023	0.019	0.036
	2008年不变价	13736.2	14605.4	15823.6	16516.8	13576.2	14522.1
	增长率	-0.028	-0.045	-0.037	-0.038	-0.012	-0.006
最终消费	2008年不变价	10229.8	10336.9	10704.9	10910.4	9870.7	9911.6
	增长率	-0.055	-0.064	-0.082	-0.097	-0.035	-0.041
	GDP拉动率（百分点）	-4.22	-4.59	-5.83	-6.85	-2.61	-2.91
家庭消费	2008年不变价	7402.7	7501.4	7872.6	8041.0	7085.2	7111.1
	增长率	-0.069	-0.081	-0.104	-0.124	-0.043	-0.052
	GDP拉动率（百分点）	-3.90	-4.31	-5.59	-6.66	-2.31	-2.67
政府消费	2008年不变价	2772.8	2776.4	2771.6	2802.9	2731.8	2742.9
	增长率	-0.018	-0.018	-0.018	-0.017	-0.015	-0.012
	GDP拉动率（百分点）	-0.36	-0.33	-0.31	-0.29	-0.30	-0.23
非盈利机构消费	2008年不变价	55.3	55.4	55.4	55.4	55.4	55.4
	增长率	0.005	0.005	0.005	0.005	0.002	0.000
	GDP拉动率（百分点）	0.00	0.00	0.00	0.00	0.00	0.00
资本形成总额	2008年不变价	1362.3	1964.8	3358.8	3255.8	1474.3	2076.7
	增长率	-0.322	-0.287	-0.092	-0.134	0.082	0.057
	GDP拉动率（百分点）	-4.58	-5.18	-2.08	-2.93	0.82	0.77
固定资本形成	2008年不变价	1902.8	2542.8	2699.1	4339.1	1714.7	2434.1
	增长率	-0.064	-0.073	-0.113	-0.060	-0.099	-0.043
	GDP拉动率（百分点）	-0.92	-1.32	-2.09	-1.60	-1.37	-0.74
出口	2008年不变价	4509.0	4711.4	4498.2	4910.7	4255.4	4712.5
	增长率	0.058	0.005	-0.014	0.098	-0.056	0.0002
	GDP拉动率（百分点）	1.74	0.16	-0.39	2.56	-1.85	0.01
进口	2008年不变价	2116.4	2169.0	2624.8	2467.9	1886.0	2024.5
	增长率	-0.260	-0.301	-0.254	-0.212	-0.109	-0.067
	GDP拉动率（百分点）	-5.27	-6.11	-5.44	-3.88	-1.68	-0.99
净出口	2008年不变价	2392.6	2542.4	1873.4	2442.8	2369.4	2688.0
	增长率	0.707	0.606	0.794	0.826	-0.010	0.057
	GDP拉动率（百分点）	7.01	6.27	5.05	6.44	-0.17	1.00
统计误差	2008年不变价	-162.4	-162.3	-83.3	-69.8	-153.6	-163.5

资料来源：俄罗斯联邦统计局。

第二，居民的消费意愿显著下降。2016 年第一季度家庭消费的实际增长率为 - 4.3%。持续的经济衰退导致俄罗斯企业出现新一轮破产潮，失业人数达 426 万，较 2014 年增加 7.4%，情况严重程度堪比 2009 年国际金融危机期间。与大规模破产潮相伴随的是，企业拖欠工资情况恶化，民众生活受到影响。根据俄罗斯分析信用评级公司（ACRA）6 月的报告，2016 年第一季度 18% 的俄罗斯人完成所有生活必需支出后手头已经没有闲钱，这一人口比例远超 2009 年经济困难时的 7%；76% 的俄罗斯人希望把钱存起来，61% 的人无意购买服装，45% 的人计划推迟更新电子产品，52% 的人有意识地在饮食上节省开支，并更倾向于购买廉价高热的食品。

第三，资本形成总额萎缩的趋势逐步反转。受卢布贬值影响，俄罗斯各大公司的利润在 2015 年大幅下滑，导致各大公司的投资额也大幅下滑。不仅如此，西方国家对俄罗斯的经济制裁使俄罗斯很多大公司丧失了直接从西方获得融资的资格，而俄很多大公司对西方资金的依赖程度很高。2015 年第一、二季度，俄罗斯实际资本形成总额的同比萎缩幅度较大，分别为 - 32.2%、 - 28.7%，但其后两个季度情况有一定好转，实际资本形成总额的同比下降幅度分别为 - 9.2%、 - 13.4%；与之对应，实际资本形成总额对GDP 的拉动率也保持类似变化，四个季度分别为 - 4.58 个百分点、 - 5.18 个百分点、 - 2.08 个百分点、 - 2.93 个百分点。进入 2016 年，由于俄政府推出新一轮"社会经济稳定发展行动计划"，即反危机计划，拿出大量资金扶持汽车、轻工业、机器制造和农业等产业发展。第一季度实际资本形成总额（2008 年不变价）实现了 8.2% 正增长，第二季度实现了 5.7% 的正增长。

居民消费意愿下降使得作为最终消费主体的居民最终消费，对经济增长的拉动为负；而净出口和资本形成总额增长企稳，构成了经济增长的基础。整体而言，由于资本形成总额和净出口的正向拉动作用大于最终消费的负向拉动作用，俄罗斯经济增长呈现企稳回升的良好态势。

二　赤字增加、储备基金下降

联邦财政收入中与石油和天然气产业相关的项目包括自然资源使用税和

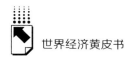

关税；而与非石油和天然气部门相关的财政收入包括：企业机构所得税、增值税、消费税、矿产开采税（不包括油气）、关税（不包括油气）以及其他与油气无关的收入。俄罗斯经济高度依赖能源出口，大约一半的财政收入来自石油和能源产业的出口收入税收。联邦主要承担的支出包括：国防支出，即用于维持军队、购买武器装备、进行军事科研等方面的费用；国民经济支出，即用于基础科学研究、工业、能源、建筑、农业、渔业、交通、邮电及其他基础部门的财政援助和投资，以及用于军工转产、环境保护、发展大众传媒工具等方面的费用等；国家行政管理支出及执法机关和安全机关支出；外交活动支出；社会文化措施支出；偿还到期国债本金及利息支出；补充国家储备和后备支出；联邦对地方的财政援助支出等。

表2　2015~2016年第二季度俄罗斯财政收支结构

单位：十亿卢布

指标 \ 时间	2015年第一季度	2015年第二季度	2015年第三季度	2015年第四季度	2016年第一季度	2016年第二季度
政府收入	3438.1	6620.9	10145.4	13655.7	2910.7	5868.7
利润税	92.5	267.9	403.9	491.4	102	240.4
国内产品增值税	679.9	1303.6	1900.1	2448.3	731.6	1341.1
进口产品增值税	401.9	784.6	1267.9	1785.2	441.9	893
国内产品特许权税	142.5	247.7	383	527.9	177.3	301.1
进口产品特许权税	10.6	21.7	35.6	54	10	25.5
自然资源使用税	780.3	1645.1	2453.6	3181.2	570.6	1280
对外贸易	846.8	1553.1	2485.9	3295.3	538.7	1127.9
政府资源使用税	129.9	307.9	485	689.1	69.7	230.8
矿产开采税	38.6	91.6	128	166.3	45.3	97.1
捐赠	169.2	155.9	157.2	259.2	95	93.7
支出	4130	7418.5	10794.3	15610.9	3549.3	7297.9
政府一般性支出	198.1	451.6	692.1	1108.3	191.5	478.2
政府债务支出	162.3	263.3	389.6	518.7	195.1	
国防支出	1453.2	1912.7	2309	3181.4	886.6	1471.4
国家安全与公共秩序支出	410.8	883.6	1342.8	1965.6	383.2	834.5
国民经济支出	399.4	830.1	1453.1	2324.2	252	787.5
燃料和能源部门支出	3.2	6.9	36.9	83.8	7.5	18.2
农林牧副渔部门支出	29.6	101	143.7	208.2	25.6	121.3

续表

指标　　　时间	2015 年第一季度	2015 年第二季度	2015 年第三季度	2015 年第四季度	2016 年第一季度	2016 年第二季度
交通	27.9	88.9	212.7	305	32.1	129.5
道路基础设施	83.2	205.6	434.9	615.3	38.3	145.7
通信和信息支出	1.8	11.7	18.9	31.2	5.3	12.6
研发支出	70	116	147.1	269.8	12.9	51.8
其他	164	251.6	384.2	688.7	115	258.8
住房和其他公共服务	44.7	53.5	69.2	144.1	3.8	31.5
社会文化活动	1262.2	2657.8	4010.2	5636.9	1436.7	3012.7
内部非预算转移支付	185.7	335.1	488.1	682	183	324.8
余额	-691.9	-797.7	-648.9	-1955.2	-638.7	-1429.2

资料来源：俄罗斯联邦统计局。

2015～2016 年俄罗斯联邦财政收支状况主要有以下几个特点：第一，财政赤字持续增加。2015 年俄罗斯联邦财政收入为 13.6557 万亿卢布，比预算收入高 3%；支出为 15.6109 万亿卢布，比预算支出高 1.2%。财政赤字为 1.9552 万亿卢布，占当年俄罗斯国内生产总值（GDP）的 2.6%。2016 年上半年，俄罗斯联邦财政收入为 5.869 万亿卢布，支出为 7.382 万亿卢布，财政赤字占 GDP 的 4%，超过全年预定目标的 3%。财政收入不足主要由于年初石油价格低迷，能源出口收入与原计划差额将近 1 万亿卢布。为维持财政收支平衡，2016 年 7 月，俄罗斯财政部制订了 2017～2019 年俄罗斯财政预算草案，拟逐步减少预算赤字、提高支出有效性。俄罗斯政府总体上通过了未来三年基本预算计划，基于平均油价 40 美元/桶的情况，2017 年俄罗斯财政赤字将占 GDP 的 3.2%，2018 年占 GDP 的 2.2%，2019 年占 GDP 的 1.2%。

第二，俄罗斯外债总额逐步下降。俄罗斯央行数据显示，受美国和欧盟经济制裁导致外部融资渠道受限的影响，俄罗斯外债总额近 3 年持续下降且降幅较大。2013 年末为 7288.64 亿美元，2014 年末为 5999.01 亿美元，2015 年末为 5158.48 亿美元。2016 年第一季度末，俄罗斯外债余额为 5160 亿美元，与 2015 年末持平；第二季度外债余额稍稍增加为 5234.4 亿美元，第三季度又下降为 5161.2 亿美元。

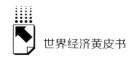

第三，俄罗斯储备基金进一步下降。由于石油出口收入锐减，导致俄政府不得不动用储备基金补贴财政开支。2015 年末，俄罗斯储备基金共计3.641 万亿卢布（约合 499.5 亿美元）。而 2015 年初俄储备基金共计 4.945 万亿卢布（按当时汇率折算约合 879.1 亿美元）。以美元计算，2015 年全年俄储备基金减少了 43.2%。截至 2016 年 6 月 1 日，俄储备基金共计 2.55 万亿卢布，比一个月前又减少 11.8%。以美元计算，俄储备基金共计 386 亿美元，减少 14.1%。

三 通胀压力下降、卢布汇率企稳

随着石油、天然气等大宗商品价格企稳回升，同时也得益于俄罗斯在经济贸易上不断加强与欧盟之外的国家合作，2015 ~ 2016 年，俄罗斯联邦通货膨胀呈现逐渐下降的发展态势；同时，卢布汇率也逐渐趋于稳定。

（一）通货膨胀压力下降

2015 年俄罗斯一直承受着较大的通胀压力。因为国际原油价格下跌、卢布贬值，加上俄罗斯禁止从对其实施制裁的西方国家进口食品，俄罗斯通胀自 2014 年初开始不断攀升，2015 年 3 月，CPI 一度高达 16.9%，处于2008 年以来的最高水平。2015 年俄罗斯央行面临高通胀和经济收缩的两难局面，糟糕的经济前景要求俄罗斯央行降息，但高达两位数的通胀率则要求央行紧缩货币政策。尽管俄通货膨胀略有扩大的风险，但为了抑制俄经济过冷风险，提振经济，2015 年全年，俄央行五度下调基准利率，将基准利率从 17% 降至 11%。

进入 2016 年，俄罗斯通货膨胀率得到了有效控制。CPI 已经从 1 月的9.7%，逐渐下降至 8 月的 6.8%。以至于在全球其他主要央行近期宽松动作相对放缓之际，为刺激经济和防止经济继续衰退，2016 年 6 月，俄罗斯央行将关键利率下调 0.5 个百分点至 10.5%，9 月又宣布将关键利率从 10.5% 下调至 10%。俄罗斯央行还声明，准备将这一利率水平维持至 2016 年底。

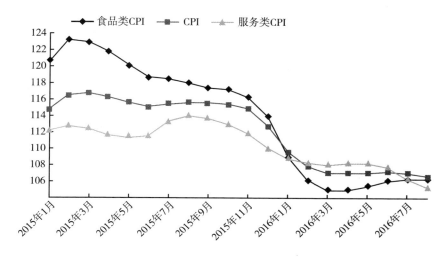

图 1 俄罗斯食品 CPI、服务 CPI 和 CPI

资料来源：俄罗斯联邦统计局。

（二）卢布汇率趋于稳定

2015～2016 年初，俄罗斯卢布兑美元汇率出现大幅贬值。从 2015 年 5 月 19 日的 49.3 到 2016 年 1 月 21 日的 84.1，贬值幅度高达 70.6%（见图 2）。卢布贬值是多重因素共同作用的结果。首先，地缘政治是卢布贬值的一个重要因素。自 2015 年 3 月以来西方国家对俄罗斯进行了多轮经济制裁。这些经济制裁涉及能源、金融、国防等俄罗斯经济的主要领域。其次，卢布贬值紧跟国际油价下跌的步伐。这是因为国际石油市场上油价的不稳定会使很多投资者将投向石油期货市场的资金转而投资美元，同时，石油价格的下跌又使俄罗斯经济的吸引力降低。另外，俄罗斯疲软的经济形势也破坏了卢布的国际形象。

但是，自 2016 年第二季度开始，市场对于美联储年内加息的预期上升，美元持续上涨，导致以美元计价的黄金、白银、基本金属价格显著下跌，但同样也是以美元计价的原油价格则一路攀升。在伊斯坦布尔世界能源大会与欧佩克协商之后，预计俄罗斯至少会实行原油冻产，也有很大的可能性会减

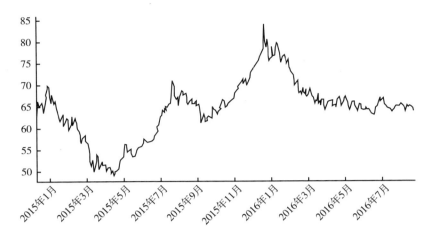

图2　卢布兑美元汇率

资料来源：俄罗斯央行。

产，目前的油价有可能在一定程度上已经反映了这种预期，这对俄罗斯卢布是极大的支持。另外，卢布上涨除了油价因素外，欧洲央行进一步降低利率，宽松货币，对俄罗斯产品出口也是利好。

四　进出口贸易大幅缩减

2015 年，俄罗斯对外贸易大幅缩减，全年进出口总额仅为 5266.9 亿美元，比 2014 年减少 2577.9 亿美元，同比下降 32.9%，是 2009 年全球金融危机后 6 年以来的最低水平（见图3）。出口 3439.1 亿美元，比上年减少 1539.3 亿美元，下降 30.9%；进口 1827.8 亿美元，比上年减少 1038.7 亿美元，下降 36.2%，进出口皆为负增长，呈现大幅度的"双萎缩"。2015 年贸易顺差 1611.3 亿美元，比上年收窄 23.7%。2016 年俄罗斯对外贸易继续全面下滑，低迷态势持续。第一季度，俄罗斯进出口贸易额为 984.8 亿美元，同比下降 27%，其中出口仅 604.2 亿美元，下降 33%，进口 380.6 亿美元，下降 14.8%。第二季度，俄进出口贸易额为 1135 亿美元，下降 15.8%，其中出口 679.5 亿美元，下降 25.7%，进口 455.5 亿美元，下降 4.5%。

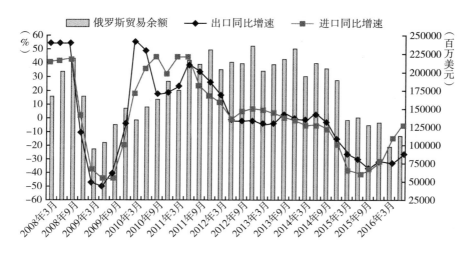

图 3　俄罗斯进出口同比增速

资料来源：俄罗斯央行。

　　从出口贸易伙伴国角度看，2015 年俄罗斯前十大出口目的国依次为荷兰、中国、德国、意大利、土耳其、白俄罗斯、日本、韩国、哈萨克斯坦和波兰。2015 年俄对主要贸易伙伴国出口全部为负增长，平均降幅接近 30%。其中对欧盟出口 1655.7 亿美元，占俄总出口的 48.1%，下降最为显著，降幅高达 36.1%，对荷兰、波兰和意大利的出口分别下降 40%、39.5% 和 37.6%；对 APEC 国家出口 785.2 亿美元，占俄总出口的 22.8%，同比下降 26.7%，对东亚日本、韩国、中国三国的出口分别下降 27%、26.1% 和 23.7%；对独联体国家出口 447.7 亿美元，占俄总出口的 13%，同比下降 30%。

　　2016 年上半年，俄罗斯对十大贸易伙伴的出口额持续大幅下降。第一季度，俄对欧洲贸易伙伴国出口下跌幅度最大，其中俄对荷兰出口 65.45 亿美元，下降 39.4%；对德国出口 45.89 亿美元，下降 32.7%；对意大利出口 25.43 亿美元，下降 62.3%。同期，对中国出口 59.66 亿美元，下降 11.9%，降幅小于其他主要出口市场。第二季度，俄出口下跌趋势有所趋缓，降幅基本持平，略有上升。对荷兰、德国、意大利的出口同比下降

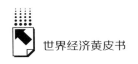

36%、31.4%和51.2%，对中国出口同比下降9.6%。

从进口贸易伙伴国角度看，2015年俄罗斯前十大进口来源国依次为：中国、德国、美国、白俄罗斯、意大利、日本、法国、乌克兰、哈萨克斯坦和韩国，从主要伙伴国的进口额都同比下降，且降幅接近40%，其中自韩国、乌克兰和法国的进口额下降分别高达49.4%、47.2%和44.5%。从进口来源地区来看，2015年自欧盟进口701.6亿美元，占俄罗斯总进口的38.4%，自APEC国家进口693.3亿美元，占俄总进口的37.9%，自独联体国家进口208亿美元，占俄总进口的11.4%。

2016年上半年，俄罗斯从各主要伙伴国的进口下跌幅度普遍缩小。2016年第一季度，俄罗斯自中国进口74.7亿美元，占俄总进口的20.9%，同比下降11.9%；自德国进口39.1亿美元，占俄总进口的10.9%，同比下降10.4%；自美国进口21.4亿美元，占俄总进口的6%，同比下降30%。同期，俄罗斯自乌克兰进口额仅为6.7亿美元，同比下降43.3%。第二季度，俄罗斯自部分贸易伙伴国的进口实现正增长。自欧盟进口额达176.5亿美元，同比增长3.4%，其中自意大利、法国的进口增长率分别为1.9%和4.8%；自中国的进口77.8亿美元，同比增长3.9%。来自其他主要贸易伙伴国的进口下降幅度也有所收窄，其中自德国的进口49.4亿美元，同比下降2.2%；自美国的进口26.1亿美元，同比下降19.4%；自日本的进口15.4亿美元，同比下降15%。

从出口商品结构上看，能源产品仍是俄罗斯主要出口商品。2015年，俄罗斯出口原油895.8亿美元，出口石油产品674亿美元，出口天然气418.4亿美元，三者占俄出口总额的57.8%，其他主要出口商品包括：柴油、燃料、机械工具、铁类金属和煤炭等。其中，向非独联体国家出口原油839.6亿美元，占比高达93.7%；向非独联体国家出口石油产品633.5亿美元，占比高达94%。

从进口商品结构上看，机械和工具是俄罗斯进口的第一大类商品，2015年进口818亿美元，占俄进口总额的44.8%，同比下降40%，其中94.9%的机械和工具进口来自于非独联体国家。俄其他主要进口品依次为：药品、汽车、服装、金属和肉类。其中汽车进口额下降幅度最大，高达 50.7%，可见俄经济衰退导致高档消费品需求的急剧减少；药品和服装进口降幅最小，分别为 32.7% 和 34.1%，说明价格弹性相对较小的进口品，即使在俄罗斯经济高通胀、低增长的情况下也是居民生活的必需品。

2015 年俄罗斯对外贸易全面下滑，大幅萎缩的主要原因包括：第一，国际大宗商品价格下跌。2015 年俄罗斯原油出口 895.8 亿美元，共计 24448.5 万吨，与 2014 年同期相比，出口额减少 41.8%，但出口量增长 9.4%，价格是影响出口低迷的决定性因素。2015 年，国际大宗商品市场出现了自国际金融危机以来最低迷的行情。[①] 俄罗斯联邦统计局数据显示，2014 年俄罗斯原油平均出口价格为 688.4 美元/吨，2015 年则降至 367.2 美元/吨，下跌 46.7%。2016 年 2 月，俄原油出口均价达到近十年来单月最低值，仅为 210.6 美元/吨，对独联体国家的出口均价低至 167 美元/吨（见图 4）。根据乌拉尔石油公司数据显示，2014 年，俄产乌拉尔牌石油平均价格为 97.6 美元/桶，2015 年减至 51.2 美元/桶，下跌 47.5%。2016 年上半年，尽管俄出口石油价格从 3 月开始保持连续 4 个月的小幅反弹，但俄石油出口仍呈现出量涨价跌的基本格局。第一季度，俄石油出口 140.9 亿美元，同比减少 38%；石油出口量 6195 万吨，同比增长 4.4%。第二季度，俄石油出口 188.4 亿美元，同比减少 25.8%；石油出口量 658.3 万吨，同比增长 7.6%。俄罗斯经济属于典型的能源经济，其出口主要以石油和天然气为主，经济高度依赖能源出口，能源价格和外部需求很容易波及其经济发展。

第二，美欧对俄经济制裁及俄反制裁措施的效果持续发酵。从 2014 年第二季度开始，由于乌克兰事件，美、欧等国家和地区与俄罗斯之间的经济制裁与反制裁措施开始实行，时至今日，其负面影响仍持续发酵。2016 年 3 月，美国总统奥巴马签署了对俄罗斯制裁延长一年的法令；2016 年 9 月 1 日，美国财政部对俄罗斯实施新一轮制裁，再次向俄施压。2016 年 6 月，

---

① 程亦军：《2015 年俄罗斯经济形势评析》，载李永全主编《俄罗斯发展报告（2016）》，社会科学文献出版社，2016，第 33 页。

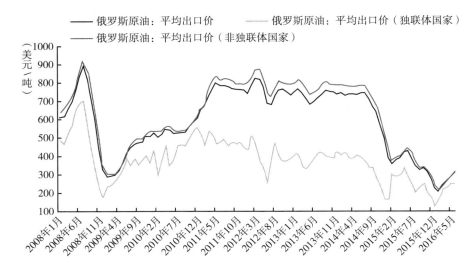

图4　俄罗斯原油出口平均价

资料来源：俄罗斯联邦统计局。

欧盟通过延长对俄罗斯经济制裁6个月的决议，但不参与最新一轮美国扩大对俄的制裁措施。欧盟国家是俄罗斯最大的贸易伙伴国，欧盟自俄罗斯的进口商品主要为石油和天然气，欧盟对俄出口商品主要为汽车和交通设备、化工品、药品和农产品，这些制裁措施直接导致了俄欧双边外贸形势的恶化。

　　第三，国际经济形势复杂，后金融危机时期市场波动加剧。2015年，世界工业生产低速增长，贸易持续低迷，金融市场动荡加剧，大宗商品价格大幅下跌。以日本、欧洲为代表的发达国家经济复苏缓慢，新兴经济体和发展中经济体连续五年经济增速下滑，世界经济整体疲弱乏力，增速放缓成为新常态。俄罗斯对外贸易的国际环境总体偏弱，外需增长动力不足。

　　第四，俄罗斯持续的经济衰退导致国内市场需求疲软，进口下跌。2015年俄罗斯遭受十余年来最严重的经济困难，出现了严重的衰退，GDP同比下降3.7%。俄罗斯国内通胀加剧，居民可支配收入减少，导致了国内市场消费意愿低迷，特别是在进口汽车等大额商品以及非必需商品和服务等方面的支出均有所减少。

五　新形势下中俄经贸关系

自 2010 年起，中国已经连续六年成为俄罗斯第一大贸易伙伴国，中国在俄外贸中的比重稳步扩大，双边经贸合作取得了积极的进展。但自 2014 年乌克兰危机之后，俄罗斯经济衰退，增长乏力，卢布暴跌，为中俄双边经贸关系蒙上了阴影。从 2014 年下半年起，受国际市场变化及两国经济结构调整等因素影响，中俄双边贸易额大幅度递减，贸易增速开始下滑。俄罗斯联邦海关数据显示，2015 年中俄双边贸易额达 635.6 亿美元，同比下降 28.1%，为近五年增速的最低值，并未实现之前设定的 2015 年贸易额达 1000 亿美元的经贸合作目标。其中俄罗斯对中国出口 286.1 亿美元，占俄总出口的 8.3%，同比下降 23.7%；俄自中国进口 349.5 亿美元，占俄总进口的 19.1%，同比下降 31.3%。

从月度数据上看，自 2014 年 11 月起，中俄进出口贸易额连续 18 个月负增长，最高单月降幅达 -38.6%（见图 5）。其中俄罗斯从中国的进口最高单月降幅达 -43.8%，直至 2016 年 5 月扭转颓势，实现了进口额的正增长，同比上升 8%；俄罗斯对华出口连续 14 个月负增长，最高单月降幅达 -37.3%，2016 年出口下跌趋势有所减弱，降幅有所收窄，3 月出口同比增长 4.2%，5 月出口同比增长 8.5%。

从双边贸易结构上看，俄罗斯拥有资源要素禀赋的绝对竞争优势，主要出口军工、矿产以及动物、木材等产品，而中国主要出口纺织品、石料、水泥以及皮毛等劳动密集型产品和原材料。此外，中国对俄出口产品中以电信录音设备、办公设备和家电等为主的机械类产品占比不断增加。中国商务部数据显示，2015 年中国从俄罗斯进口的原油、成品油、铁矿石大宗商品分别增长了 28%、15% 和 22%，保持两位数增长，机电和高新技术产品的进口也大幅上升至 32% 和 34%。[①] 但由于俄罗斯通货膨胀高企，居民可支配收入

---

① 《用发展眼光看待中俄经贸合作》，《光明日报》2016 年 3 月 20 日，http：//news. xinhuanet. com/politics/2016－03/20/c_ 128814558. htm

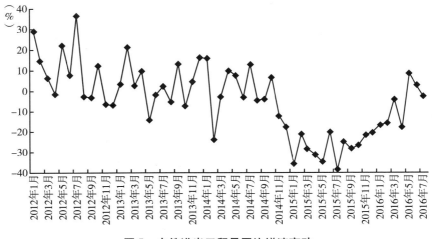

图5　中俄进出口贸易同比增速变动

资料来源：俄罗斯联邦海关。

下降，卢布暴跌，中国出口的日用消费品、汽车和家电类产品数量有所减少。

当前，中俄贸易已经从快速增长期进入了结构调整期，经贸合作发展动力不足，但双边贸易仍具备良好的基础和巨大的合作潜力，需要着重培育和挖掘双边贸易新的增长点。

第一，中俄跨境电子商务潜力巨大。俄电商企业协会数据显示，2016年上半年俄电商市场规模达4050亿卢布（约合63亿美元），同比增长26%。其中，1431亿卢布（约合22亿美元）为跨境电商贸易，同比增长36%，占俄电商贸易总额的35%。该协会预计2016年全年俄电商市场规模将达9000亿卢布（约合141亿美元），同比增长18.4%。[①] 目前俄罗斯有两大中国电商平台——京东和阿里的速卖通。俄罗斯跨境电商一半的业务往来都是跟中国开展的。从2011年至今，俄罗斯的跨境电商交易额一直在增长，预计2016年中俄的跨境交易量可达到25亿美元。[②]

---

① 驻俄罗斯联邦经商参处：《上半年俄电商市场规模增长26%》，2016年9月26日，http：//www. mofcom. gov. cn/article/i/jyjl/e/201609/20160901401340. shtml。

② 《跨境电子商务在俄罗斯》，中国经济网，2016年6月30日，转自中俄经贸合作网，http：//www. crc. mofcom. gov. cn/article/shangbiandongtai/201607/171265_ 1. html。

第二，对创新领域的关注成为中俄经济发展的共同点，共同研发和创新、加快科技成果的产业化、创新合作是未来的经贸增长点。2014 年 12 月，俄罗斯总统普京宣布俄开始实施国家技术创新战略；2016 年中共中央、国务院印发了《国家创新驱动发展战略纲要》。2014 年 10 月，中俄双方正式签署《关于合作开发建设中俄丝绸之路高科技产业园的合作备忘录》，并随后开展了"中俄苏霍伊商用飞机项目"，其他如新材料、环保节能技术、生物技术、高能物理、石油化工、机械制造、汽车工业、电信、信息化、地球物理等领域的合作也正在加快实施。

第三，以投资合作带动贸易增长。近年来，中俄之间双向直接投资增长迅猛。中国商务部统计显示，2014 年中国吸引俄罗斯直接投资 4088 万美元，同比增长 85.1%，远超过同期贸易增速；中国对俄罗斯直接投资 63356 万美元，其中最重要的是向农林牧渔业的投资，占比达 55.6%，其次是向制造业投资，占比达 18.2%。2015 年，中国累计对俄投资额已超过 340 亿美元，投资合作规模有增无减。双边投资的不断攀升必然会拉动相关原材料、中间投入品等贸易的增加。

第四，以重点行业的战略性大项目为依托，全面推进双边经贸关系升级。能源、航空航天、高铁等基础设施建设，以及金融、农业与军工等皆为重点推进行业和领域。2016 年 6 月，中俄两国签署了合作建设莫斯科—喀山高铁的项目，这是双方在欧亚经济联盟和"丝绸之路经济带"框架下加强对接合作的重大项目，对中俄两国的政治经济将会产生深远影响。

六　对俄罗斯经济增长的预测

从国际上看，如果国际油价继续保持低迷的情况，则俄罗斯很难在短期内从根本上扭转经济衰退的形势。美国和欧盟开始考虑取消和解除对俄经济制裁措施，这无疑会对俄今后两年的经济增长产生正向作用。但具体取消制裁还要多久，部分取消还是全面取消，都存在极大的不确定性。从国内来看，俄罗斯经济结构的单一，油气产业收入占俄财政收入的一半，国民经济

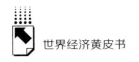
过度依赖能源，结构性顽疾是制约俄罗斯经济发展的根本问题。这些将在相当程度上压低俄罗斯经济增速。

2016 年 6 月，世界银行（World Bank）发布的《全球经济展望》报告中下调了俄罗斯经济增长预期，报告认为俄罗斯经济主要依赖大宗商品出口，承受着石油、金属等商品价格下跌的压力，2016 年俄经济衰退，增长率下降至 –1.2%，降幅大于 1 月的预测值。

与上述的分析类似，俄罗斯经济发展部下调了 2017 年经济增长的预期。根据经济发展部 9 月发布的最新数据，2017 年俄国内生产总值增长约 0.6%，比 2016 年 4 月的预测下调 0.2 个百分点，2018 年和 2019 年将分别增长约 1.7%、2.1%。2016 年 9 月俄罗斯央行预测，在缓慢放松货币政策和大宗商品价格低迷的情况下，2017 年俄罗斯经济增长率预测在 0.5% ~ 1% 区间，2018 年和 2019 年的增长率会在 1.5% ~2% 区间。

国际货币基金组织（IMF）和经济合作与发展组织（OECD）等国际组织则对俄罗斯经济相对比较乐观。2016 年 7 月，国际货币基金组织（IMF）发布的《世界经济展望报告》显示，俄罗斯经济衰退状况好于预期，只要国际油价不再大幅下跌，俄罗斯财政状况会不断好转，内需也能得到有效提振，预测 2017 年经济增速将实现正增长，恢复至 1%。经济合作与发展组织（OECD）的《中期经济展望报告》中预测，与其他原料依赖型的国家相似，俄罗斯经济衰退将在 2017 年有所减缓，并开始重返增长。

主要国际信用评级机构也纷纷表示了对俄罗斯经济的乐观预期。2016 年 9 月穆迪预测，在 2016 年俄罗斯经济下降 1% 后，2017 年俄经济将增长 1.5%。穆迪评级数据显示，俄罗斯经济正在走出衰退阶段，2017 年俄罗斯银行资产会有所提高。标准普尔全球评级机构（S&P Global Ratings）发布报告，上调了俄罗斯"垃圾级"主权评级，全球评级机构对俄罗斯的"BB +"外币评级维持不变，但是将其评级前景从"负面"（Negative）上调至"稳定"（Stable）。标准普尔预测 2017 ~2019 年间俄罗斯实际 GDP 增速的平均值将达 1.6%。彭博社表示，在全球 24 种新兴市场国家货币中，俄罗斯卢布的表现排名第二。截至 9 月，2016 年全年俄罗斯卢布兑美元汇率累计上涨了 13%，与 2015 年卢布汇率大幅下跌 20% 形成鲜明对比，从根本上扭转了卢布悬崖式暴跌之势。

我们认为，2016 年俄罗斯经济衰退不可避免，2017 年俄罗斯经济复苏依赖于俄经济结构性问题的解决程度和国内企业投资及消费者信心的恢复情况，以及全球宏观经济形势、金融市场和主要贸易伙伴国特别是发达经济体的增长水平。当前，俄罗斯正在加快推进产业结构调整并开始启动反危机计划，以稳定社会经济发展。但国际原油价格反弹仍低于预期水平，俄央行货币刺激政策是否有效还具有不确定性，地缘政治风险仍存在，俄罗斯经济增长复苏基础十分脆弱。因此，我们谨慎估计，2017 年俄罗斯经济增长率在 0.5%～0.8% 区间，低于 1% 的水平。

参考文献

中国社会科学院俄罗斯东欧中亚研究所：《俄罗斯发展报告（2016）》，社会科学文献出版社，2016。

陈元：《深化中俄经贸合作筑牢两国关系基石》，《管理世界》2015 年第 1 期。

徐坡岭、肖影、刘来会：《乌克兰危机以来俄罗斯经济危机的性质及展望》，《俄罗斯研究》2015 年第 1 期。

《俄罗斯经济"向东看"与中俄经贸合作》，《欧亚经济》2015 年第 1 期。

Y.7
拉美经济：颓势难改

熊爱宗*

摘　要：　2016 年拉美地区经济增长预计为 - 0.9%，连续两年出现负
　　　　　增长。从内部来看，投资和消费双双萎缩造成国内需求下
　　　　　降；从外部来看，全球经济放缓造成外部需求不足，而大宗
　　　　　商品价格走低则令拉美经济雪上加霜。与此同时，拉美地区
　　　　　各国还普遍面临通货膨胀高企、汇率波动加剧、就业状况恶
　　　　　化等风险，经济不确定性进一步增大。投资大幅萎缩已成为
　　　　　拉美地区经济衰退的重要原因，企业投资信心不足、融资成
　　　　　本高企、大宗商品价格低迷、政府财政状况恶化等因素将继
　　　　　续对该地区投资形成抑制，这也决定了拉美地区经济在短期
　　　　　内将难以恢复到以前的高速增长态势。

关键词：　拉美地区　经济形势　前景展望

在《2016 年世界经济形势分析与预测》中，我们指出拉美面临的内外
形势较为严峻，风险有所增加，但是其后的经济恶化状况还是超出了我们预
期。2015 年拉美地区经济增长率为 - 0.5%，较我们上年的预测低出 1.0 个
百分点。从内部来看，2015 年拉美地区投资继续大幅萎缩，而消费也出现
了近年来的首次负增长，这致使国内需求大幅萎缩；从外部来看，受全球经

---

* 熊爱宗，中国社科院世界经济与政治研究所全球治理研究室助理研究员，研究领域：国际金
　融、新兴市场。

济减速，特别是受到美国和中国经济走低影响，拉美地区面临的外部环境也有所恶化。与此同时，国际大宗商品价格继续维持低位、美联储加息进程的不确定等因素也进一步增加了拉美地区的经济不确定性。2016 年拉美地区经济虽有个别积极迹象出现，例如巴西经济可能有所好转（但依然维持负增长局面），但总体形势不会出现根本性变化。这将会继续令拉美经济承压，预计该地区经济将进一步衰退至 - 0.9%。2017 年，随着全球经济增长恢复，拉美地区外需有望好转，国际大宗商品价格可能企稳回升，预计经济增长在 1.1% 左右。

一　2015年与2016年上半年经济情况

1. 经济增长呈萎缩态势

据联合国拉美和加勒比经济委员会（Economic Commission for Latin America and Caribbean，ECLAC）统计，2015 年拉美和加勒比地区经济增长为 - 0.5%，比 2014 年经济增速下降 1.4 个百分点，为 2009 年以来首次陷入负增长。投资大幅萎缩是造成经济增速下滑的重要因素。从 2014 年第二季度开始，拉美和加勒比地区的固定资本形成开始出现负增长，2015 年固定资本形成萎缩更是高达 6.5%。与此同时，消费也出现自 2010 年以来的首次负增长，2015 年萎缩 0.2%。投资和消费共同造成拉美和加勒比地区国内需求在 2015 年萎缩 1.6%。受出口增长和进口萎缩双重影响，净出口成为拉动拉美地区经济增长的唯一正向因素，不过这并不能抑制该地区国内需求的急剧萎缩。2016 年第一季度拉美和加勒比地区经济增长继续维持负增长格局，经济同比萎缩 1.5%，为该地区连续四个季度处于萎缩态势。2016 年，多个内外部因素将继续对拉美和加勒比地区经济形成抑制：世界经济继续保持低速增长，特别是与拉美和加勒比地区存在紧密经济联系的美国和中国经济增速相比 2015 年都有不同程度回落，这将继续恶化拉美和加勒比地区的外部需求；大宗商品价格将继续维持低位，进而抑制拉美和加勒比地区出口和相关投资增长；经济不确定性增加以及由此带来的信心下降可能使得

消费和投资继续处于萎缩态势。因此预计 2016 年拉美和加勒比地区经济仍将维持负增长，全年经济增长为 -0.9%。2017 年情况将有所好转，预计经济增长在 1.1% 左右。

2. 通货膨胀维持高位

2015 年拉美和加勒比地区平均通货膨胀达到 16.5%，相比 2014 年急剧攀升 7.1 个百分点，为该地区自 1996 年以来的最高水平。与 2014 年情况相似，地区通货膨胀上升很大部分原因来自委内瑞拉通货膨胀的推动作用。2015 年该国通货膨胀高达 180.9%。但是即使排除委内瑞拉，该地区的通货膨胀在 2015 年仍有 7.9%，相比 2014 年也上升了 1.6 个百分点。除委内瑞拉外，另外两个地区大国阿根廷和巴西的通货膨胀在 2015 年也维持高位，其中，阿根廷的通货膨胀上升至 27.5%，而巴西的通货膨胀也在 10% ~ 10.7%。此外，像海地、苏里南等国的通货膨胀也在两位数。总体看，中美洲和墨西哥以及加勒比地区国家通货膨胀均保持在低位水平，个别国家甚至出现了通货紧缩，而南美洲国家通货膨胀则普遍偏高。食品价格是推动地区通货膨胀的重要因素，2015 年拉美和加勒比地区平均食品价格上涨达到 24.3%，而委内瑞拉的食品价格上涨甚至高达 315%。进入 2016 年，拉美和加勒比地区通货膨胀并没有出现减缓趋势，2016 年 5 月在排除委内瑞拉后该地区价格同比上涨仍有 8.9%，预计 2016 年全年该地区通货膨胀将继续维持高位。

3. 就业状况有所恶化

2015 年拉美和加勒比地区的城市失业率从 2014 年的 6.0% 上升至 6.5%，为 2009 年以来该地区失业率首次出现上升。与此同时，该地区的劳动参与率也从 2014 年的 60.1% 下降至 60%，城市就业率则从 56.5% 下降至 56.1%，说明拉美和加勒比地区疲弱的经济增长状况正造成该地区就业状况的恶化。拉美和加勒比地区失业率的上升主要来自巴西就业状况的恶化，2015 年巴西失业率上升至 6.8%，相比 2014 年上升 2 个百分点，其他失业率上升的国家还包括：洪都拉斯（相比 2014 年上升 1.3 个百分点）、乌拉圭（相比 2014 年上升 0.9 个百分点）、秘鲁（相比 2014 年上升 0.6 个百分点)、厄瓜多尔(相比2014年上升0.3个百分点)、哥斯达黎加(相比2014年上升0.2个百分点)等。除此之外,大部分拉美国家失业状况有所缓解,加勒比地区大部分国家虽然失业率依然高达两位数,但是绝对数有所下降。此外,就业状况的恶化也带来了拉美和加勒比地区实际工资水平的下降,这甚至导致该地区贫困率重新出现了上升。

4. 汇率波动幅度有所加大

受美联储加息预期、大宗商品价格走低、经济增长恶化等因素影响,拉美国家普遍面临国际资本外流压力,货币兑美元汇率出现不同程度贬值。2015年,阿根廷、巴西、哥伦比亚、巴拉圭、乌拉圭等国货币对美元汇率分别贬值52.8%、49.0%、33.6%、24.7%、23.0%,相比2014年,贬值幅度更为严重。进入2016年,受利率水平相对较高、美联储加息预期减弱等因素影响,部分拉美国家货币贬值趋势有所缓解,甚至出现不同程度升值。2016年7月相比同年1月,巴西雷亚尔对美元升值近20%,而智利比索、哥伦比亚比索也出现对美元的近10%涨幅,这导致部分国家如巴西、智利等国货币实际有效汇率的上升,从而给出口带来负面影响。

5. 经常项目逆差有所收窄

受大宗商品价格走弱、货币贬值等因素影响,拉美和加勒比地区商品进出口规模都有所下降。2015年该地区出口额下降近15%,而进口也下降11%,商品进出口逆差达到582.6亿美元,较2014年有所扩大。但由于受服务贸易逆差收窄、净转移支付扩大等因素影响,2015年拉美和加勒比地区的经常项目逆差估计为1779.3亿美元,较2014年下降100.2亿美元,占GDP的比重为3.6%。分国家来看,部分国家如阿根廷、墨西哥、秘鲁、委内瑞拉、巴拉圭等经常项目逆差进一步恶化,相比2014年,阿根廷经常项目逆差扩大了97.3%,墨西哥经常项目逆差扩大了28.1%,委内瑞拉则从经常项目盈余首次转为逆差。部分国家的经常项目出现好转,如巴西经常项目逆差缩小了43.5%,乌拉圭经常项目逆差缩小了26.7%。尽管拉美和加勒比地区总体经常项目逆差有所收窄,但由于国际资本外流加剧,该地区的国际储备还是出现了快速下降,如从2015年9月至当年12月,该地区国际

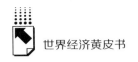

储备总量总计损失444.1亿美元。进入2016年该地区国际储备总量才略有回升，2016年5月维持在8184.2亿美元。

6. 货币政策总体收紧

当前拉美和加勒比地区货币政策主要受两大因素的影响：一是国内通货膨胀和经济增长的影响，二是国际资本流动和本币汇率走势的影响。通货膨胀走高、汇率贬值为各国带来加息压力，而经济增长放缓、汇率升值则为各国带来降息压力。以上述两大因素为观察指标，拉美和加勒比地区的货币政策呈现两种走势。采取紧缩性货币政策的国家，要么面临较大的通货膨胀压力，例如智利、秘鲁、哥伦比亚、巴西等，要么面临着货币贬值压力，如墨西哥等。墨西哥当前的通货膨胀压力并不大，但自2015年12月起至2016年7月，墨西哥央行已经三次进行加息，其主要目的是避免本国货币过度贬值。也正是由于担心本国货币过度升值，部分国家，如巴西也开始考虑对紧缩性货币政策进行调整。采取宽松性货币政策的国家，大都是通货膨胀较为缓和的中美洲国家，如危地马拉、多米尼加、哥斯达黎加等。

7. 财政状况有所恶化

受政府收入降低、公共开支增加等因素影响，拉美和加勒比地区政府财政状况较2014年有所恶化。2015年该地区基础财政赤字占GDP之比为0.3%，总体财政赤字占GDP的比重为2.8%，后者较2014年上升0.2个百分点。拉美和加勒比地区中央政府债务占GDP的比重继续保持上升趋势，2015年达到51.2%，较2014年上升1.7个百分点。其中拉美地区中央政府债务占GDP比重为35.9%，较2014年上升2.5个百分点，加勒比地区的中央政府债务状况则有所缓解，但是依然保持较高水平（2015年占GDP比重为71.6%）。巴西财政状况急剧恶化，2015年其总体财政赤字占GDP比重从2014年的5.3%上升至9.3%，中央政府债务占GDP比重则从58.9%上升至66.5%。此外，阿根廷、乌拉圭、哥伦比亚、墨西哥等国中央政府债务也均有不同程度上升。拉美国家的债务风险上升趋势值得关注。

二 主要经济体的经济形势

拉丁美洲和加勒比地区主要国家包括巴西、墨西哥、阿根廷、委内瑞拉、智利和秘鲁等国。本部分主要对巴西、墨西哥、阿根廷和委内瑞拉的经济形势进行简要分析。

1. 巴西

2015 年巴西经济萎缩 3.8%，较 2014 年大幅放缓 3.9 个百分点，为 1990 年以来经济萎缩最为严重的一年，比 2009 年全球金融危机期间的增长状况还要差。分季度来看，2015 年各季度巴西经济增长状况逐步恶化，经济同比增长从第一季度的 -2.0% 最终滑落至第四季度的 -5.9%，环比增长也从 2014 年第四季度的正值转为 2015 年连续四个季度的持续收缩。2016 年巴西经济增长依然维持在萎缩区间，第一季度和第二季度同比增长分别为 -5.4% 和 -3.8%，环比增长分别为 -0.4% 和 -0.6%。投资大幅萎缩是造成巴西经济衰退的主要原因。2015 年，巴西固定资本形成增速萎缩高达 14.1%，投资率进一步下降至 18.2%，比 2014 年下降 2 个百分点。不过进入 2016 年情况稍微有所好转。2016 年第一季度巴西固定资本形成同比增速仍在 -17.5%，但是相比 2015 年第四季度已经有所减缓，2016 年第二季度则进一步回升至 -8.8%。私人消费在 2015 年也萎缩了 4.0%，相比 2014 年下降 5.3 个百分点。2016 年第一季度和第二季度私人消费继续保持负增长，但萎缩幅度有所收窄，同比增长分别为 -6.3% 和 -5.0%。受石油、大豆、钢材、铁矿石等出口增加影响，巴西出口额在 2015 年增长 6.1%，2016 年第一季度和第二季度出口分别同比增长 13.0% 和 4.3%，而进口则继续保持萎缩状态，这使得净出口成为巴西经济增长中少有的亮点。

总体来看，在经历经济大幅萎缩之后，巴西经济逐步出现回升迹象。首先，巴西政治动荡暂告一段落并将为经济增长营造稳定的政治环境。2016 年 8 月底，巴西参议院最终表决通过总统弹劾案，罢免了迪尔玛·罗塞夫的总统职务，代总统米歇尔·特梅尔成为巴西新任总统，执政期至 2018 年底

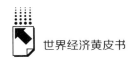
结束。这使得持续近九个月的巴西总统弹劾程序终于尘埃落定，政治不确定性的下降将会为经济增长带来更多信心，巴西新政府将会把更多精力用于恢复经济增长。其次，随着大宗商品价格的稳定、中国经济的企稳，巴西对外出口将会继续维持增长态势，从而继续为经济增长提供动力。预计2016全年巴西经济增长 - 3.5%，2017年巴西经济增长有望转正，经济小幅增长0.3%。

巴西通货膨胀出现下降趋势，这将为其货币政策调整带来一定空间。2016年1月，巴西通货膨胀率曾达到10.7%，为近年来少有的高点，但是随后步入下降通道，2016年7月已经降至8.7%。巴西新政府的上台以及新任总统特梅尔削减赤字等改革措施的主张也有望进一步抑制通货膨胀预期。这可能使得巴西通货膨胀率进一步走低，从而为货币政策宽松赢得空间。当前巴西央行面临较大的货币宽松压力。自2013年4月起，巴西央行已经实施15次加息，14.25%的利率水平达到该国10年来高点，且从2015年7月底开始至2016年9月已经维持一年有余，持续高企的利率水平使得巴西借贷成本一直居高不下，在经济萎缩的情况下迫切需要降低利率水平。同时，自2016年起，受美联储加息预期落空、巴西利率持续高企等因素影响，巴西雷亚尔对美元汇率出现大幅升值，这对巴西的出口形成一定冲击。但是由于无法通过降低利率水平进行应对，巴西央行不得不进入汇市直接干预。在以上因素的影响下，预计巴西央行或将在目前利率水平上维持一段时间，在2016年底或2017年下调利率。

2. 墨西哥

2015年墨西哥经济增长2.5%，较2014年的2.3%上升0.2个百分点。2015年墨西哥经济增长较为平稳，四个季度经济同比增长均在2.4% ~ 2.6%之间，环比增速则呈现"中间高、两头弱"的特点，第二季度和第三季度环比增速分别达到0.8%和0.7%，而第一季度和第四季度则均为0.4%。进入2016年，墨西哥经济出现走弱趋势，特别是第二季度经济同比和环比增长分别为1.5%和 - 0.2%，远差于前几个季度情况，为该国3年来首次出现经济衰退迹象。私人消费仍是推动墨西哥经济增长的主要动力，

2015 年墨西哥私人消费保持平稳快速增长，2016 年第一季度私人消费年平均增长率更是达到 4.2%。不过，受货币贬值、预算削减、油价上升等因素影响，墨西哥消费信心有所降低，消费增长可能受到抑制。固定资产投资的情况则在逐步恶化，这抵消了消费增长对于经济增长的贡献。2016 年第一季度墨西哥固定资产投资年平均增长率为 2.4%，较 2015 年第一季度 5.5% 的增速下降很多。与此同时，在美国经济增长走弱的情况下，墨西哥对外出口也受到影响，2016 年第一季度墨西哥出口同比下降 5.1%，除农产品外，主要出口产品均出现下降。预计 2016 年墨西哥经济增长有所放缓，全年经济增长为 2.3%，2017 年经济增长有望回升至 2.5%。

墨西哥通货膨胀形势日益好转。从 2015 年开始，墨西哥通货膨胀持续回落，总体处于其央行设定的通胀目标（3%±1%）范围之内。2016 年 1 月和 2 月，该国通货膨胀率虽有短暂上升，但随即出现回落，2016 年 7 月依然保持在 2.65%。尽管如此，墨西哥央行在 2015 年 12 月、2016 年 2 月和 2016 年 6 月三次加息共 125 个基点，将基准利率从 3.00% 提高至 4.25%。加息的主要目的是防止墨西哥比索对美元汇率大幅贬值进而对本国通货膨胀状况造成影响。2016 年 1 月相比 2015 年 1 月，墨西哥比索相对美元已经贬值 22.9%，而 2016 年 8 月相比 2015 年 8 月墨西哥比索相对美元贬值也超过 10%。在经济增速走弱、美联储加息预期升温等因素影响下，墨西哥比索贬值预期可能进一步加大，不排除墨西哥央行采取进一步加息甚至直接入市干预等措施进行应对。

3. 阿根廷

据阿根廷国家统计局统计，2015 年阿根廷经济增速为 2.4%，相比 2014 年上升 5 个百分点。同比看，2015 年第一季度阿根廷经济仍有轻微负增长，但是第二季度猛增至 3.7%，此后逐步回落，至第四季度回落至 2.2%。从环比增长来看，2015 年前两个季度，阿根廷经济增长分别为 1.7% 和 1.4%，但是第三季度和第四季度则分别为 -0.1% 和 -0.4%，显示经济活动依然疲弱，且波动较大。2016 年第一季度阿根廷经济同比和环比增长分别滑落至 0.5% 和 -0.7%，经济疲弱趋势进一步加剧，预示着

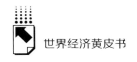

2015 年的经济恢复可能只是暂时的。2015 年阿根廷经济的好转主要来自消费和投资增速的上升，全年私人消费和公共消费增速分别为 5.0% 和 6.7%，特别是第二季度公共消费一度达到 9.1%，成为当季推动经济增长的重要动力。固定资本形成增速在 2015 年也呈现上升趋势，至 2015 年第四季度达到 12.0%。不过进入 2016 年消费和投资均出现放缓趋势，2016 年第一季度私人和公共消费同比增速分别下降至 1.1% 和 2.7%，而固定资本形成同比增速则为 -3.8%。对外出口也出现下降趋势，2016 年上半年阿根廷出口贸易额同比下降 2.7%，但由于进口收缩更为严重，所以净出口依然在阿根廷经济增长中发挥重要作用。预计 2016 年阿根廷经济增长为 -1.0%，2017 年回升至 2.7%。

阿根廷通货膨胀依然维持在较高水平。阿根廷官方统计数据一直遭到各界诟病，导致官方通胀数据失去公信力。为此，2015 年底当选阿根廷总统的毛里西奥·马克里执政后宣布暂停公布官方统计报告，阿根廷国家统计局仅公布由民间统计的通货膨胀数据。根据公布的替代数据，2015 年阿根廷通货膨胀率为 26.9%，相比 2014 年继续上升。2016 年前 4 个月，阿根廷通货膨胀继续保持上升趋势，2016 年 4 月消费物价指数相比上年同期上涨 40.5%。不过，从 2016 年 5 月开始，阿根廷政府重新开始公布官方通货膨胀数据。数据显示，2016 年 5 月、6 月、7 月阿根廷通货膨胀环比增长分别为 4.2%、3.1%、2.0%，但同比依然保持在较高水平。目前，阿根廷政府希望一方面通过不断改善统计数据质量，重新恢复各方对官方统计机构的信心，并为经济决策提供准确依据；另一方面也试图通过财政紧缩性调整和物价改革等措施切实降低通货膨胀。显然这并非易事。

4. 委内瑞拉

2015 年委内瑞拉经济增长估计为 -5.7%，相比 2014 年的 -3.9% 下滑 1.6 个百分点，这已是该国经济连续两年出现负增长。受价格下跌以及全球需求不足影响，委内瑞拉石油出口收入大幅下降，成为最近两年该国经济持续陷入负增长的重要原因。2015 年，委内瑞拉石油出口收入 358 亿美元，占出口总收入的 94.2%，相比 2014 年下降 50.1%。① 受此影响，委内瑞拉的财政收入也从 2013 年的 800 亿美元左右下降至 2015 年的 200 亿~250 亿美元区间。因国际油价下跌和经济陷入困难，2016 年 1 月 14 日委内瑞拉总统马杜罗宣布该国进入经济紧急特殊状态，此后这一紧急状态被不断延长。由于经济增长可能无法在短期内恢复，这一紧急状态或将维持较长时间。2016 年国际油价虽有所回升，但是相比以往仍处于低位，这预示着委内瑞拉经济在短期内将难以恢复，预计 2016 年委内瑞拉经济将继续维持萎缩态势，经济增长为 -8.0%，2017 年也将维持负增长 -4.5%。

委内瑞拉通货膨胀形势持续恶化。据委内瑞拉国家统计局统计，2015 年委内瑞拉通货膨胀率达到 180.9%，相比 2014 年上升了 112.4 个百分点，成为全球通货膨胀最为严重的国家。财政赤字货币化危险、基本物资的短缺与官方配给的实施、非官方汇率的急剧贬值都进一步推动委内瑞拉的通货膨胀预期。据国际货币基金组织预计，2016 年委内瑞拉的通货膨胀将会达到 720%，2017 年将达到 2200%。

三 投资增速下降抑制拉美地区经济恢复

拉美和加勒比地区的经济增长减速与该地区的投资增速快速下降密切相关。一方面，作为总需求的一部分，固定资产投资增速下降直接造成拉美各国国内总需求不足；另一方面，由于相关投资不足造成拉美各国生产率长期得不到提升，经济增长内生动能较差，缺乏发展后劲。

拉美和加勒比地区的投资水平一直较低。拉美各国的最终消费一直在其 GDP 比例中占据较高水平，是拉动拉美经济增长的主要动力，但是由此造成的过低储蓄率，无法为投资提供充足的资本积累。1990~2015 年，拉美和加勒比地区国家的年平均储蓄率仅为 18.5%，而该地区同期的固定资本形成总额占年平均 GDP 的比例也仅为 19.4%，都远低于世界平均水平。

---

① OPEC，Annual Statistical Bulletin 2016.

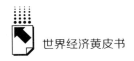
2015 年，该地区固定资本形成占 GDP 比例相对较高的国家，如哥伦比亚也不过 26.7%，而像巴西、阿根廷（2014 年数据）只有 18.2% 和 17.1%。从 2010 年起，拉美和加勒比地区整体固定资本形成年增速不断下降，2015 年达到 −5.7%，接近 2009 年全球金融危机爆发时的情形。①

从融资来源看，三个因素造成拉美和加勒比地区投资增速不断下降。

一是国内信贷增速不断下降。在通货膨胀总体走高的背景下，拉美和加勒比地区大部分国家都维持紧缩性的货币政策，国内信贷增速不断走低。2011～2014 年，阿根廷的国内信贷增速从 59.5% 下降至 24.7%，巴西的国内信贷增速从 17.6% 下降至 9.5%，智利和墨西哥则分别从 12.1% 和 11.3% 下降至 7.6% 和 9.9%。不过，从 2015 年开始，该地区国内信贷增速出现分化，部分国家信贷增速出现恢复增长，如阿根廷 2015 年第一季度国内信贷同比增速达到 31%，第四季度恢复至 40.3%，墨西哥国内信贷同比增速也恢复至 11% 以上。但是部分国家的情况仍在恶化，如巴西 2015 年第一季度国内信贷同比增速为 11.8%，第四季度重新回落至 7.8%。②

二是流入拉美和加勒比地区的外国直接投资（FDI）不断下降。近年来，受国际大宗商品价格低迷、本地区经济增长减速等因素影响，拉美和加勒比地区吸引的外国直接投资不断下降。据联合国拉美和加勒比经济委员会的统计，拉美和加勒比地区 2015 年吸引外国直接投资为 1791 亿美元，比上一年下降 9.1%，为 2010 年以来最低值。分国家和地区来看，2015 年巴西吸引的外国直接投资下跌了 23%，哥伦比亚和智利分别下跌了 26% 和 8%，加勒比地区作为整体则下降了 17%。实际上自 2011 年达到顶点以后，流入拉美和加勒比地区的外国直接投资便不断下降，这对于该地区的投资，特别是自然资源部门投资带来负面影响。③

三是政府财政空间受限抑制政府投资。由于经济增长下滑，拉美和加勒比地区国家都不同程度地出现财政恶化现象。这至少从两个方面抑制投资的

①　以上数据来自世界银行，http：//data. worldbank. org/indicator/。
②　以上数据来自 ECLAC，"Economic Survey of Latin America and the Caribbean 2016"。
③　以上数据来自 ECLAC，"Foreign Direct Investment of Latin America and the Caribbean 2016"。

增长。一方面，拉美国家近年来针对经济增长下滑所实施的增加投资，特别是加大基础设施投资的计划可能由于财政恶化受到冲击；另一方面，为维持政府财政健康状况，政府可能会在某些公共领域削减开支，这将造成投资进一步降低。

长期较低的投资率已经使拉美和加勒比地区投资存在较大的缺口。如在基础设施领域，据联合国拉美和加勒比地区经济委员会的报告，拉美和加勒比地区各国每年需将其国内生产总值的 6.2% 投资于基础设施，这样到 2020 年基础设施需求才能得到满足，而在过去数年，该地区基础设施投资仅占其 GDP 的 2.7%。这意味着至少在基础设施投资领域，拉美和加勒比地区存在规模巨大的投资缺口。① 然而，从短期来看，拉美和加勒比地区要提高其投资水平仍然任重道远。

首先，经济增速下滑将进一步恶化投资信心。在 2015 年出现全球金融危机之后的又一次经济负增长之后，拉美和加勒比地区经济增长在 2016 年将会继续萎缩，并可能在未来几年保持低位增长。这将不断恶化投资主体信心。这种信心的恶化表现在多个方面，例如近年来流入拉美和加勒比地区的外资不断降低反映了外资企业的信心不足，而对一些国内投资调查则显示，企业的投资意愿也在不断降低，如来自巴西热图利奥·瓦加斯基金会对巴西工业企业的投资调查显示，2016 年上半年，巴西工业企业的投资意愿指数已经降至 2012 年以来的最低点。

其次，企业融资成本在短期内无法大幅降低。拉美和加勒比地区企业融资成本高表现在两个方面。一是国内货币紧缩所带来的高利率环境。由于通货膨胀高企，目前大部分拉美和加勒比地区国家都实施紧缩性货币政策，高利率抑制了企业扩大投资的意愿。不过，随着个别国家货币政策可能趋向宽松（如巴西），这一情况可能会有所改观。二是国际融资成本不断升高。随着美联储进入加息通道，美元逐步走强，将进一步拉升拉美和加勒比地区国

---

① ECLAC, "Countries in the Region Should Invest 6.2% of Annual GDP to Satisfy Infrastructure Demands", http：//www. cepal. org/en/pressreleases/paises – de – la – region – deberian – invertir – 62 – del – pib – anual – para – satisfacer – demandas – de, October 13, 2014.

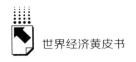

家国内借贷成本，造成信贷萎缩，不利于投资和经济增长。

此外，其他因素也可能对拉美和加勒比地区投资增长形成抑制。如大宗商品价格在短期内将会继续维持低位，这将限制对自然资源部门的投资，而对于某些国家来说，自然资源部门的投资占总投资的比例很高。而对于某些财政空间受限的国家，政府的投资计划可能会受到影响，同时还可能削减投资。投资难以恢复高速增长预示着拉美经济低速增长可能持续较长时间。

四　拉美地区经济形势展望

继 2015 年经济陷入负增长之后，2016 年拉美和加勒比地区经济或将再次陷入衰退。从内部来看，国内需求全面衰退，除投资出现大幅萎缩之外，作为经济增长主要动力的消费也出现萎缩。从外部需求来看，在全球经济减速的大背景下，与拉美地区存在紧密联系的美国经济和中国经济也不同程度走弱，国际大宗商品价格继续在低位徘徊，这限制了拉美地区的外部需求。从主要国家来看，2016 年巴西经济有望触底反弹，但是经济仍将维持在负增长格局，而墨西哥和阿根廷经济增长预计在 2016 年将会比 2015 年进一步走低，地区大国对本地区经济的拉动作用减弱。在这一背景下，预计 2016 年拉美和加勒比地区经济增长为 - 0.9%。2017 年，随着全球经济增长恢复，国际大宗商品价格企稳，拉美和加勒比地区经济有望恢复，但是依然面临较大的不确定性，预计经济增长在 1.1% 左右。

参考文献

ECLAC, Economic Survey of Latin America and the Caribbean: The 2030 Agenda for Sustainable Development and the Challenges of Financing for Development, 2016.

ECLAC, Foreign Direct Investment of Latin America and the Caribbean, 2016.

ECLAC/ILO, The Employment Situation in Latin America and the Caribbean: Recent Improvements and Persisitent Gaps in Rural Employment. Number 14, May 2016.

IMF，World Economic Outlook. October，2016.

IMF，Regional Economic Outlook：Western Hemisphere Managing Transitions and Risks，April 2016.

Valerie Cerra，"Inflation and the Black Market Exchange Rate in a Repressed Market：A Model of Venezuela."IMF Working Paper No. 16/159，August 03，2016.

中国社科院世界经济与政治研究所世界经济预测与政策模拟实验室：《全球宏观经济季度报告》，2016 年第三季度。

Y.8
西亚非洲经济：寻求经济增长新动能

田 丰[*]

摘　要：　2015 年西亚非洲地区经济增长放缓。预计西亚北非地区 2016
年经济增长略强于 2015 年，2017 年经济增长与 2016 年大致
持平；撒哈拉以南非洲地区 2016 年经济增长继续放缓，2017
年将小幅反弹。大宗商品价格（尤其是石油价格）下跌、政
治安全形势不稳以及全球经济金融形势相对不利是影响西亚
非洲地区经济增长的重要因素。西亚非洲地区主要经济大国
均试图通过结构性改革，改善商业环境，提高企业活力与竞
争力，推动经济多元化，减轻公共财政压力，培育经济增长
的新动力。

关键词：　大宗商品　结构改革　经济增长

正如我们在《2016 年世界经济形势分析与预测》中所预测的那样，
2015 年西亚北非地区的经济增长率为 2.1%。撒哈拉以南非洲地区 2015 年
的经济增长率为 3.4%，低于我们上年的预期 0.3 个百分点，而 IMF 调降的
幅度为 0.4 个百分点。相对而言，我们在《2016 年世界经济形势分析与预
测》中对西亚非洲地区经济发展态势的预测比较准确。

---

* 田丰，中国社会科学院世界经济与政治研究所研究员，主要研究领域：国际贸易、国际投资
与经济发展。

一 西亚非洲经济形势回顾：
2015年第三季度至2016年第二季度①

2015 年西亚北非地区经济增长率为 2.1% ，低于 2014 年 0.5 个百分点（见图 1）。石油价格大幅下降和地区政治安全局势不稳定是影响该地区经济增长的主要因素。预计 2016 年西亚北非地区经济增长情况将有所改善，推动力主要来自地区政治安全局势改善，具体包括：2016 年 1 月针对地区大国伊朗的所有国际和单边制裁基本解除、2016 年 1 月及 2 月利比亚和叙利亚分别达成政治协议。

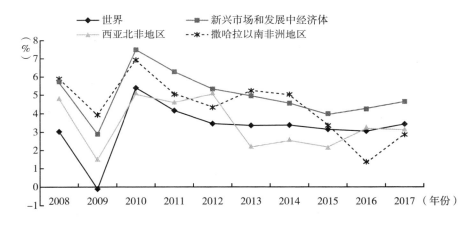

图1　世界及西亚非洲地区经济增长率

资料来源：IMF（2016a）。

2015 年西亚北非地区的石油出口国和石油进口国表现分化（见表 1），总体趋势是石油出口国经济增长相对于 2014 年放缓，石油进口国经济增长走强。2015 年该地区石油出口国整体经济增长率为 1.6% ，低于 2014 年经济增长 1 个百分点；石油进口国整体经济增长率为 3.8% ，显著高于 2014

---

① 在没有特别说明的情况下本节数据来自 IMF 世界经济展望数据库，2016 年 10 月 6 日下载。

年2.9%的水平①。从国别情况看，急剧下降的石油价格导致该地区绝大多数石油出口国2015年的经济增长率低于2000~2013年的平均水平。伊朗因低油价和解除制裁时间表的不确定性导致2015年经济增速明显放缓，2016年1月制裁基本解除使得伊朗经济前景看好，主要推动力来自原油产量的提高②、贸易与投资开放，同时伊朗金融服务、矿物、金属和制造行业未来发展前景看好，此外伊朗还拥有储量巨大的天然气资源有待开发。伊拉克通过将石油产量增加20%，在低油价情况下得以拉动经济走出衰退。③ 在西亚北非地区的石油进口国中，埃及经济在公共投资和私人消费支撑下2015年经济增长4.2%，而2014年仅增长2.2%；摩洛哥由于农业大丰收，2015年经济增长4.5%，高于2014年2个百分点；突尼斯尽管橄榄油产量创历史新高，但恐怖袭击和持续的社会动荡使得2015年经济增长放缓至0.8%。

表1　西亚北非地区国家经济增长率

单位：%

石油出口国	2014 年	2015 年	2016 年	2017 年	石油进口国	2014 年	2015 年	2016 年	2017 年
阿尔及利亚	3.80	3.90	3.57	2.91	埃　　及	2.24	4.20	3.83	3.95
伊　　朗	4.34	0.38	4.47	4.07	约　　旦	3.10	2.38	2.75	3.25
伊 拉 克	-0.45	-2.37	10.30	0.47	黎 巴 嫩	2.00	1.00	1.00	2.00
科 威 特	0.62	1.14	2.49	2.62	摩 洛 哥	2.55	4.51	1.85	4.79
利 比 亚	-24.03	-6.38	-3.32	13.73	苏　　丹	1.61	4.88	3.05	3.50
卡 塔 尔	3.98	3.66	2.63	3.36	叙 利 亚	—	—	—	—
沙特阿拉伯	3.64	3.49	1.19	1.98	突 尼 斯	2.26	0.80	1.50	2.80
阿 联 酋	3.08	3.97	2.26	2.50					

资料来源：IMF（2016a）。

除经济增长放缓以外，西亚北非地区石油出口国的宏观经济形势还面临多方面的压力，尤其是财政平衡状况和经常账户平衡状况恶化。一些海湾合

---

① 2014 年数据来自 IMF（2015），2015 年数据来自 IMF（2016a）。
② 2016 年 4 月原油产量为 360 万桶/天（MBD），高于 2015 年平均月产量 25%。数据来自 World Bank（2016a）。
③ 数据来自 World Bank（2016a）。

作委员会成员国[①] 2014 年财政收支大量盈余，2015 年则逆转为赤字，另有一些石油出口国 2015 年财政赤字相对 2014 年进一步增长。西亚北非石油出口国作为整体 2015 年经常账户逆差占 GDP 比例高达 3.8%，而 2014 年经常账户为顺差占 GDP 的比例为 8.9%[②]，两相比较，落差高达 12.7 个百分点。利比亚、阿尔及利亚、伊拉克和阿曼等国 2015 年甚至出现巨额双赤字。表面看，该地区绝大多数石油出口国货币的名义汇率得以保持稳定，其主要原因是这些国家实行钉住汇率制度。为在经济增长不佳的情况下维持汇率稳定，阿尔及利亚、伊拉克和沙特阿拉伯等国不得不大量动用外汇储备，而巴林、科威特、沙特阿拉伯和阿联酋等国则被迫在美联储 2015 年 12 月近十年以来首次加息后相继提高本国利率。市场预期油价持续低迷与美元未来升值引发了关于这些国家汇率制度可持续性的争论。此外，尽管海湾合作委员会成员国通胀问题目前并不突出，但是 2015 年进行的补贴改革将提高未来通胀的压力。[③] 受上述因素影响，2016 年初，巴林、阿曼和沙特阿拉伯等国的主权信用评级被降低。[④]

撒哈拉以南非洲地区 2015 年经济增长显著放缓，仅为 3.4%，而 2014 年为 5.1%。影响撒哈拉以南非洲地区经济增长的主要原因包括大宗商品价格走低、借贷成本上升以及地区大国发展情况不佳。可以看出，2015 年撒哈拉以南非洲地区石油出口国普遍经济明显放缓（见表 2），尤其是尼日利亚、刚果、乍得、赤道几内亚等国家，同时博茨瓦纳、赞比亚、南非等矿产

[①] 成员国包括阿联酋、阿曼、巴林、卡塔尔、科威特和沙特阿拉伯 6 国。2001 年 12 月，也门被批准加入海合会卫生、教育、劳工和社会事务部长理事会等机构，参与海合会的部分工作。

[②] 2014 年数据来自 IMF (2015)，2015 年数据来自 IMF (2016a)。

[③] 世界银行报告显示，西亚北非地区人口占全球的 5%、GDP 占全球的 3.3%，而其能源补贴则占全球的 48%，估计超过 2500 亿美元。伊拉克、伊朗和阿尔及利亚等石油出口国的能源补贴超过其 GDP 的 10%。海合会国家每年用于燃料和电力补贴的金额高达 1600 亿美元，相当于 6 国国内生产总值的 10%。埃及的燃料补贴是其医疗补贴的 7 倍多。报告称，能源补贴压缩了政府对医疗、教育的开支和投资，或将威胁到政府债务的可持续性。参见 World Bank (2014), MENA Economic Monitor: Corrosive Subsidies, October 2014。

[④] 《穆迪下调海湾国家主权信誉评级》，商务部网站，http://www.mofcom.gov.cn/article/i/jyjl/k/201603/20160301274730.shtml。

品出口国经济活动也大幅减弱。其他影响该地区经济体增长的因素包括：电力短缺，主要受影响国为尼日利亚、南非和赞比亚；埃博拉疫情，主要受影响国为几内亚、利比里亚、塞拉利昂；国内冲突，主要发生在布隆迪、南苏丹等国，冲突导致大量难民外逃，进而影响周边国家的稳定和发展；布基纳法索、乍得、马里、尼日尔和尼日利亚等国的增长因本国政治安全方面的不确定性而减缓。在整体经济增长放缓的大背景下，科特迪瓦和塞内加尔等西非经济货币联盟成员国（WAEMU）① 因出口较为多元化经济继续强劲增长，2015 年经济增长率分别为 8.5% 和 6.5%。强劲的内需②支撑卢旺达、埃塞俄比亚和坦桑尼亚等国的经济增长超过 7%。

表 2　撒哈拉以南非洲地区国家经济增长率

单位：%

石油出口国	2014 年	2015 年	2016 年	2017 年	中等收入国家	2014 年	2015 年	2016 年	2017 年
安 哥 拉	4.80	3.01	0.00	1.47	喀 麦 隆	5.93	5.80	4.80	4.20
乍 得	6.89	1.77	-1.11	1.68	科特迪瓦	7.92	8.54	7.98	7.98
刚 果	6.85	2.32	1.75	5.00	加 纳	3.99	3.88	3.34	7.38
赤道几内亚	-0.50	-7.44	-9.87	-5.81	塞内加尔	4.34	6.49	6.64	6.85
加 蓬	4.32	4.01	3.18	4.50	南 非	1.63	1.27	0.12	0.80
尼日利亚	6.31	2.65	-1.75	0.65	赞 比 亚	5.03	3.00	3.01	3.95
南 苏 丹	2.92	-0.17	-13.12	-6.07	博茨瓦纳	3.21	-0.26	3.11	4.03

资料来源：IMF（2016a）。

与西亚北非地区类似，大宗商品价格下跌导致撒哈拉以南非洲地区资源出口国贸易条件恶化。2016 年 2～3 月全球大宗商品价格反弹，减轻了资源出口国经济增长的压力。然而，从 IMF 大宗商品价格指数来看③，2014 年为 171，2015 年为 111，2016 年预计为 100。这意味着，2016 年大宗商品价格仍然延续 2015 年的跌势。而且从 IMF 预测看，直到 2021 年，全球大宗商品

---

① 成员包括贝宁、布基纳法索、科特迪瓦、马里、尼日尔、塞内加尔、多哥和几内亚比绍等。
② 主要是国内基础设施投资、建筑工程、服务业等部门扩张。
③ 包括能源与非能源大宗商品，基期为 2005 年，即 2005 年指数为 100。数据来自 IMF（2016a）。

价格水平仅略高于 2015 年，为 114，显著低于 2014 年。撒哈拉以南非洲地区资源出口国的贸易条件在中期难以明显改善。此外，还有一些因素对撒哈拉以南非洲地区国家的产出造成不利影响，包括尼日利亚石油产区的武装袭击导致石油产出显著下降，南部非洲一些国家的严重旱灾使得这些国家农业产出严重受损，南苏丹则因石油资源日益枯竭和国内政局动荡导致石油产出锐减。

大宗商品价格下跌严重影响了撒哈拉以南非洲地区国家财政状况和经常账户平衡状况。撒哈拉以南非洲地区国家财政赤字与 GDP 之比的中位数从 2014 年的 3.75% 提高至 2015 年的 4.5%，创五年来新高；政府债务率与 GDP 之比的中位数从 2014 年的 36.5% 上升至 2015 年的 48.5%[1]。安哥拉、莫桑比克和赞比亚等国由于财政赤字提升，主权债务评级已经被降低。在经常账户平衡方面，不仅石油出口国状况堪忧，石油出口以外的大宗商品出口国经常账户赤字也在扩大，原因在于大宗商品出口价格下跌的损失超过油价进口价格下跌的收益。

经济低迷和经常账户恶化导致诸多撒哈拉以南非洲地区资源出口国资本流动转向。尼日利亚 2016 年第一季度资本流动同比降低 74%，组合投资流入显著降低。尼日利亚股票市场总市值由 2015 年 5 月 28 日的 11.658 万亿奈拉减少到 2016 年 5 月 27 日的 9.926 万亿奈拉，也就是说在布哈里政府执政一年间，总市值缩水达 1.732 万亿奈拉。另据有关报告，2016 年第一季度，超过 1.053 万亿奈拉股票投资随尼日利亚股票市场贬值而蒸发，股市贬值达 10.79%[2]。同时，撒哈拉以南非洲地区国家跨境银行借贷和欧元债券发行也在减少。经济状况不佳一方面导致投资机会减少；另一方面致使外部融资条件收紧，主权债息差提升，发行欧元债成本提高，一些撒哈拉以南非洲地区国家因而主动放缓接触国际债券市场。大宗商品价格低迷导致出口国货币承受贬值压力，提高了以外币计价的公共债务。莫桑比克、赞比亚和安

---

[1] World Bank (2016a).

[2] 《尼日利亚近期有望出台新规重振资本市场士气》，http://www.mofcom.gov.cn/article/i/jyjl/k/201606/20160601336171.shtml。

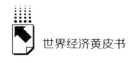

哥拉等国际债券市场发行者面临较高的汇率风险。

撒哈拉以南非洲地区资源出口国通胀压力提升，主要原因包括名义汇率贬值传导、旱灾减少食品供应以及能源补贴削减等。安哥拉、莫桑比克、尼日利亚和赞比亚总体通胀率已经超过央行目标，莫桑比克、南非、尼日利亚和安哥拉也因此收紧了货币政策。尼日利亚实施了外汇管制以稳定官方汇率，但是平行市场汇率相对于美元显著贬值，导致通胀提升，抑制了私人部门需求，降低了非石油部门产出和储备。相对于资源出口国的困境，坦桑尼亚、乌干达和肯尼亚等石油进口国通胀率降低，汇率稳定，肯尼亚和乌干达央行因而得以分别于 2016 年 4 月和 5 月降息以刺激经济。

二 西亚非洲主要国家经济形势回顾：2015年第三季度至2016年第二季度

（一）埃及

埃及经济状况明显改善。世界银行数据显示[①]，2014/2015 财年[②]埃及经济增长率为 4.2%，2013/2014 财年仅为 2.2%，预计 2015/2016 财年将维持在 4.3% 的水平。2016 年 6 月 26 日，埃及议会讨论政府 2016/2017 财年预算方案。根据方案，新财年 GDP 增长率为 5.2%，2017/2018 财年 GDP 增长率为 6%。埃及经济增长改善主要归因于政局稳定后国内需求走强。前总统穆巴拉克 2011 年离职后，埃及经历了漫长的政治过渡。目前，国内政治局势已经稳定，投资者信心提升，FDI 不断流入，天然气、制造业和房地产等部门增长强劲。

埃及经济增长也面临持续的挑战，2015 年 10 月底俄罗斯客机爆炸后旅游业受到严重影响，安全局势因反对伊斯兰极端分子的战斗而存在不确定

[①] World Bank (2016a).

[②] 埃及财年自 7 月 1 日起至次年 6 月 30 日止。

性；财政平衡和国际收支平衡状况恶化。埃央行（CBE）最新公布的数据显示，2015/2016 财年前 9 个月埃及国际收支赤字为 36 亿美元，比上一财年同期增长 26 亿美元；经常账户赤字为 145 亿美元，增长 61 亿美元；旅游收入为 32.57 亿美元，比上一财年同期（54.7 亿美元）减少 40%。高通货膨胀仍然困扰埃及。埃及中央公共动员与统计局（CAPMAS）称，2015/2016 财年埃通货膨胀率为 10.7%，比 2014/2015 财年（11%）略有下降。但数据显示，2016 年 6 月埃及消费者价格指数居高不下，达 14.8%。

为应对宏观经济面临的挑战，埃及采取了一系列措施。由于财政赤字扩大，埃及政府大量借贷，公共债务猛增。政府继而实施了旨在提高收入与合理化支出的财政整顿行为，同时向国际机构寻求支持。2016 年 8 月，埃及政府与国际货币基金组织签署了一项初步协议：IMF 今后 3 年将向埃及提供总额高达 120 亿美元的贷款，以帮助埃及摆脱经济困境；埃及将根据国际货币基金组织要求对经济进行改革，包括实施增值税和补贴制度改革、通过并实施《公务员法》、增加津贴、政府支出合理化、增加出口和减少进口等。为缓解国际收支长期失衡带来的外汇短缺压力，2016 年 3 月埃及央行宣布"采取灵活的汇率体制"，埃及镑当日贬值 13%。为应对通胀，2016 年 6 月 16 日埃及央行宣布利率提高 1%。埃及央行存款利率达 11.7%，放款利率也高达 12.75%，信用和借记的价格达 12.25%，是 2005 年埃及货币政策委员会成立以来的最高水平。

2016 年埃及经济增长前景审慎乐观，主要增长动力来自政府有效实施可持续发展战略，积极推动埃及结构转型和宏观经济改革。

（二）沙特阿拉伯

沙特阿拉伯经济增长显著放缓。2016 年沙特经济增长预期为 1.2%，为七年来最低值[1]，原油价格大幅降低是导致沙特经济增长率显著降低的重要因素。石化部门一直是沙特经济增长、出口收入与政府财政收入的主要来

---

[1] IMF（2016a）.

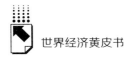

源。评级机构标准普尔 2016 年 4 月发布报告称，2015 年沙特石化部门的名义 GDP 贡献率为 28%。由于油价巨幅下跌，这一数字较 2014 年的 42% 大幅下降。当年，沙特石化部门出口贡献率为 80%，政府财政收入贡献率为 75%。①

鉴于普遍预期油价中期低迷，沙特政府认为唯有摆脱石油依赖、探求新的经济发展模式才是解决问题的根本出路。经过长期酝酿，沙特于 2016 年 4 月 25 日正式发布引领未来 15 年经济社会发展的纲领性文件——《2030 愿景》（以下简称《愿景》）。《愿景》明确，到 2030 年，使沙特在全球经济体的排名从目前的第 19 位提升至前 15 位，将油气行业本地化水平从 40% 提升至 75%，将公共投资基金的资产总额从 1600 亿美元提升至 18667 亿美元，将全球竞争力指数排名从第 25 位提升至前 10 位，将外国直接投资 GDP 占比从 3.8% 提高至 5.7%，将私营经济 GDP 贡献率从 40% 提升至 65%，将非油外贸出口占比从 16% 提升至 50%，将非油政府财政收入从 1630 亿里亚尔提高至 10000 亿里亚尔，将失业率从 11.6% 降低至 7%，将中小企业 GDP 贡献率从 20% 提高至 35%，将劳动人口中的妇女占比从 22% 提升至 30%，实现可再生能源发电 9.5 吉瓦，将军工行业本地化水平从 2% 提高至 50%。

沙特宣布，将围绕《愿景》逐步推出若干配套规划和实施方案，包括国家转型计划、公共投资基金重组计划、战略合作伙伴计划、私有化计划、公务员绩效考评计划、公共部门管理计划等。2016 年 6 月沙特通过《国家转型计划》（简称 NTP），将《2030 愿景》中的各项目标细化为须于 2020 年前实现的具体指标，分解到政府各相关部门，并逐一设定关键绩效指标（KPI）。NTP 的目标是，到 2020 年，将沙特非油财政收入从 1635 亿里亚尔提高至 5300 亿里亚尔；将公共资产规模从 3 万亿里亚尔提升至 5 万亿里亚尔；维持石油日产能 1250 万桶，将日炼化产能从 290 万桶提升至 330 万桶；将干气（Dry Gas）日产量从 120 亿立方英尺提升至 178 亿立方英尺；将非

---

① 《标准普尔发布沙特宏观经济预测数据》，商务部网站，http://www.mofcom.gov.cn/article/i/jyjl/k/201604/20160401292901.shtml。

油出口额从 1850 亿里亚尔提升至 3300 亿里亚尔；将国际信用评级从 A1 提升至 Aa2；创造 45 万个非政府就业岗位；将吸收利用外国直接投资从 300 亿里亚尔提升至 700 亿里亚尔；将可再生能源发电比提升至 4%；将矿业的 GDP 贡献度从目前的 640 亿里亚尔提升至 970 亿里亚尔；建设一座国际海运工业城，每年减少进口额 120 亿美元；将旅游业投资从 1450 亿里亚尔提升至 1715 亿里亚尔。计划还提出，为减轻财政负担，沙特拟从私营部门募集 NTP 项目建设资金的 40%，对"有害商品"和外国劳动力的境外汇款课税，并缩减公共部门薪资支出 5%。[①]

在具体措施方面，沙特政府为推动经济转型于 2015 ~ 2016 年启动了一系列改革，包括制定和实施政府改革、战略定位、财政平衡、项目管理、法规审查及绩效考核等计划；通过了《商业法》等多部法律；建立中小企业委员会；创立风险投资基金；允许外资全资拥有批发零售企业；计划于 2018 年开始征收增值税等税种；大幅调整政府机构，优化政府运转。

随着改革的推进和油价回升，预计 2017 年沙特经济增长状况将有所好转。

（三）尼日利亚

尼日利亚经济自 2015 年底以来增长乏力，面临衰退风险。1999 ~ 2014 年，尼日利亚年均经济增速高达 8%，然而在 2015 年第三季度，经济增速下滑至 2.84%。2015 年尼日利亚经济增速为 2.65%[②]，大幅低于 2014 年增长 6.3% 的水平。据尼日利亚国家统计局最新公布的数据，2016 年第二季度，尼日利亚国内生产总值为 23.48 万亿奈拉，同比下降 2.06%。IMF 预计[③]，2016 年尼日利亚经济增长率将为 - 1.8%，相对于 2016 年 4 月的预测大幅调降 4.1 个百分点。

---

① 《沙特公布"国字"转型计划》，http：//sa. mofcom. gov. cn/article/zfdy/201606/201606013 36242. shtml。

② IMF（2016a）.

③ 同上。

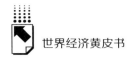
尼日利亚严重依赖石油经济，国际油价下跌已对该国经济造成严重影响，2015 年财政赤字与 GDP 之比已达 3.8%，出口下降 40% 左右，导致经常账户余额与 GDP 之比由 2014 年的 0.2% 降至 2015 年的 −3.1%[1]。随着国外资本流入显著放缓，2015 年底尼日利亚外汇储备下降至 283 亿美元。为了保持外汇储备，尼日利亚央行采取外汇管制措施，对依赖外汇供应的私营企业造成严重冲击。2016 年 8 月尼日利亚消费者价格指数（CPI）较上年同期上涨 17.6%。[2]

安全仍然是尼日利亚经济发展的重大挑战。在东北部地区，军队加强了对恐怖组织的打击，国内流离失所者估计超过 200 万，人道主义局势继续恶化。2016 年 6 月 2 日，尼日利亚政府刚宣布原油日产降至 160 万桶，周末阿吉普、雪佛龙和壳牌石油公司在尼日利亚的石油设施就接连再次遭遇武装分子袭击，两公司日产原油因此减少 14 万桶，以每桶 48 美元计算，日损失超过 672 万美元（13 亿奈拉）。尼日利亚的石油产出因而与 2016 年财政预算设定的日产 220 万桶原油目标差距继续扩大。

2016 年以来尼日利亚政府采取了多项措施以提振经济，包括自 2016 财年预算中划拨 3500 亿奈拉（约合 17.8 亿美元）来加大道路、电力等基础设施建设力度；加强与州政府的合作并逐渐提高增值税税率、推动实现税收来源多元化、拓展增值税纳税群体；通过举债增加基础设施建设等领域的财政支出、在基础设施建设领域引入公私合营模式（PPP）；保障贫困人群和脆弱人群的基本生活需求；确保资本项目支出在预算中的占比不低于 30%；央行（CBN）出资重建农业银行以支持农业发展，将农业领域贷款利息率控制在两位数以下，对农产品和农机设备免税，每个州政府种植具有竞争力的农产品以实现粮食自给自足等。预计 2017 年尼日利亚经济可能缓慢复苏，但仍存在继续下行风险。

---

[1] IMF（2016a）.

[2]《8 月尼日利亚 CPI 同比上涨 17.61%》，http：//www.mof.com.gov.cn/article/tongjiziliao/swfalv/20160901395475.shtml。

（四）南非

与尼日利亚类似，南非也面临着经济衰退的风险。2015 年南非经济增速预计从 2014 年的 1.6% 跌至 1.3%，系 2008 年全球金融危机以来的最低水平，也低于大多数新兴市场经济体和大宗产品生产国，2016 年南非经济增速可能将进一步跌至 0.1%。与增速显著放缓伴随的是南非人均收入水平不断下滑，2016 年预计为 5000 美元左右，而 2011 年为 8000 美元。[①] 南非经济学家大卫·卢德特认为，如果将人口增长（1.7%）、失业等因素考虑在内，只有 5% 以上的经济增长率才能确保南非贫困问题得到改善，而南非最近的经济增长率在 5% 以上的年份得追溯到 2005～2007 年。[②]

2015 年南非失业率居高不下，为 25.3%，尤其年轻人失业率高达52.5%。高失业率不仅影响了经济增长，严重的黑人失业问题还被认为是南非收入不平等日益扩大的主要原因。目前南非基尼系数为 0.69，是世界上最高的国家之一。南非团结工会和艾特姆 ETM 分析所（ETM Analytics）联合公布的劳动市场指数（LMI）显示，南非 2016 年第二季度 LMI 为 42.1，较上一季度的 41.2 有小幅增长。50 是 LMI 表示工作和薪资安全度不增不减的临界点。因此，尽管南非第二季度 LMI 有所增长，但低于 50 的数字意味着南非就业市场连续 6 年下行。[③]

以消费者价格指数衡量，南非 2015 年通胀为 4.6%[④]，仍在 3%～6% 的目标区间内，但由于持续的货币贬值和二十年来最严重的干旱，预计 2016年上涨为 6.4%[⑤]。粮食和农业政策局最新公布年度基准线显示，南非食品价格因旱灾和兰特急剧贬值而上涨，南非最贫困人群首当其冲。基本食物篮

---

① IMF（2016a）.
② 《专家表示南非经济增速应保持在 5% 以上》，中华人民共和国驻南非共和国大使馆经济商务参赞处，http：//za. mofcom. gov. cn/article/ztdy/201607/20160701366564. shtml。
③ 《研究指出南非缺乏就业安全度》，中华人民共和国驻南非共和国大使馆经济商务参赞处，http：//za. mofcom. gov. cn/article/ztdy/201609/20160901386071. shtml。
④ IMF（2016a）.
⑤ 同上。

子，包括大米和黑面包等的主食，2016 年 4 月较上年同期上涨 23.8%。研究人员表示，2017 年前三个季度平均食品通胀预期为 10.75%①。

南非还面临被国际评级机构降级的风险。国际评级机构标准普尔 2016 年 6 月宣布，将南非主权信用评级维持在 "BBB –"，仅比垃圾级高出一个级别，并将其评级展望维持 "负面"。标普警告说，如果南非政府不能扭转经济增长乏力的状况，将有可能在 2016 年底或 2017 年初下调南非评级。2016 年 9 月，另一家国际评级机构穆迪将南非国家电力公司（Eskom）、南部非洲发展银行（DBSA）、南非工业发展公司（IDC）和兰德银行（Land Bank）等南非 "最为敏感的" 几家国有公司列入降级审核名单。南非财长戈尔丹同时表示南非主权评级有超过 50% 的概率会被调降。如果 2016 年底遭降级，南非经济 2017 年陷入衰退的可能性将大增。

三　西亚非洲地区经济展望

预计西亚北非地区 2016 年的经济增长会好于 2015 年，2017 年经济增长预期与 2016 年大致持平。影响该地区经济增长的几个主要因素包括：国际石油价格、地区安全状况以及地区主要经济大国结构转型进展。

世界银行预期 2016 年平均油价为每桶 41 美元，2017 年每桶 50 美元，2018 年每桶 53 美元②。鉴于石油出口国占该地区 GDP 的 4/5，2017 年石油价格的预期反弹将提升区域增长。如果 2016 年平均石油价格没有达到预期或 2017 年继续下滑，该地区经济增长前景将减弱，财政状况恶化，钉住汇率制度面临更大的压力，部分国家主权评级将被降低。③

西亚北非地区安全状况存在高度不确定性。叙利亚各方曾于 2016 年 9

---

① 《旱灾和兰特疲软推动食品价格上涨　南非最贫困人群首当其冲》，http：//www. mofcom. gov. cn/article/i/dxfw/gzzd/201608/20160801380892. shtml。

② World Bank (2016a).

③ 从最近的一些发展看，石油价格下行的压力确实存在，包括沙特阿拉伯 2016 年 5 月宣布增加 2016 年产量，2016 年 4 月中旬各主要石油出口国之间的冻结产量协议草案破裂，2016 年 1 月制裁放松后伊朗加大石油生产和出口。

月 19 日达成停火协议，但在实施不到一周后夭折，随即冲突升级，致使数百人伤亡。伊拉克安全局势高度不稳定，2016 年 5 月民众冲击政府机构并占领议会，与恐怖组织的战斗处于胶着状态。利比亚 2015 年 12 月签署政治协议，同意结束分裂，共建民族团结政府，但国民代表大会一直未向民族团结政府授权，引发双方矛盾，利比亚陷入政治僵局。

西亚北非地区主要经济大国均试图通过结构性改革来减轻公共财政的压力，构建经济增长新动力。商业环境缺乏竞争力、劳动市场效率低下、金融市场发展不够、基础设施不足且质量差一直是西亚和北非国家经济发展的痼疾，最近的国家评估表明一些西亚和北非国家的营商环境相对于其他新兴与发展中经济体，差距比十年前更大①。沙特阿拉伯和埃及均积极实施改革，推动本国经济转型，然而改革计划的合理性与实施效果仍然有待观察。

撒哈拉以南非洲地区预计 2016 年经济增长再次放缓，2017 年将小幅反弹。撒哈拉以南非洲地区未来增长将取决于大宗商品价格走势、全球经济增长情况以及区域内国家的国内调整措施等因素。预计区域内不同国家经济走势仍将显著分化。具体来看，2016 年尼日利亚、南非和安哥拉等地区三大经济体增长疲软，有衰退风险；科特迪瓦、肯尼亚、塞内加尔等国因基础设施投资和私人消费强劲等原因增长情况较好；加纳因发现新油田、电力供应改善而温和增长；赞比亚受铜价走低和电力短缺影响经济走势放缓；政治安全不确定性拖累了布隆迪、布基纳法索、马里和尼日尔的增长；卢旺达、坦桑尼亚和乌干达内需强劲，经济向好。

撒哈拉以南非洲地区国家需要寻求经济增长的新源泉以应对持久的较低大宗商品价格。绝大多数国家需要充分动员国内资源，具体措施包括：完善非资源税税收体系，扩大税基，强化税收监管，更好地管理跨国公司转移定价，公开透明适当征税。撒哈拉以南非洲地区国家还需要进行规制和结构改革以提高商业活动的活力与竞争力，推动经济多元化，扩大基础设施投资，

---

① World Bank（2015）.

进行能源部门改革以改善供应，降低电力和物流成本，减少服务贸易的规制障碍，提高教育质量，提高中小企业和弱势群体的金融可获得性。

参考文献

AfDB，OECD，and UNDP（2016）. African Economic Outlook，May 2016.

IMF（2016a）. World Economic Outlook（WEO），October 2016.

IMF（2016b）. Regional Economic Outlook：Sub－Saharan Africa，May 2016.

IMF（2016c）. World Economic Outlook（WEO）：Too Slow for Too Long，April 2016.

IMF（2016d）. Regional Economic Outlook：Middle East and Central Asia，April 2016.

IMF（2015）. IMF World Economic Outlook（WEO），October 2015.

World Bank（2016a）. Global Economic Prospects，June 2016.

World Bank（2016b）. Africa's Pulse，April 2016.

World Bank（2015）. Doing Business Indicators 2016，October 2015.

World Bank（2014）. MENA Economic Monitor：Corrosive Subsidies，October 2014.

Y.9
中国宏观经济形势分析与展望

张 斌　徐奇渊*

摘　要：　中国经济在 2016 年经历了超出预期的反弹。此前一度非常流
行的通缩担忧大大缓解，工业企业利润有显著改善。这一切
主要来自以房地产为代表的周期性行业反弹。然而，周期性
行业反弹对中长期的经济增长信心提振有限，中国经济下行
的趋势并未结束，推动经济增长的中长期力量还在减退，经济
潜在增速还在下降。中国正在经历的经济结构转型，与高收入
国家曾经历的经济结构转型期经验高度一致，无须对经济增速
下降过度担忧，但需要尽快突破经济增长新动能所面临的瓶
颈。本文提出了三个方面的对策措施：大都市圈建设、关键服
务业领域改革试点、推进发达地区的政府职能改革试点。

关键词：　经济周期　结构转型　房地产

一　周期性行业显著反弹

近十多年的宏观经济运行呈现比较明显的宏观经济短周期现象，短周期
一般持续 14 个季度左右。驱动宏观经济短周期的关键力量是房地产市场和
信贷政策的互动循环力量。宏观经济短周期运行的大致逻辑如下：房地产销
售上升→房地产价格/房地产投资上升→整体经济上升，通胀上升→货币政

---

* 张斌，中国社会科学院世界经济与政治研究所研究员；徐奇渊，中国社会科学院世界经济与
政治研究所副研究员。

策紧缩预期→信贷和货币总量下降→房地产销售下降→房地产价格/房地产投资下降→整体经济下降,通胀下降→货币政策放松预期→信贷和货币总量上升→房地产销售上升。这形成了一个周而复始的周期性运动①。

在最新一轮的中国宏观经济短周期中,2015 年第一季度末是本轮宏观经济周期触底反弹的起点。时间顺序上看,M2 增速和房地产销售增速在2015 年第一季度达到周期最低点后开始反弹;房价增速于 2015 年第二季度开始触底反弹;由于房地产企业前期偿还债务负担较重,房地产企业需要减轻债务负担后再开始新一轮投资,这一轮房价反弹后的房地产新开工面积反弹时间稍长,一直到 2015 年第四季度末才开始触底反弹;紧接着是工业增加值于 2016 年第一季度以后开始触底反弹。时至今日,房地产销售增速达到了新一轮的反弹高点。房屋新开工面积、房价增速、工业增加值增速仍在周期反弹的高点。得益于周期性行业反弹,2016 年以来铁矿石、钢铁、水泥、玻璃等周期性行业较强的商品都出现了强有力的价格反弹,此前担忧的PPI 严重通缩问题极大缓解。

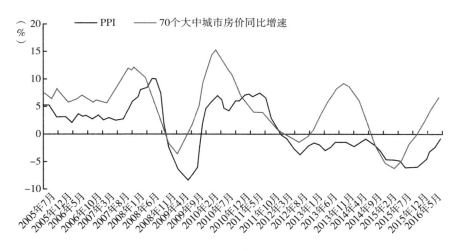

图1 PPI 与房价增速

资料来源:Wind 数据库。

---

① 参阅张斌《中国经济的短周期》,《中国货币市场》2016 年第 11 期。

这里提出的中国宏观经济短周期的运行机制与 Borio（2014）所表述的金融周期运行机制有类似的地方，也有明显的差异。类似的地方在于房地产市场、信贷与宏观经济涨落存在密切的反馈关系。主要的区别在于①中国的房地产和信贷周期时间较短，一般在 3 年左右，且与宏观经济周期高度吻合。Borio 所发现的金融周期时间较长（10 ～ 15 年）且长于一般的宏观经济周期。②机制上的差异是在中国的房地产和信贷周期中，由于房地产投资在经济中的规模较大，房地产投资本身起落所带来的上下游关联效应更强。

二 潜在经济增速近期内仍在下滑

基于国际经验估计得到的中国经济潜在增速，是对未来较长时期经济平均增速的估计，且估计差异很大，不适用于判断近期潜在经济增速变化方向，也不适用于判断当前经济处于潜在经济增速的上方还是下方。

专栏 1 分歧较大的中国潜在增速估计

国内知名学者对中国的潜在增速有多种估计，估计结果差异很大。主要的估计方法都是将中国类似发展阶段的国际经验应用到中国。林毅夫（2015）、张军等（2016）等根据东亚国家赶超发展的国际经验，立足于中国人均收入相对于美国人均收入水平还很低的事实展开研究，认为中国经济赶超潜力还很大，他们估计未来中国还有相当长的时间能够保持较大的经济增长潜力。刘世锦等（2013）同样是根据东亚成功的赶超经验，立足于人均绝对收入在接近 1 万国际元以后经济增速会下个台阶的事实展开研究，认为中国经济目前也到了 1 万国际元的收入阶段，经济增速会下一个台阶，未来中国经济增速在 6% 左右。白重恩教授侧重于劳动生产率增长的国际经验并结合中国劳动人口变化，蔡昉教授团队基于生产核算的方法并重点考虑了人口因素对劳动和资本投入的影响，他们估计中国未来 5 年经济潜在增速在

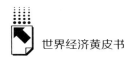

6% ~6.5%之间①。

除了学术界的这些估计，市场对中国经济未来潜在增速的估计也不少。有些悲观的分析认为中国目前的经济增速已经被严重高估，未来五年潜在经济增速不到5%甚至更低。

在讨论当前潜在经济增速变化方向之前，有必要讨论一下潜在经济增速概念。潜在经济增速是在给定自然资源约束和制度条件约束下，能够实现的可持续经济增速。维持在潜在增速未必能够让经济资源得到充分有效利用。打个比方，如果该破产的企业不能破产，劳动力持续闲置；如果某项产品或者服务存在旺盛的需求和严格的供给抑制，资源不得不进入效率较低的领域甚至是闲置。上述情况下经济资源都没有得到充分利用，且维持较长时间，这种情况下的潜在经济增速会低于把这些资源都能充分有效利用的经济增速。

计算潜在增速的通常做法是用滤波估算。这种估算方法的好处在于避免过多的假设，基于历史信息（以及这些信息背后所反映的自然资源约束和制度条件约束）形成对经济增速趋势的看法。这里我们通过HP滤波取GDP增速、工业增加值增速、固定资产投资等几个关键实体经济指标的趋势值，三个指标非常一致地处于持续下行通道当中，目前还看不到经济下行趋势已经探底企稳的迹象。

三　结构转型取得进展

国际经验显示，人均GDP超过8000~9000国际元（1990年不变价格）以后，成功进入高收入阶段的经济体都要经历从制造业到服务业的转型。从制造业到服务业转型的具体表现是工业部门的就业、增加值占比以及消费当中的工业品占比达到高点后进入持续下行通道；服务业部门中的人力资本密

---

① 白重恩与蔡昉教授的研究结论均来自尚未发表的研究报告。

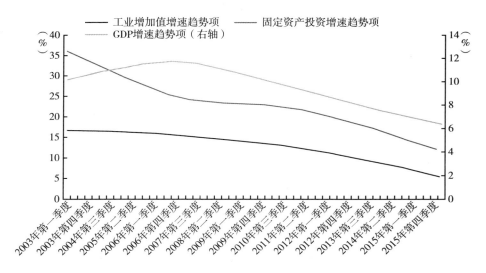

图2　重要宏观经济指标的趋势项

资料来源：Wind 数据库。

集型就业、增加值占比以及消费占比持续提升。

从人均收入、工业部门增加值占比、就业占比以及工业品消费支出占比等多个维度综合考查，中国经济已经度过工业化拐点（张斌，2015）。2010年中国人均 GDP 为 8032 国际元，接近国际经验中发生从制造业向服务业转型的收入门槛临界值，2015 年人均 GDP 接近 11500 国际元。从增长值占比看，名义工业增加值占比在 2006 年达到过去 30 年的高点 41.8%，此后开始持续下降。从就业占比看，第二产业（主体是工业部门）就业占比的高点是 2012 年的 30.3%，此后持续下降。农民工制造业份额自 2008 年发布以来持续下降，从 2008 年的 37.2% 下降至 2015 年的 31.1%。从消费支出占比看，在不完整的消费支出统计中，制造业产品消费支出占比 2011 年达到高点，此后持续下降。中国的结构转型所对应的收入水平、工业增加值占比所达到的峰值水平与发达国家高度一致，中国整体上不存在过早去工业化问题。未来经济结构调整主要应该在两个方面做加法，一是工业部门的产业升级，二是人力资本密集型服务业发展。

中国工业部门产业升级取得显著进展。在中高端工业品领域，中国与发达国家还有相当距离，但中国制造的赶超步伐稳健。除了日常生活看到的华为、美的、海尔、格力、小米、海信、长城汽车等一大批中国品牌在国内和国际市场竞争力的持续提升之外，终端商品背后的中间品生产领域也在持续进步。造就中国工业内部产业持续升级的推动力，一方面是开放和高度竞争的市场环境，另一方面是中国独特的规模经济优势。中国是世界上最大的制造业产品生产国和消费国，中国制造业企业面临更广阔的市场和产业集群优势。

技术/人力资本密集型服务业引领经济增长不仅是国际经验，也完全符合中国近年来的发展事实。我们计算了近五年主要分项服务部门的增加值增速与 GDP 增速之比的平均值，比值大于 1 说明该部门增长引领经济增长，小于 1 则说明该部门增长落后于经济增长。结果表明，在 14 大类服务业当中，有十大类服务业增速快于 GDP 增速，其中尤以卫生、社会保障和社会福利业，租赁和商务服务业，金融业，科学研究、技术服务和地质勘查业，水利、环境和公共设施管理业增长突出，上述产业多数需要较高人力资本投入。有四大类服务业增速低于 GDP 增速，分别是交通运输、仓储及邮电通信业，住宿和餐饮，居民服务和其他服务业，公共管理和社会组织，其中多数产业人力资本要求相对较低。

表 1　服务业增长表现

高于 GDP 增速的服务业	与 GDP 增速之比	低于 GDP 增速的服务业	与 GDP 增速之比
卫生、社会保障和社会福利业	1.093	交通运输、仓储及邮电通信业	0.995
租赁和商务服务业	1.074	住宿和餐饮	0.991
金融业	1.063	居民服务和其他服务业	0.978
科学研究、技术服务和地质勘查业	1.060	公共管理和社会组织	0.975
水利、环境和公共设施管理业	1.057		
批发和零售业	1.022		
教育	1.022		
信息传输、计算机服务和软件业	1.018		
房地产业	1.012		
文化、体育和娱乐业	1.002		

资料来源：国家统计局，作者计算。

尽管如此，技术/人力资本密集型服务业的发展与现实需求之间仍有巨大差距。人力资本密集型服务业近年来的整体增长虽然超过 GDP 增长，但仍赶不上需求端的增长。近年来居民生活抱怨最多的是所谓"三座大山"：住房、孩子上学、老人看病。住房难和住房贵背后的问题不在于房子本身，而在于房子所在地理位置附带的交通和公共服务质量，所反映的是城市公共管理和城市公共服务缺陷。老人看病难和孩子上学难，也都反映了医疗和教育供给的不足。"三座大山"集中凸显了当前中国的人力资本密集型服务业供求矛盾的困境。

四　政策讨论

稳妥的做法是把握好刺激政策节奏。当前在处于周期较高位置的时候节制使用货币和财政刺激政策，重点是用结构性改革抬升趋势性增速。刺激性货币和财政政策的好处在于刺激投资和增加就业，缺点是这部分投资是超出市场资源配置能力之外的额外投资。从经验上看投资边际回报很低且给金融部门留下了更高的坏账率，给未来的经济增长留下后遗症。也正因为刺激性货币和财政政策代价不菲，所以要谨慎使用，要放在经济周期下行期的后半场和底部使用，而不要在经济周期的上行期和顶部使用。如果在经济周期上行期和顶部也使用刺激性政策，经济周期下行期和底部就更要用，这样就时时刻刻离不开刺激政策，最终把货币和财政政策用到极限，没有政策工具可用。在当前阶段，政策着力点是通过结构性改革政策遏制趋势性增速下行，使其向潜在增速靠拢。结构性改革政策的要点是释放经济增长新动能。

（一）技术/人力资本密集服务业发展是释放新动能的中流砥柱

无论是基于国际经验还是中国近年来的发展轨迹，都不难看出技术/人力资本密集型服务业具备长期持续的需求增长潜力，是引领经济增长的最重要组成部分，是今后 GDP 中占比最高的部门。全球经济竞争当中，劳动力和资本相对容易替代，人力资本最稀缺、最难以替代。技术/人力资本密集型服务业发展不仅是提高生产和消费型服务的过程，也是人力资本积累的过

程。保持和提高中国经济未来的核心竞争力，主要应该落实在技术/人力资本密集型服务业发展。技术/人力资本密集型服务业发展与工业内部产业升级不但不矛盾，反而是相辅相成的。

技术/人力资本密集型服务业的发展面临诸多瓶颈，比较突出的是行业规制扭曲、未能及时转换的政府工作重心、大城市土地供应限制和城市公共管理落后等。

1. 国企和事业单位并非做不好技术/人力资本密集型服务业，瓶颈在于行业规制扭曲下的不充分竞争

国企和事业单位主导了医疗、教育、交通通信、金融、科研、文化娱乐等众多技术/人力资本密集型服务业。在普遍存在的行业垄断或者政府保护和补贴措施环境下，诸多国有企业和事业单位的选择不是优质低价，而是劣质高价，这种环境下换成私人企业也会选择劣质高价。放开对技术/人力资本密集型服务业的行业准入，建立行业内公平竞争的市场环境才能充分激励更多的资本和人力流入这些部门，才能激励这些部门的效率提升和进一步发展。

2. 公共服务和公共管理面临巨大缺口，瓶颈在于未能及时转换的政府工作重心

相当一部分技术/人力资本密集型服务业由政府或者非营利组织提供。与更高收入水平的国家相比，中国在卫生、社会保障、社会福利、水利、环境、公共设施管理、基础科学研究等众多应该由政府或者非营利组织提供的公共服务和公共管理领域存在巨大缺口。造成这种局面的主要原因在于地方政府工作重心不在于此。绝大多数地方政府把上述领域视为包袱，把地方产业发展和地方 GDP 增长视为政绩。

3. 大城市是技术/人力资本密集型服务业创新发源地，瓶颈在于住宅用地供应限制、城市公共管理和服务型基础设施落后

技术/人力资本密集型服务业发展与大城市发展密切相关。大城市人均收入更高，对技术/人力资本密集型服务业需求更高；大城市的城市规模大且人口密度更高，更容易满足很多服务业的集聚效应门槛。大城市与中小城市的比较优势就在于提供更高质量的技术/人力资本密集型服务。中国目前的大城市发展严重受制于土地政策，尤其是住宅用地收紧。2009~2015年，中国一线城市的住宅土地供应从2009年的超过2000万平方米下降到2015年的1455万平方米；与此相对应的住宅工地楼面均价从不足6000元上升到11000元。一线城市住宅用地价格上涨超过房价上涨，成为高房价中不合理成分的根本推手。扭曲的高房价遏制了人口流入大城市和大城市发展，也遏制了技术/人力资本密集型服务业的创新和发展。

除了高房价对大城市发展的遏制，交通拥堵、空气污染等城市病也在制约大城市的发展。城市病来自人口的集聚，但是解决城市病的出路不在于遏制人口集聚，而在于改善城市公共管理和城市基础设施建设。中国一线城市的人口密度远低于纽约、东京、香港等大都市，而这些大都市的城市病严重程度却远低于中国一线城市，这是不争的事实。差距就在于中国大城市的公共管理和基础设施建设滞后。

专栏2 高房价归咎于谁

高房价背后，有合理因素支撑的一面，也可能有不合理因素支撑的一面。这里要做的是找到高房价背后的不合理因素支撑的一面，才找到了应归咎的原因。房价背后同样是供给和需求两方面的作用。需求方面，最好的代表性指标是广义货币增长，因为广义货币增长比较完整地覆盖了潜在购买力增长。供给方面有诸多要素，土地供应、开发商和建筑成本，等等，中长期而言最好的代表性指标是土地供应。土地价格是大城市商品房价当中最重要的组成部分。

出于分析的方便，我们对于房价做出以下区分：合理房价、没有泡沫但不合理的房价、存在泡沫且不合理的房价。所谓合理房价即是房价背后的供求双方不存在严重扭曲情况下形成的房价。没有泡沫但不合理的房价是指房价背后没有过度的货币增长，房价没有泡沫，但是由于土地供应或者其他方面的供给面扭曲带来房价的严重扭曲。打个比方，收入水平高带来对高档餐饮需求的提高，高档餐饮价格上涨，但如果政府不允许额外开设高档餐饮，那么高档餐饮的高价就是没有价格泡沫但不合理的价格。存在泡沫且不合理

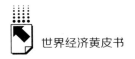
的房价是供给方的扭曲造成了不合理房价，同时存在着过度货币增长带来房价泡沫，不合理的房价进一步加剧。

存在泡沫且不合理的房价与宽松的货币政策有关，但不必然归咎于货币过于宽松。当且仅当房价泡沫非常严重以至于带来系统性金融危机的时候，才能将房价泡沫归咎于货币政策。为什么呢？价格泡沫在市场上普遍存在，不是所有价格泡沫都归咎于过多的货币。考虑这么一种情景：一方面是经济严重不景气，另一方面是房价已经虚高，继续增加货币有助于克服经济不景气但是会带来房价泡沫。这时候货币政策就要做出权衡，如果房价泡沫严重程度会带来系统性金融危机，增加货币发行所带来的短期收益就不足以弥补其成本，房价泡沫应归咎于过多的货币；反之，增发货币带来的房价泡沫还不足以严重威胁到整个金融体系，增发货币的收益就大于成本。

中国一线城市如此高的房价当中，究竟有多大泡沫成分呢？迄今为止，研究界难以对房地产价格泡沫给出有说服力的证据。中国一线城市的房价收入比接近20。仅从这个指标来看房价确实超出了多数居民的购买能力，但考虑到一线城市每年非常低的新房供给增量和高收入者的流入，房价虽高但并不意味着房价存在严重泡沫。更好度量房价泡沫的指标是杠杆率。如果购房过程中使用了过度高的杠杆，或者全国购房抵押贷款与GDP之比过高，则意味着透支购房情况或者购房债务负担比较严重，高房价难以持续的可能性越大。从这两个指标来看，中国的20%～30%的贷款首付比处于国际正常水平。另据万科的调查数据表明只有60%的居民购房过程中申请抵押贷款，且平均贷款占房价的比率为60%，由此可见家庭购房的杠杆率较低。中国住房抵押贷款余额与GDP之比虽然在逐步上升过程，但截至目前也只稍稍超过20%，从国际比较来看处于较低水平①。

---

① "住房抵押债务占GDP比例"指标。据统计，"2013年瑞典、荷兰、丹麦均超过了100%，美国、英国、澳大利亚、加拿大、挪威等大体上在60%～80%，德国、法国、日本、韩国、新加坡等在40%～50%。"以上内容转引自刘洪玉《中国房地产企业杠杆率偏高》，http：//www. dichanren. com/News/1272753。

高房价中的不合理成分很难在需求端的货币增长上找到证据，很容易在供给端找到证据。中金公司梁红女士的报告指出①，中国城镇住宅建设用地供应量过少。中国只有 0.89% 的土地被用作城镇建设用地，仅 0.3% 可用作建设住宅，这一比例在美国分别为 2.7% 和 1.4%，在日本分别为 5% 和 3%。

城镇住宅用地的供给不足在人口流入的一线城市中更加突出，且近年进一步恶化。遏制一线城市土地供应有多种解释但缺少合理依据。遏制土地供应增加卖地收入显然不是个正当理由。遏制土地供应推高房价并以此减少人口流入和缓解城市病也不是正当理由。中国一线城市中心城区的人口密度远低于纽约、东京、香港，而这些城市的城市病远低于中国一线城市。不着力于改善城市公共管理和公共基础设施建设，而通过遏制土地供应和高房价解决城市病是在扼杀城市的生命力，更不能成为合理理由。

（二）打破新动能发展瓶颈需要政府职能做出一系列的重大改革，要找到突破口，循序渐进

政府职能需要改革的地方很多，同时在多个领域推进改革很可能由于准备不充分和多方面矛盾叠加难以成功。根据以往改革成功的经验，找到恰当的改革突破口是关键。恰当的突破口应满足以下几方面的条件。①经济增长矛盾的树干部分，不是树枝或者树叶部分。树干部分是最突出的经济发展瓶颈，突破该瓶颈后会得到显而易见的经济成效，赢得对继续推进改革的信心和支持。②依靠政府才能解决的问题，而不是依靠市场目前尚未解决但未来会解决的问题。③近期比较容易达成共识。在满足以上三个条件下，改革措施如果能在推进结构改革的同时刺激短期经济增长更佳。根据以上几个原则，下面对近期的经济增长新旧动能平

---

① 梁红：《增加住宅土地供应　大城市可考虑跨省换地》，http://business.sohu.com/201605 06/n447931188.shtml。

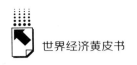
稳转化提出如下建议。

1. 大都市圈建设

北、上、广、深等大都市圈建设。重点不在于进一步扩大都市圈范围，而在于提高现有都市圈范围内的土地利用效率（包括但不限于城中村和城乡接合部改造、城市土地用途转换等）；显著扩大住宅用地供应；加大通勤列车、停车场等公共交通及相关基础设施建设、公共交通的互联互通建设，以及地下网管建设等。

2. 关键服务业领域改革试点

在医疗、教育、科研等领域推进改革试点。本着政府做好基本保障，剩下交给市场的基本原则，尽可能地吸引国内和国外资本的参与，尽可能地营造公平竞争的市场环境。事业单位的社会保障和人事制度改革要与之匹配。对上述行业监管的重点是信息披露，把问责的权利留给专家和媒体，把评价和选择的权利留给市场。鉴于上述领域改革普遍面临的不一致意见，不宜短期内全面推进，一届政府比较彻底地做好一个领域的改革就是重大成绩。

3. 推进发达地区的政府职能改革试点

新的发展阶段需要政府，尤其是发达地区政府的工作重心由以经济建设为中心转向以公共服务为中心。政府在工作目标、财政资源分配、政府部门设计等方面都要做出与之匹配的调整。对于地方政府的工作业绩评价，除了上级的指导意见，还要充分考虑到地方民众的声音。只有充分保障地方民众、媒体对地方政府各部门监督和问责的权利，才能真正把公共服务作为评价地方政府工作成效的标尺。

参考文献

Borio C.，"The financial cycle and macroeconomics：What have we learnt?"．*Journal of Banking & Finance*，2014，45：182 – 198.

林毅夫：《新常态下经济仍有 8% 的增长潜力》，《居业》2015 年第 1 期。

张军、徐力恒、刘芳：《鉴往知来：推测中国经济增长潜力与结构演变》，《世界经济》2016 年第 1 期。

刘世锦、陈昌盛、何建武：《未来十年展望：潜在增长率下降，新增长阶段开启》，《中国发展评论》（中文版）2013 年第 2 期。

张斌：《从制造到服务：理论经验与中国问题》，《比较》2015 年第 5 期。

专 题 篇

Special Reports

Y.10
国际贸易形势回顾与展望：面临减速风险

马 涛*

摘　要：　2015年全球贸易形势并未明显改善，2016年上半年全球货物
贸易量虽呈现温和回升，但与4月WTO预测的2.8%的全年
增速仍相距甚远，以致9月WTO将此下调为1.7%。世界经
济复苏依然乏力，全球贸易增长仍面临减速风险的局面越来
越明显。我们判断，2016年全球货物贸易增速能追平2015年
的可能性较小，贸易量增长率将不会超过2%。在未来一个
时期内，全球贸易发展的风险仍将是经济下行的掣肘，预计
2017年全球贸易增速将在2.5%左右。全球贸易提振需要切
实的贸易增长战略和有效的经贸治理方案。G20杭州峰会通
过的《G20全球贸易增长战略》，为促进全球贸易和经济可持

---

* 马涛，经济学博士，中国社会科学院世界经济与政治研究所副研究员，主要研究领域：国际
贸易、全球价值链、低碳经济等。

续发展指明了方向。此次峰会提出构建创新、活力、联动和包容的世界经济，以此鼓励 G20 成员积极参与国际经贸治理，为提升全球经贸发展活力贡献力量。

关键词： 国际贸易　增长预测　G20 全球贸易增长战略　经贸治理

一　2015年国际贸易形势回顾

2015 年全球贸易增长未见明显改善，仍面临减速风险。2015 年全球货物贸易增速连续四年低于 3% 的水平，实际贸易量增速为 2.8%[①]（WTO，2016）。

2015 年全球名义货物贸易额为 16.5 万亿美元，比 2014 年的 19 万亿美元下降了 13%。[②] 全球名义贸易额的大幅下滑主要归因于大宗商品价格和汇率的剧烈波动，也深受中国经济增速放缓、美国反弹的能源生产以及主要经济体具有差异性货币政策的影响。金融市场的波动还影响了商业和消费者的信心，并可能减少全球对一些耐用品的需求。

2015 年全球 2.8% 的实际货物贸易量增速是进出口贸易量增长的平均值，也是在考虑了国家间通货膨胀率和汇率差异并进行调整之后的增速。近几年来，全球实际货物贸易量增速保持了低速、平稳的状态，这种趋势可能会掩盖 WTO 成员在地理区位上对贸易量增速贡献的变化。在进口增长方面，亚洲自金融危机后对全球贸易复苏的贡献远多于其他地区，但是亚洲近两年的进口量增长也开始放缓，主要与中国和亚洲一些国家的经济降温有关。2015 年，亚洲对全球 2.6% 的进口增长仅贡献了 0.6 个百分点（即占世界进口增长的 23%）。欧洲在金融危机后对全球进口需求贡献不大，但是

[①] 本文作者在《2016 年世界经济形势分析与预测》中对 2015 年全球货物贸易量增速的预测是不超过 3.0%，与 WTO 公布的 2.8% 较为接近。

[②] 贸易额是名义的贸易规模，贸易量是剔除价格变动等因素后的实际贸易规模。

2015 年欧洲对世界进口量的增长做出了显著的贡献，对全球进口量 2.6% 的增长率贡献了 1.5 个百分点（即占世界进口增长的 59%）。近两年，逐步复苏的欧盟内贸易促成了欧洲贸易的反弹。这在很大程度上得益于欧洲债务危机的消退。此外，北美国家对全球进口增长也做出了贡献。

在出口增长方面，2011～2014 年间，亚洲比其他地区对实际货物出口量增长的贡献都要大。但是在 2015 年，亚洲对出口增长的贡献却不及欧洲，对全球货物 3% 的出口增长仅贡献了 1 个百分点（即占世界出口增长的 35%）。而欧洲对全球 3% 的出口增长则贡献了 1.3 个百分点，约占世界出口增长的 44%。2015 年，北美国家几乎没有对全球实际出口量增长做出贡献，中南美洲国家和地区对其仅有略微的正增长。2015 年，石油生产国的出口增长和亚洲进口的滑落使得能源价格下降，即能源供给超出了需求致使价格下跌。

全球进出口贸易增长的区域和结构也发生了显著变化。在过去几年里，中国和其他发展中经济体对进口产品和服务的强劲需求有助于缓冲放慢的 GDP 增长，而发达经济体，特别是欧元区的进口需求则较为疲弱。但是，2015 年，欧洲和北美国家进口的复苏弥补了发展中经济体（特别是亚洲发展中经济体）乏力的进口需求。2015 年，全球贸易出现了显著的波动，在第二季度大幅下降之后，下半年则出现反弹。发达经济体第二季度进出口额的下降比世界平均水平要低，但是所有经济体都不同程度地受到贸易放缓的影响（见表 1）。2015 年，全球商业服务出口额出现了 6% 的下降（以美元计），其深受汇率波动的影响，特别是美元对美国的贸易伙伴国货币普遍升值以及欧元和英镑对美元的贬值。

表 1　2015 年世界主要国家和地区的货物贸易增长情况

单位：十亿美元，%

指标	出口					进口				
	出口额	年度变化				进口额	年度变化			
时间	2015	2010～2015	2013	2014	2015	2015	2010～2015	2013	2014	2015
世界	15985	5.5	2.3	0.3	-13.5	16340	1.5	1.3	0.7	-12.4
北美	2294	6.1	1.9	3.1	-8.0	3151	3.3	0.1	3.4	-4.7
美国	1505	6.1	2.2	2.6	-7.1	2308	3.2	-0.3	3.6	-4.3
加拿大	408	5.2	0.6	3.6	-14.0	436	1.6	-0.1	0.9	-9.1
墨西哥	381	7.4	2.5	4.5	-4.1	405	5.5	2.8	5.3	-1.5

指标	出口					进口				
	出口额	年度变化				进口额	年度变化			
时间	2015	2010~2015	2013	2014	2015	2015	2010~2015	2013	2014	2015
中南美洲	540	3.7	-2.6	-6.5	-21.2	622	1.2	3.2	-4.0	-15.9
巴西	191	2.8	-0.2	-7.0	-15.1	179	-1.4	7.4	-4.6	-25.2
其他中南美国家	349	4.2	-3.8	-6.2	-24.2	443	2.4	1.3	-3.7	-11.4
欧洲	5958	4.8	4.8	0.4	-12.4	5899	0	1.5	1.2	-13.2
欧盟（28）	5387	4.4	4.6	1.3	-12.5	5316	-0.4	0.9	2.2	-13.4
德国	1329	4.4	3.1	3.4	-11.0	1050	-0.1	2.3	2.2	-13.0
英国	460	5.0	14.3	-6.6	-8.9	626	1.1	-5.1	4.6	-9.4
法国	506	2.6	2.2	-0.1	-12.2	573	-1.3	1.0	-0.7	-15.4
荷兰	567	4.0	2.5	0.2	-15.7	506	-0.4	0.5	0	-14.2
意大利	459	4.3	3.4	2.2	-13.4	409	-3.4	-1.9	-1.1	-13.8
独联体国家（CIS）	500	5.7	-2.4	-5.7	-32.0	345	-3.7	-0.1	-11.4	-31.9
俄罗斯	340	5.6	-1.1	-4.9	-31.6	194	-4.8	1.8	-9.8	-37.0
非洲	388	1.4	-6.1	-8.2	-29.6	559	3.1	3.2	2.1	-13.8
南非	82	-0.1	-3.7	-5.1	-10.3	105	1.6	-0.6	-3.5	-14.2
石油出口国	157	-0.6	-11.4	-13.7	-44.2	167	2.3	9.9	1.4	-17.7
非石油出口国	150	5.9	3.8	0.1	-16.5	288	4.3	0.9	4.8	-11.2
中东	841	9.1	-0.1	-4.4	-34.7	747	5.1	4.4	1.7	-4.5
亚洲	5464	6.0	2.3	2.6	-7.9	5018	2.1	1.1	0.1	-14.6
中国	2275	10.4	7.8	6.0	-2.9	1682	3.8	7.2	0.5	-14.2
日本	625	-2.7	-10.5	-3.5	-9.5	648	-1.3	-5.9	-2.5	-20.2
印度	267	9.3	6.1	2.5	-17.2	392	2.3	-5.0	-0.5	-15.3
NIE（4）	1176	4.4	1.3	1.3	-10.8	1105	0.1	-0.3	1.1	-16.5

注：NIE（4）包含中国香港、韩国、新加坡和中国台湾。石油出口国包括阿尔及利亚、安哥拉、喀麦隆、乍得、赤道几内亚、利比亚、尼日利亚、苏丹、刚果和加蓬共和国。

资料来源：Trade Statistics and Outlook，WTO（2015）。

二　2016年国际贸易的走势分析

（一）对2016年国际贸易形势的基本判断和分析

全球贸易正经历着的这段漫长、不间断且低速的正增长是前所未有的。

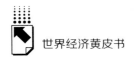

金融危机之后，持久且稳健的贸易反弹并未真正出现，各国对全球经济的整体忧虑也在加剧。今年4月，WTO预测，2016年全球实际货物贸易量增速为2.8%，其预测是基于对市场汇率的实际GDP的调查估计。根据这些估计，2016年世界GDP的增长率为2.4%，其中发达国家的增速略微缓慢，发展中国家则温和增长。发达国家和发展中国家的出口增速不相上下，分别为2.9%和2.8%。同时，发达国家的进口增速比发展中国家的要高，前者为3.3%，后者为1.8%。

全球贸易增长并未朝着乐观的方向发展。2016年9月，WTO预测2016年全球实际货物贸易量将仅增长1.7%，这将是自2008年金融危机以来最低的增长率，而且相比该机构在4月预测的2.8%大幅降低。WTO总干事罗伯托·阿泽维多认为，贸易增长的急剧减速是严重的，应该起到一个警钟的作用。全球贸易增长仍然面临减速的风险，各国应予以重视。重新承诺开放贸易，将有助于刺激经济增长。从2016年上半年的贸易数据看，全球贸易增长依旧乏力，要追平2015年贸易增速的可能性较小，WTO下调全球贸易增速也使得人们对贸易复苏的希望寄托于2017年度。

1. 基于几个指标走势的判断

第一，国际航运指数的变化显示了全球货物贸易在经历了2015年的低谷后开始小幅回升。国际航运市场是体现国际贸易景气的一个最直接的指标，干散货运输市场波罗的海综合运价指数（BDI）就体现了国际航运市场的发展情况。图1的BDI指数显示，从2015年10月国际航运开始出现急剧下滑，直至2016年2月下滑至谷底的290点。此后开始平稳、小幅回升，尽管其间有轻微波动，但到9月基本稳定在700多点。这说明，全球货物贸易在经历"寒冬"之后开始缓慢复苏，恢复的可持续性值得进一步关注。

第二，全球需求开始从低谷向回暖转变，制造业复苏较为明显。从2016年第二季度全球各项需求指标在长时间下行之后，开始出现反弹，反弹的可持续性也值得关注。从全球的采购经理人指数（PMI）看，尤其是制造业，自2013年开始连续下滑，到2016年初出现了触底反弹的逆转。其中，全球综合PMI新订单值比其他几个指数要高，说明全球需求还有所期

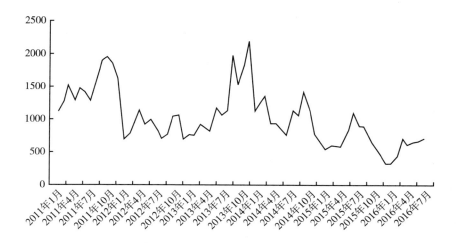

图1　干散货运输市场波罗的海综合运价指数 BDI

资料来源：根据凤凰网财经的价格指数绘制，http：//app. finance. ifeng. com/data/indu/jgzs. php。

待，将以此推动下半年的全球贸易增速。相比 2015 年，图 2 中几个指数均低于52％，可见全球需求还很低迷，尤其是制造业的 PMI 指数仅恢复至51％左右，比全球服务业 PMI 和全球综合 PMI 新订单指数均低。由此可见，尽管各项 PMI 指数均有反弹趋势，但是反弹幅度和扩张趋势还有待进一步关注，这表明实体经济的压力依然存在。

2. 对主要经济体的经济增长分析

第一，美国经济增长遭遇挫折，日本经济持续低迷但尚未恶化。大宗商品价格下降和需求滑坡助长的普遍低通胀现象有可能恶化，发达经济体可能会变成一个全面的通缩陷阱。国际货币基金组织（IMF）7 月对美国经济增长的预测结果，从此前的 2.4％下调至 2.2％，并认为限制贸易的政策将成为扼杀经济增长的"罪魁祸首"。即便这样，美国经济仍是全球经济阴沉中的一个亮点，也是新兴市场国家出口的主要增长源之一。乐观来看，美国需求尚在复苏，美元强势会压低进口商品价格，从而提振需求。同样，作为发达经济体的日本，更需要实施经济刺激，才能转变持续低迷的状态。第一季

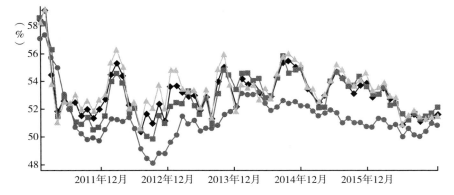

图2　全球分类别PMI和新订单指数

资料来源：Wind数据库。

度，日本经济按年利率计算增长了1.7%，远超增长0.3%的预期。尽管日本实施了负利率并推迟了消费税率上调的计划，仍然无法摆脱多年来时隐时现的通缩"阵痛"。

第二，欧元区经济复苏依然缓慢，但是增长潜质犹在。由于英国脱欧，欧元区经济面临新的风险。欧元区经济前景目前尚不明朗，通胀率徘徊在零附近。欧盟统计局数据显示，欧元区7月通胀率为0.2%，比6月的0.1%有所上升，但仍远低于欧洲央行略低于2%的目标。9月，欧元区经济景气指数大增，走高至104.9点，为2016年1月以来最高值。欧元区经济信心的提振主要来源于大幅上涨的工业信心，同时强劲的零售业以及建筑业数据也有所贡献。德国、法国、意大利、西班牙和荷兰等主要经济体的经济景气指数改善幅度最为明显。这主要归因于工业信心增强，市场对总订单数、生产预期以及完成品库存的评估急剧改善。

第三，新兴市场国家经济增长前景不容乐观。IMF对新兴市场国家的未来发展较为悲观，IMF在7月预测，新兴市场的经济增速从2015年的4.6%降至2016年的4.2%，低于4月的预测值。中国和印度的增长前景没有变化，中国增速将在6%左右，印度增速将超过7%，印度经济增速将再超中国。同时 IMF 将其对墨西哥和巴西的2016年增长预测分别调降0.6和0.5个百分点，至2.4%和-1.5%。中国经济在从投资和出口拉动型增长模式转向消费拉动型增长模式过程中继续探索。

表2　2016年1～6月世界分地区实际贸易量

单位：亿美元

	1月	2月	3月	4月	5月	6月	合计
进口	12958.5	13077.3	12943.2	12818.1	12882.0	12958.4	77637.5
发达经济体	7908.1	8033.7	7888.9	7900.2	7835.2	7927.7	47493.8
美国	2009.9	2063.1	1938.7	1971.2	1984.4	2019.1	11986.3
日本	580.8	588.6	577.1	555.3	583.2	585.2	3470.3
欧元区	3479.6	3502.3	3448.1	3444.0	3394.6	3399.4	20668.3
其他发达经济体	1837.9	1879.4	1925.0	1929.6	1873.1	1924.0	11368.9
新兴经济体	5050.4	5043.6	5054.4	4917.9	5046.8	5030.7	30143.8
亚洲新兴经济体	3540.5	3503.8	3577.4	3439.6	3615.8	3557.5	21234.7
中东欧	238.7	242.3	242.5	241.8	239.0	240.7	1444.9
拉美	683.1	704.2	693.0	690.5	656.1	688.3	4115.4
非洲和中东	588.1	593.2	541.4	545.9	535.9	544.1	3348.6
出口	13501.3	13591.5	13498.1	13531.0	13342.4	13437.9	80902.1
发达经济体	7405.1	7467.1	7414.7	7448.9	7311.5	7364.7	44412.1
美国	1261.5	1293.0	1269.2	1291.4	1274.0	1272.2	7661.3
日本	698.3	704.4	711.9	702.2	702.3	732.0	4251.1
欧元区	3811.0	3818.2	3823.8	3839.3	3767.6	3769.5	22829.6
其他发达经济体	1634.3	1651.4	1609.8	1616.0	1567.7	1591.1	9670.4
新兴经济体	6096.3	6124.5	6083.5	6082.2	6031.0	6073.3	36490.8
亚洲新兴经济体	4321.8	4302.6	4311.6	4304.6	4262.0	4279.7	25782.4
中东欧	383.9	396.1	391.2	393.7	393.2	400.7	2358.8
拉美	775.2	816.7	772.8	762.6	746.0	759.7	4633.0
非洲和中东	615.1	608.9	607.7	621.0	629.5	633.0	3715.2

资料来源：根据荷兰经济政策研究局（NBE）《2016年世界货物贸易监测数据》计算。

（二）2016年上半年国际贸易的基本情况

第一，与2015年同期相比，2016年前6个月全球实际货物贸易量较上年同期有温和回升，但是幅度不大。从 1 月的同比 1.2% 的负增长，到不足 1% 的正增长，再到 6 月几近于零增长，上半年经历着温和回升。从全球贸易量的环比增长情况看，上半年的波动较大，大体呈现曲折的"V"字形状，1 月、4 月和 5 月的波动使得实际贸易量环比变化看起来很不"平滑"。但是，无论上半年贸易量月度环比还是月度同比增长率波动，均比 2015 年同期要平缓得多。

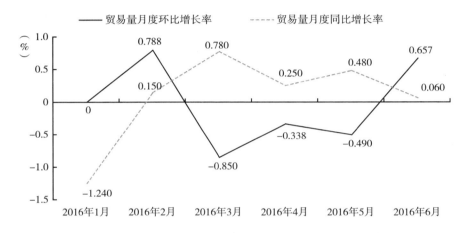

图 3 2016 年 1～6 月全球货物贸易增长的月度变化

资料来源：根据荷兰经济政策研究局（NBE）《2016 年世界货物贸易监测数据》计算。

第二，分国别看，发达经济体的出口量和进口量均明显高于新兴经济体，进口量尤为突出（见表 2）。从各月的进口量看，发达经济体，特别是欧盟国家、美国、日本等均有小幅波动。新兴经济体的进口量明显低于发达经济体，说明新兴经济体对外部的需求在减弱。其中，亚洲新兴经济体的进口量各月较为平稳，非洲和中东国家的进口下滑幅度较大一些。从各月的出口量看，发达经济体各月的出口较为平稳，其中日本在 6 月有一个显著提升。新兴经济体各月的出口也没有异常的变动，亚洲新兴经济体出口也较为平稳，拉美国家 2 月的小幅提升导致其有轻微波动。

第三，新兴经济体贸易增速有所回落，不及金融危机后对全球贸易增长的大幅提振作用。作为新兴经济体出口的两大市场，美国和欧盟近两年从新兴经济体的进口有所回落。从贸易额看，2013～2015 年美国从中国以外的新兴市场进口总值不断下降，主要是石油和其他大宗商品价格不断下降以及美元走强造成的。欧盟从新兴经济体的进口曾在 2014 年恢复增长，但 2015 年再度下滑。上述变化成为新兴经济体货物和服务出口在 2015 年首次出现下降的主要原因。

（三）对2016年下半年国际贸易形势的预测

2016 年 20 国集团（G20）杭州峰会提出了《G20 全球贸易增长战略》，欲以多个渠道提升全球贸易发展。2016 年上半年，全球贸易延续了比上年同期更为低速的发展态势，下半年期待能借助 G20 峰会提出的增长战略有所起色。今年 4 月初，WTO 预测 2016 年国际贸易量将增长 2.8%，与 2015 年的实际增幅相同。这一预测也充斥着下行风险，贸易量增长连续五年低于 3% 的水平，并且与全球经济整体增长大致同步的情况是不寻常的。同时，IMF 也下调了全球经济增长率至 3.4%，由此看来，全球贸易增速在 3% 以下的可能性极大。全球贸易复苏在一定程度上受到"爬行保护主义"的影

图 4　全球货物贸易实际值与趋势预测

资料来源：根据 NBE 数据预测得到并绘制。

响，各方在设法实施新的贸易壁垒。贸易放缓的最大因素是需求停滞，而投资复苏缓慢加剧了放缓的严重性。

图4是全球货物贸易量的实际值和预测趋势，从2016年上半年全球贸易量的实际值和预测值看，两者是较为吻合的。从年中至下半年，全球贸易将实现一个较为平稳的增长（详见图中曲线的虚线部分，作者使用了双指数平滑预测方法，其中包含了趋势变动）。从预测的数据看，2016年7~12月，全球实际货物贸易量较上半年（约79323亿美元）将有一个较为显著的提升，约为79660亿美元，但相比2015年下半年的79406亿美元，同比增长不到1%，增幅的微弱程度可见一斑。基于此，我们认为2016年全球货物贸易还将会交上一份平淡的"成绩单"，贸易增速大幅提升的局面难以改观。我们预测，2016年全球货物贸易量增速将不足2%。

三　国际贸易热点：G20峰会助力全球经贸增长

20国集团贸易投资工作组首次成为2016年G20杭州峰会的工作组之一，可见经贸治理在全球治理中显得越发重要。在全球贸易和投资发展乏善可陈的今天，找到促进贸易投资增长的有效途径至关重要。

（一）利用全球贸易增长战略促进贸易发展

2016年7月，20国集团贸易部长会议批准了"三份文件"，其中之一就是《G20全球贸易增长战略》，为促进全球贸易和经济可持续发展指明了方向。20世纪90年代以来，世界各国实际利率不断下降导致资本成本下降；与此同时，新兴和发展中经济体的劳动力成本也处于低点。较低的资本和劳动力成本，导致生产在全球布局，跨国公司在低劳动力成本的国家进行生产，从而引起全球贸易快速增长。

金融危机以来，全球外部需求持续乏力、贸易保护主义卷土重来，新兴经济体在金融危机后引领贸易复苏的潜力也渐失。这些都导致了全球贸易增速大幅滑落。全球贸易增长放缓的程度远远超过人们的预期，对增速放缓的原因仍存在分歧。

1. 积极抵制贸易保护主义，摆脱贸易低迷增长

根据瑞士圣加仑大学发布的《全球贸易预警报告》，从 2008 年以来，G20 经济体采取了 1583 项新的贸易限制措施，截至目前，仅取消了 387 项此类措施。自 2015 年 10 月中旬至 2016 年 5 月中旬，G20 经济体相当于每周出台近 5 项新的贸易限制措施，为危机以来最高水平。基于此，我国倡议 G20 将不采取贸易保护主义措施的承诺延长至 2018 年，一是承诺不采取新的贸易保护主义措施，二是逐步减少和取消已经采取的贸易限制措施。全球贸易限制措施的增多，势必会使本已疲弱的世界贸易雪上加霜。无论是对跨国公司还是仅仅做出口的外贸企业，日益增加的贸易壁垒是当前企业生存和发展的现实环境。例如，全球 500 强的通用电气（GE）表示，面对日益高涨的贸易壁垒，公司将转向采用"本地化"策略，而非全球化战略。

2. 降低贸易成本，刺激贸易增速

在宏观层面，降低贸易成本的关键是推进世界范围内的贸易便利化程度。尽管全球贸易限制措施的数量在增多，但 WTO 成员方采取了较之更多的贸易自由化措施，所以，贸易保护主义还是难以超越贸易便利化进程加快的速度。在全球范围内提升贸易便利化的进程，不仅可以有效预防贸易保护主义的滋生，还可以促进全球乃至区域贸易发展。

WTO 的《贸易便利化协定》（TFA）是有效降低贸易成本的多边贸易协定。G20 国家应当引领 WTO 成员率先在 2016 年底前使 TFA 在各国国内获得批准，并在 2018 年底前全面实施 TFA。根据 OECD 和 WTO 预测，TFA 的全面实施可将全球贸易成本降低 15%。

3. 增强贸易融资，扩大企业出口能力

加强现有多边贸易融资促进项目的贸易融资是解决融资缺口的最有效途径。全球约 80% ~ 90% 的出口贸易依赖于贸易融资，增强企业贸易融资，特别是对中小企业的贸易融资是提升最贫困国家和发展中国家出口能力的坚实基础。贸易融资和企业出口能力休戚相关，越是处在成长和发展壮大阶段的企业对外部资金的需求越多，对融资的依赖程度越高。金融机构对外贸企

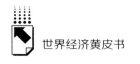

业资金链的可靠保证是促进贸易稳定增长的前提条件。

4. 发展服务贸易是提升贸易增速的重要途径

长期以来,服务业在全球经济中占有重要地位。世界银行 2012 年发布的世界发展指标显示,2010 年服务业增加值占全球 GDP 的比重为 70%,而 2000 年为 68%,1990 年仅为 57%。同样,服务贸易在国际贸易中的份额也不可小觑,WTO 认为在国际贸易中跨境服务交易的比重占到总贸易额的 1/5。2009 年,G20 国家出口中内含的服务贸易平均占比为 42%,个别国家(地区)如美国、英国、印度、法国和欧盟达到或超过 50%。

现在很多国家都在积极利用大数据、物联网等新技术打造服务贸易新型网络平台。不断推进服务贸易便利化和自由化,降低服务贸易障碍,以此带动全球贸易向高速增长的快速反弹。

(二)在 G20 框架下进行全球经贸治理

G20 贸易投资工作组首次成为 2016 年 20 国集团峰会的工作组之一,可见经贸治理在全球治理中显得越发重要。G20 成员应该积极参与国际经贸治理,为提升全球经贸发展活力贡献力量。

今年 G20 智库峰会提出了构建创新(Innovative)、活力(Invigorated)、联动(Interconnected)和包容(Inclusive)的世界经济,这也是指引 G20 经贸治理的四个理念。各国也需要在这四个理念下积极参与国际经贸治理。

1. 全球投资规则体系建设和自由贸易试验区战略是国际经贸治理的重要内容,这将践行 G20 提出的制度创新(Innovative)理念

今年的 G20 峰会提出全球投资指导原则,营造开放、透明和有益的全球投资政策环境,促进国际国内投资政策协调。例如,中国推行的自由贸易试验区建设,目的是在国内先行先试一批新的做法。例如,准入前国民待遇和负面清单管理模式、贸易便利化措施、金融服务业开放和事中事后监管等制度创新。中国推动这些新规则在上海、天津、广东和福建四大自贸试验区内落地,目的是率先在这些试验区试行国际经贸新规则,为更好地建立双边自由贸易协定、尽快构建开放型世界经济进行制度创新。

2. 通过 G20 长效机制化建设刺激增长，以此保持全球贸易活力（Invigorated）

G20 成员应尽快批准并实施《贸易便利化协定》（TFA），这将有效促进多边贸易体制发展。G20 国家应当引领 WTO 成员率先在 2016 年底前使 TFA 在各国国内获得批准，并在 2018 年底前全面实施 TFA。中国已经于 2015 年 9 月批准并通过《贸易便利化协定》，成为 WTO 中第 16 个接受议定书的成员，对协定的尽早实施起到了重要的推动作用。加入 TFA 是 G20 积极推动贸易自由化进程，维护 WTO 多边贸易体制核心地位的重要举措，也是在 G20 全球治理平台下参与国际经贸治理的有效途径。此外，在微观层面，G20 应该倡议增加对外贸企业的优惠政策，降低企业进出口的交易成本，提升外贸企业的融资水平，以此促进全球贸易增速的反弹。

3. 加强全球经济的联动（Interconnected）效应，"一带一路"倡议是中国参与全球经贸治理的引领性举措，强化了沿线国家的经济联动

"一带一路"倡议为沿线国家在 G20 框架下参与经济全球化和国际经贸治理拓宽了思路、指明了新方向。在亚太区域合作和北美自贸区合作基本成熟的情况下，"一带一路"倡议带动的沿线区域价值链将引领区域合作的发展方向。其所形成的区域价值链不仅能使沿线国家成为互联经济体，同时在此基础上，还能发挥价值链的其他辐射作用。"一带一路"沿线国家在资金、技术、市场和政策支持等方面具有较强的比较优势，只要依托各自优势，取长补短，就能不断壮大沿线国家的经贸实力。"一带一路"倡议下的区域经贸合作更可以看作是区域经贸治理，这种治理体现在带动沿线国家的产能合作和企业"走出去"，有利于各国产业的优化升级，促进产业间的合作，形成优势互补的发展动力。

4. 构建包容协调的全球价值链，不仅体现国际经贸治理的包容性（Inclusive），也将推动经济全球化向纵深发展

G20 贸易投资工作组的一个议题就是加强全球价值链的能力建设，以此推动发展中国家和中小企业融入其中。包容的全球价值链是贸易投资发展的重要驱动力。国际组织一直倡导各种规模企业，尤其是中小企业，积

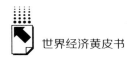
极参与并充分利用全球价值链，同时也鼓励其他发展中国家更深入地参与并创造更多价值链。众所周知，全球价值链的发展改变了世界经济格局，也改变了全球的贸易、投资和生产模式。随着经济互联的不断深化，全球价值链的纽带作用更显重要。共享、开放、包容的全球价值链，为融入其中的各个国家提供了发展的机会。当然，各国在参与全球价值链分工的同时，还应该考虑到要与国际经贸新规则融会贯通，使两者相互促进。这就需要认清发达国家制定规则的真实目的，防止其成为构建包容性全球价值链的羁绊。

四 2017年国际贸易形势预测

从当前形势看，全球贸易发展的风险仍然是经济下行的掣肘。发达国家商业和消费者信心的滑落在近期尤为显著。2016年欧盟国家和美国GDP增长缓慢，2017年期望有所反弹。欧洲央行宽松的货币政策可能会刺激欧元区的增长，并提升其对货物、服务和进口的需求。亚洲金融不稳定有所减轻，如果经济增长高于或者低于市场预期，还将会重现金融动荡的局面。

2016年初全球贸易形势有所回暖，在这样的开局背景下，WTO在4月预测，2017年全球货物贸易量增速为3.6%，这也是在对世界GDP增长预测的基础上估计的。当然，WTO较为乐观的预测仍然低于自1990年以来约为5.0%的平均增长速度。WTO对增速预测的不确定性仍然来自经济下行的风险。这包括新兴经济体经济的降温和紊乱的金融市场波动，以及背负大量外债的国家受到的汇率剧烈变动压力。当前，全球贸易额受汇率波动和大宗商品价格下降影响为负增长，但贸易量还是正增长。贸易的低速增长可能会破坏发展中国家脆弱的经济增长。同时，很多国家继续使用贸易限制措施，贸易保护主义不断蔓延，致使WTO最近对2016年的贸易预测显得较为悲观。在这样的背景下，我们预计2017年全球贸易量增速在2.5%上下。

参考文献

马涛、苏庆义、韩冰、白洁：《以全球贸易投资合作促进包容性增长》，《国际经济评论》2016 年第 5 期。

荷兰经济政策研究局（NBE），2016 年世界货物贸易监测各月数据。

WTO，Trade Statistics and Outlook，7 April 2016 Press Release.

Y.11
2016年国际金融形势回顾与展望

高海红　刘东民 *

摘　要： 2015～2016年全球经济复苏乏力，各国货币政策保持分化，
在新兴市场利率总体保持平稳上升的同时，美联储在2015年
12月首度加息之后对进一步货币政策的正常化措施不断延
迟。与此同时，欧元区和日本等却步入负利率通道，这些变
化对全球金融市场产生重大影响，而其对实体经济的影响却
十分不确定。国际投资者风险偏好下降，新兴市场金融脆弱
性增大。发达国家历史性地出现大规模负收益率国债，约占
其政府债券市场规模的1/3，这成为2016年全球债券市场首
次出现的重要特征。全球股市在2016年极度宽松货币政策和
大宗商品价格回升的双重力量推动下，总体上升势头超过
2015年，但是后劲不足。美元对主要经济体货币贬值则是
2016年外汇市场的主旋律。但是，如果美联储加息政策最终
落地，美元就会出现一段时间的升值，并对新兴经济体产生
资本外流的压力。如何化解全球金融风险，防范新一轮危机
的爆发，将是2017年世界经济面临的挑战。

关键词： 国际金融风险　国债市场　全球股市　外汇市场

---

* 高海红，中国社会科学院世界经济与政治研究所研究员，主要研究领域：国际金融；刘东民，
中国社会科学院世界经济与政治研究所副研究员，主要研究领域：国际金融。

在 2015 年《国际金融形势回顾与展望：风险集聚》中，我们认为 2016 年主要发达国家总体的低息环境不会改变，新兴市场国家金融风险显现，全球金融市场持续动荡。① 截至目前的情况证明了我们当时的判断。本文首先分析 2015～2016 年国际金融市场变化的风险因素，然后分别分析全球债券市场、股票市场和外汇市场走势、动因并对未来发展进行预测，最后是总结和展望。

一 国际金融市场风险

在全球经济复苏乏力和通胀普遍低迷的形势下，各国持续采用刺激性货币和财政政策。然而进入 2016 年，主要国家的货币政策效力显著降低，国际金融市场反复动荡，主要国家 10 年期国债收益率不断降低，全球信贷收缩，外汇市场剧烈波动，新兴市场低迷的增长和激增的负债进一步加大了整体的金融脆弱性。总体看，影响国际金融市场的主要因素和风险包括如下几个方面。

1. 全球货币政策持续宽松，央行资产继续膨胀

2015 年世界经济复苏低于预期，而主要国家货币政策持续分化，市场一直关注加息动向。2008～2015 年美联储一直将联邦基金利率维持在 0～0.13% 的水平。2015 年 12 月中旬美联储终于结束了保持 7 年之久的利率水平，将联邦基金利率调高至 0.25%。然而美联储加息并没有带来广泛的加息潮，相反，进入 2016 年，在主要国家经济增速不断被调低、通货膨胀远低于目标的情况下，欧洲国家和日本等进一步推行宽松货币政策。如图 1 所示，2016 年 2 月，欧央行将再融资利率从 0.05% 再度下调为 -0.1% 的超低水平。丹麦、欧元区、瑞士、瑞典和日本中央银行的名义政策利率均步入负利率通道。同时，欧央行实施一系列新的资产购买计划，将非金融公司债券

---

① 高海红、陆婷：《国际金融形势回顾与展望：风险集聚》，载王洛林、张宇燕主编《2016 年世界经济形势分析与预测》，社会科学文献出版社，2015。

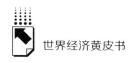

也纳入其资产购买计划范畴。日本中央银行的再贴现率也调低至零的水平，并在年初加强了其质、量并举的宽松政策（QQE）。

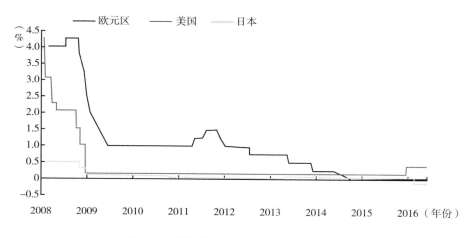

图1　主要国家和经济体的政策利率走势

注：这里的政策利率分别指欧洲中央银行的再融资利率，美联储的基金利率，日本中央银行的基本贴现率。

资料来源：国际清算银行数据库。

　　大量的资产购置，使得主要国家中央银行的资产负债表急剧膨胀。比如，美国、欧元区和日本的中央银行资产占 GDP 比重分别从 2007 年第四季度的 6.15%、16.07% 和 21.70%，增至 2015 年第四季度的 25.00%、76.72% 和 26.62%。到 2016 年 4 月，主要发达国家中央银行资产已经增至 11.15 万亿美元，普遍接近历史高位。与此同时，新兴市场国家中央银行资产规模也超过危机前的水平（见图2）。通胀低于目标水平以及大宗商品价格下降，为澳大利亚、加拿大等中央银行提供了保持低利率的空间。

　　2. 市场波动率在高水平徘徊，全球流动性有所收紧

　　市场波动率是衡量市场风险偏好和流动性松紧的重要指标之一。如图3所示，反映未来 30 天市场波动性的芝加哥期权交易所市场波动指数（VIX）在危机爆发期间（2008 年雷曼倒闭、2012 年欧债危机）急剧上升，表明市

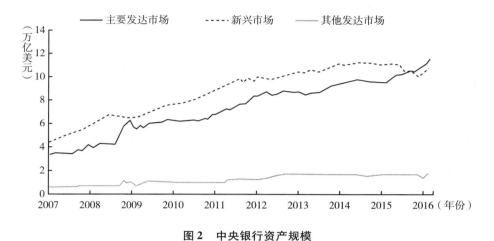

图 2　中央银行资产规模

注：主要发达国家指 G7 国家。

资料来源：国际清算银行数据库。

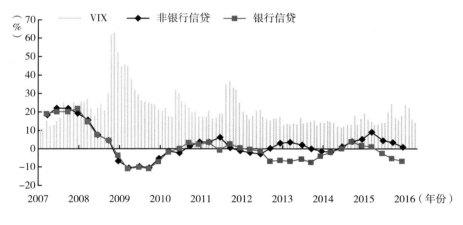

图 3　全球流动性变化

注：VIX 指芝加哥期权交易所市场隐含波动指数，单位为年变动率。本统计仅限于国际清算银行报告银行的国际银行的信贷。非银行信贷指银行对非银行的债权；银行信贷指银行对银行的债权。

资料来源：国际清算银行数据库，2016 年 6 月。

场流动性收缩，投资者风险偏好下降，资金流向国债等安全资产领域。总体看，后危机时期市场波动率上下起伏，从 2015 年后半期开始在高位徘徊，表明流动性有进一步缩紧的势头。国际银行信贷额出现大幅度收缩，对非银行的信贷增长率从 2015 年 3 月的 11% 经过数月下降至 2%。对银行的信贷增长也出现下降的态势。从 2015 年第三季度到年底，国际银行信贷未清偿额从 32.6 万亿美元减少至 26.4 万亿美元。从地域分布看，发达市场和新兴市场的国际银行信贷都出现了收缩。

此外，包括股权、期货和外汇市场在内的全球主要金融市场的波动率在经历了 2012～2014 年平缓波动之后，从 2015 年开始有所上升，进入 2016 年更是在高水平上波动。这反映出市场避险情绪升高。股市、债市、汇市以及商品期货等主要市场对上述因素变化异常敏感（见图 4）。在全球经济增长乏力，尤其是新兴市场增长减速，主要国家货币政策分化，一些国家步入负利率通道的情况下，外汇市场表现异常动荡，美元对其他货币普遍升值，而其他主要货币之间出现竞争性贬值势头。在这样的情况下，资金不断流向相对安全的国债市场。2016 年主要国债收益率连创新低。2016 年 2 月 9 日，日本 10 年期国债收益率低至 −0.007%，这是 10 年期国债收益率首次出现负值。由于债券价格与收益率成反比，收益率创新低表明价格高企，反映出投资者避险情绪高到宁愿损失利润也不愿意承担风险。

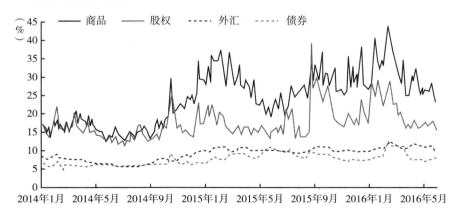

图 4　主要市场隐含波动率（2014 年 1 月 1 日至 2016 年 5 月 30 日，基点）

资料来源：国际清算银行数据库。

3. 新兴市场金融风险上升

由于各国货币政策分化的作用，外汇市场上新兴市场货币普遍对美元贬值，这些国家也出现了资本外流的态势。如前文所述，全球信贷增长率普遍收缩，而其中，由于普遍的经济减速，新兴市场的国际信贷增长从2014年第四季度开始缩减，2015年以来缩减加速，致使2016年第一季度出现了-2.3%的增长。图5表明，拉美地区新兴经济体国际信贷的紧缩程度最大，是造成新兴市场整体萎缩的主要原因。

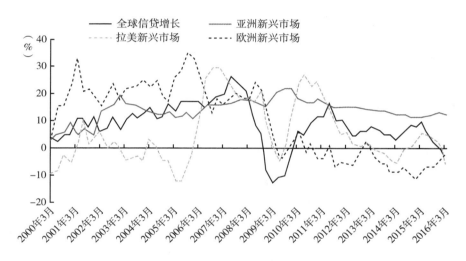

图5　全球及新兴市场国家跨境银行信贷增长

资料来源：国际清算银行数据库，2016年9月。

值得指出的是，在债务水平整体提高的情况下，新兴市场对国际金融市场美元负债（债券和贷款）基本保持上升势头。图6显示，在全球市场上，美元债券和贷款额远远高于欧元和日元债券和贷款额，2015年以来，美元进一步拉开与欧元和日元的距离。到2016年第一季度，美元债券和贷款发行额达到7.86万亿美元，而欧元和日元分别为2.25万亿美元和0.34万亿美元。其中，新兴市场国家所持有的美元负债达到3.2万亿美元，是全球美元负债的主要持有者。在新兴市场国家货币相对美元普遍贬值的情况下，新兴市场国家的美元负债也急剧增加，这无疑增大了这些国家的金融市场脆弱性。

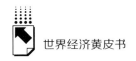

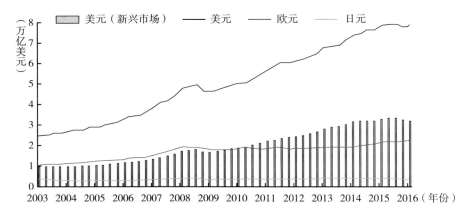

图6　国际负债证券发行和银行贷款的货币构成

资料来源：BIS Quarterly Review，June 2016；BIS Quarterly Review，September 2016。

展望未来，美联储加息概率在不断变化。美国国内经济增长、就业和通胀指标变化仍是美国货币政策走向的决定性因素。然而，伴随全球货币政策溢出效应增强，任何一个国家在调整货币政策的时候必须考虑外部环境、其他国家货币当局的反应等因素。这一所谓的将外部因素内部化的趋势，增加了单个国家调整货币政策的难度，也增强了政策走势的联动效应。通胀持续低迷的前景将为主要国家延迟货币政策正常化提供借口，负利率将持续一段时期。然而，负利率对宏观经济的传递效果并不明确，短期货币市场、外汇市场的影响相对显著，而如何传递到实体经济，其效力却仍然不显著。① 如果在低息持续的同时央行资产负债表进一步扩张，市场担心的央行印钞购买国债的"直升机撒钱"式解决方案，对经济的影响则会有更大的不确定性。

新兴市场国家将持续面临货币贬值压力，在经济下行、美联储加息概率增高的作用下资本外流压力也将持续增加。尤其是美元负债将深受汇率变动和货币政策调整的影响，这将进一步增加新兴市场的金融风险。在国内债务水平大幅度上升的困扰下，非金融机构（企业）负债大幅度增加，外部金

---

① BIS, 86th Annual Report, June 2016.

融风险的变动将对国内金融稳定甚至实体经济进一步下行带来压力，这将使新兴市场对资本流动的管理更加谨慎。

二 全球债券市场

1. 全球长期国债市场

近两年发达国家的长期国债市场表现出两个典型特征：一是债券收益率屡创历史新低，德国、日本、瑞士、荷兰等国的长期国债首次出现负收益率；二是发达经济体债券市场变化呈现较高的同步性。

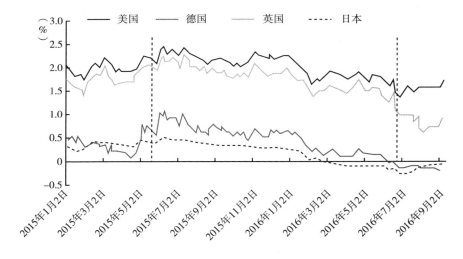

图7 美、德、英、日四国10年期国债收益率

资料来源：Wind数据库。

如图7所示，从2015年初至2016年9月中旬，主要发达经济体的债券市场可以划分为三个阶段。第一阶段，从2015年初到2015年6月中旬，主要发达经济体国债收益率在波动中总体呈现上升趋势。这一阶段发达经济体的国债市场基本受美联储公开市场委员会表态以及美国经济数据的影响，美联储对加息较为强势的表态和1月美国非农数据的回暖推动美、英、德、日四国的国债收益率在2月3日同时转入上升区间，其后在波动中总体都走出

了上涨行情。第二阶段，从 2015 年 6 月中旬到 2016 年 7 月上旬的一年多时间里，发达经济体的国债收益率一路下滑，极度宽松的货币政策令日本和德国的 10 年期国债历史性地跌入负收益区间。第三阶段，2016 年 7 月之后，由于美国经济的持续表现尚可，美联储加息预期逐渐上升，美、德、日三国国债利率又同步上扬。这一阶段的英国国债表现出短暂的特殊性。2016 年 8 月初，为了防止脱欧对英国经济造成负面影响，英国央行采取了激进的货币政策，一方面扩大 QE 规模，宣布在未来 6 个月增加购买 600 亿英镑国债，购债总额达到 4350 亿英镑；另一方面实现了 7 年以来的首次降息，将基准利率从 0.5% 降至 0.25%，这导致英国国债收益率出现了一段时间的下跌。但是从 8 月中旬开始，美联储的加息预期和英国经济的平稳表现终于将英国国债收益率扭转为上升态势。目前，主要发达经济体的国债市场都进入了收益率上升通道，预示着 1 年多来的债券市场行情可能会出现趋势性转折。

　　发达经济体的长期国债大规模地出现负收益率，是 2016 年全球债券市场的重大事件。2016 年 2 月 9 日，日本 10 年期国债收益率首次出现负值，为 -0.007%，从 2 月 24 日至 9 月 15 日，日本 10 年期国债一直维持负收益率，其中 7 月 29 日跌至 -0.297% 的最低值；而德国 10 年期国债收益率则在 6 月 13 日首次跌破零点，为 -0.01%，从 6 月 24 日至 9 月 15 日一直呈现负收益率，最低达到 -0.24%。荷兰、瑞士的 10 年期国债以及法国和意大利的短期国债也同样落入负收益率区间。根据美银美林（Bank of America Merrill Lynch）的研究统计，截至 2016 年 7 月上旬，全球负收益率国债达到 13 万亿美元（约占发达国家政府债券市场规模的 1/3①），全球政府债券平均收益率已降至 0.67%②，两个数据均创历史最低纪录。

　　全球债券市场出现如此大规模的名义负收益率产品，是 2008 年金融危机后发达经济体的无奈选择，也是金融机构及各国政府面临的新情况和新挑

---

　　① 数据来源：作者根据 BIS 数据库进行的估算。
　　② 数据来源：美银美林官网，https：//www.ml.com/articles/follow-the-new-leader.html。

战。负收益率债券市场的形成，源于发达国家的央行为了维持汇率稳定或者防范通缩、刺激经济增长而采取的激进货币政策，即央行针对商业银行的存款准备金或者超额存款准备金征收利息。2012年7月，欧元区债务危机愈演愈烈，为了防止丹麦克朗兑欧元发生大幅升值，丹麦央行将商业银行在央行的7天定期存款利率调降为−0.2%，此后瑞士央行也采取了类似措施。2014年，欧央行为了刺激商业银行贷款、防止欧元区出现通缩，将超额准备金的利率下调至−0.1%。2016年1月，日本央行将超额准备金利率降至−0.1%。央行的基准利率变成负利率逐步影响了债券市场，欧洲和日本的国债收益率相继跌入负值。

负收益率债券的出现，意味着债券投资者要为债券发行者贴钱。为何金融机构要持有负收益率国债而非持有现金？原因主要有两方面。第一，很多购买负收益率债券的金融机构，并非要把这些债券持有到期，而是预期未来某个时刻债券价格会上涨（收益率会进一步下降）从而出售债券获得买卖价差。也就是说，在这些金融机构看来，购买负收益率债券也是有利可图的。第二，对于金融机构而言，大量持有现金也是有成本的，甚至是不安全的，他们必须在无风险的负收益产品（要么是央行的存款准备金，要么是负收益率国债）中做出购买选择，从而不必为储存巨额现金而费尽脑筋。

2016年8月以来，全球投资者逐渐感受到债券收益率上升的些许动力。美联储加息预期逐步提升，欧央行每月800亿欧元购债行动将在2017年3月到期，而行长德拉吉至今没有做出延长购债的承诺，英国经济的稳定性超过预期，退欧的短期负面影响已经释放，这些因素推动发达经济体的国债收益率整体上扬。如果未来美国加息变成现实，那么债券市场的负收益率格局可能会发生较大程度的改变。如果美国加息再次落空，债券市场的负收益率则可能还会延续。

如图8所示，南欧国家的长期国债尚没有出现负收益率，但是除希腊以外，整体上也是在很低的水平上徘徊。西班牙和意大利的10年期国债收益率一直在2%左右爬行，法国的10年期国债收益率已经十分接近0。希腊情况极

其特殊, 其长期国债收益率远远高于其他欧盟国家, 近年来一直在7%~13%
的高位震荡, 这样的收益率与印度和俄罗斯等新兴经济体很相近 (见图9)。
可以说, 从国债收益率的视角来看, 希腊已经不属于欧盟的发达国家阵营了。

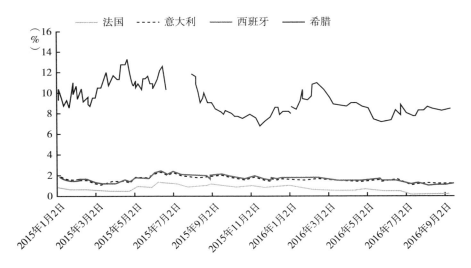

图8 南欧四国10年期国债收益率

资料来源: Wind 数据库。

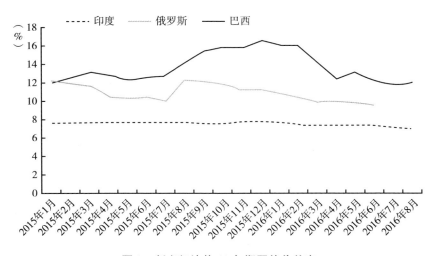

图9 新兴经济体10年期国债收益率

资料来源: Wind 数据库。

2.国际负债证券市场

2015～2016 年，发达经济体凭借历史累积优势，依旧保持在国际负债证券市场上的绝对主导地位，而发展中经济体的份额继续呈缓慢上涨态势，其未清偿余额占比不断小幅攀升。

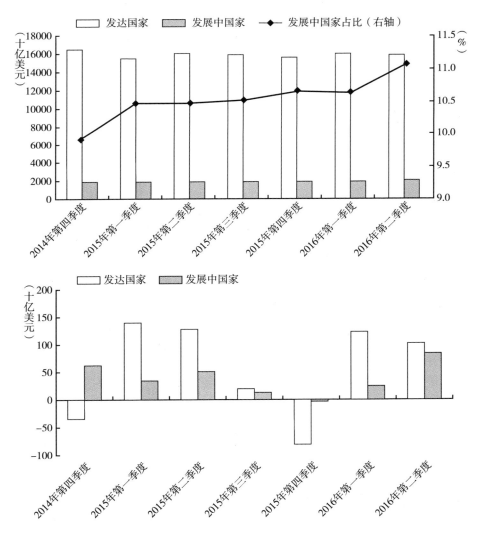

图 10　国际负债证券市场的未清偿余额（上）及净发行额（下）

资料来源：国际清算银行数据库。

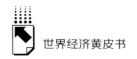

从总量比较来看，截至2016年第二季度末，发展中经济体未清偿余额占全球未清偿总额的11.2%，较上年同期增长0.6个百分点，创历史新高。同时值得注意的是，从净发行额来看，发达经济体也正从金融危机的重创中复苏，2014年第四季度至2016年第二季度，发达经济体国际负债证券净发行额累计高达3975亿美元，超越发展中国家2673亿美元的同期水平。

从结构上看，一方面，得益于发达经济体完善的企业债券市场，自2014年第四季度以来，发达经济体的企业国际债券净发行额累计达3477亿美元，占各类债券净发行总额的87.5%，而发展中经济体的企业国际债券净发行额累计仅为606亿美元，和发达国家差距显著；另一方面，虽然发达国家正从金融危机中缓慢地复苏，金融机构发债问题有所好转，净发行额达到1270亿美元，高于发展中国家894亿美元的水平，但是政府债券融资能力下降的问题仍然没有得到解决。受高政府债务的影响，发达国家政府国际债券净发行额为－756亿美元，远远落后于同期发展中国家1178亿美元的水平（见图11）。

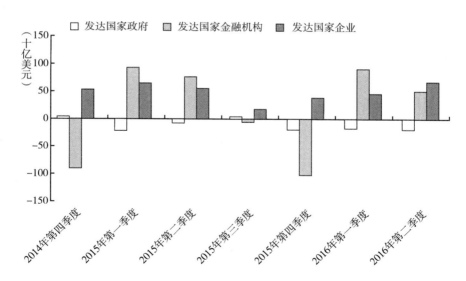

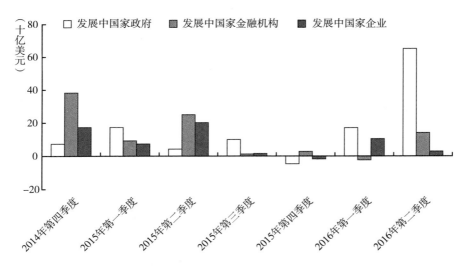

图11　发达国家（前页）和发展中国家（本页）按照发行机构类别的国际
负债证券净发行额

资料来源：国际清算银行数据库。

三　全球股票市场

2016年，在全球主要国家货币政策依旧宽松以及大宗商品价格触底反弹的双重因素推动下，大部分国家股指上行，全球股市整体呈改善趋势，其间对股市扰动最大的因素为6月英国公投脱欧和美联储议息。

截至2016年9月24日，在全球15个主要国家中，9个国家在本年度实现了股票市场指数正增长，涨幅前5位的国家中有4个是新兴经济体；相比之下，2015年有6个国家的股市实现正增长，其中只有中国一个新兴经济体（见图12）。2015年，以MSCI全球指数①衡量的发达经济体股市指数下跌了4.26%，而新兴市场股市指数下跌了16.96%；截至2016年9月23

_____

① MSCI全球指数包含23个发达经济体，涵盖了约85%的自由流通市值。MSCI新兴市场指数涵盖了23个市场，亚洲新兴市场在指数中的占比达70.25%。

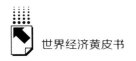

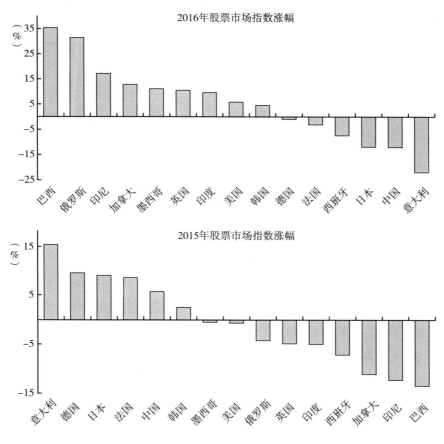

图12　2015和2016年全球主要股市指数增长率

资料来源：Wind数据库。

日，新兴市场股市指数止跌上涨15.53%，而MSCI全球指数上涨5.17%，新兴市场股市反弹明显，表现好于发达国家，这是自2013年以来，新兴市场股市涨幅首次超过发达国家（见图13、图14）。

　　以印度、印度尼西亚、墨西哥、巴西和俄罗斯为代表的新兴经济体股市在2015年表现颓弱，尤其是巴西和印尼全年跌幅均超过10%，主要是受到新兴经济体GDP增速显著减缓、大宗商品价格下跌、国际局势动荡等多方面利空因素影响，全球投资者风险偏好回落，资金纷纷撤出新兴经济体股

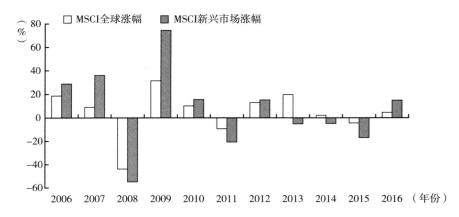

图13　发达国家与新兴市场国家股指增长率比较

资料来源：Wind 数据库。

市。但进入 2016 年后，利空因素逐渐消退，美联储频放"鸽派"言论、加息节奏放缓，上半年原油和大宗商品价格低位反弹，日本、澳洲、欧洲等发达国家和地区采取极度宽松的货币政策，推动新兴市场股市走强。

图14　MSCI 新兴市场走势和 MSCI 全球

资料来源：Wind 数据库。

如图 14 所示，从 2006～2016 年的情况来看，MSCI 新兴市场指数在其中 6 年跑赢 MSCI 全球指数，2008 年、2011 年、2013～2015 年新兴市场 MSCI 跌幅明显大于发达经济体。2008 年美国次贷危机爆发，2011 年欧债危机加剧，

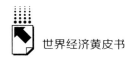

世界经济黄皮书

2014 年初美国缩减 QE，2015 年美联储启动十年来首次加息，其间，大量国际资本从新兴经济体撤离，导致新兴市场股市跌幅明显大于发达经济体；一方面说明，在金融全球化时代，发达经济体的金融市场对于新兴经济体具有显著的传染效应；另一方面也说明新兴经济体股市具有较为严重的内在脆弱性。从国别情况来看，2016 年有三个国家的股市值得特别关注。

美国股市从 2009 年 3 月以来一路高歌猛进，截至 2015 年 5 月股市累计涨幅超过 200%，主因是宽松货币政策和基本面的持续温和改善。2016 年初美股断崖式下跌，之后伴随大宗商品和原油价格的上涨，触底反弹并收复失地，截至 9 月 22 日，标普 500 累计上涨 6.52%。2015 年美国 GDP 年增长率上升至 2.6%，连续第三年改善。美国股指的继续增长一定程度上是实体经济向好的反映。但是，美国经济中也存在很多负面因素。根据美国劳工部公布的数据，2016 年美国非农部门劳动生产率折合年率下降 0.5%，已是连续第三个季度下降，创下 1979 年以来该指标连续下降时间最长的纪录。美国非农就业指数也一直处于波动反复的状态，这些因素导致美联储不断延迟加息。IMF 将 2016 年美国 GDP 增长预期由 2.4% 下调至 2.2%，将 2016 年全球经济增长率预估从 3.6% 调降至 3.4%，实体经济复苏略显乏力。根据诺贝尔经济学奖得主、曾两次成功预测美国经济泡沫的罗伯特·席勒的研究，美国股票市场历史上平均的周期调整市盈率在 16 左右，超过 25 即进入"非理性繁荣期"，当前美国股市的市盈率约为 23.7 倍，美国股市风险度偏高。展望 2016 年美股后市，考虑到经济数据的波动以及 11 月美国总统大选，12 月美联储加息概率超过 50% 等因素的影响，预期美股上行空间有限或面临下调。

新兴经济体当中，巴西股市在 2015 年和 2016 年的表现形成了极其鲜明的对比。2015 年，巴西股市以 -13.31% 的涨幅在 15 个经济体中居于末位，而在 2016 年它一跃成为全球主要股市中增幅最大的国家。究其原因，一方面是股市对于前一年大跌的技术性回调，另一方面是巴西的经济和政治基本面有所改善。巴西经济从 2012 年开始陷入负增长，作为严重依赖大宗商品出口的国家，2015 年大宗商品价格暴跌严重影响巴西当地经济，加上政局混乱——年初罗塞夫以微弱优势击败改革派连任总统，经济和政治双陷低谷，巴西圣保罗 IBOVESPA 指数全年暴跌 13.31%。2016 年巴西米歇尔·特梅尔接替罗塞夫出任总统，原油和大宗商品价格迎来反弹，提振投资者对巴西经济的信心。在奥运会助推下，巴西股指迅速抬升，截至 9 月 23 日上涨 35.40%，在全球主要国家中排名第一。但由于缺乏实体经济改善作为基本面支撑——世界银行预计 2016 年巴西 GDP 将收缩 2.5%，巴西股市的连涨恐怕难以为继。后续在特梅尔推动改革的作用下，2017 年巴西经济或有望恢复正增长，而实体经济改善是影响巴西股市长期走势最重要的因素。

四 全球外汇市场

美元对全球主要经济体货币的汇率，从过去数年的显著升值趋势，相继进入贬值或者震荡状态，是 2016 年全球外汇市场的主要特征。

如图 15 所示，从名义广义美元指数[①]的走势可以清楚地看出，2008 年金融危机之后美元汇率整体形成"两升两降"的格局。从金融危机爆发到 2009 年 3 月初，尽管美国处于金融危机的中心，但是美元作为全球唯一的主导货币，依然充分显现出"安全港"效应，市场避险情绪的蔓延推升了对美元计价资产的需求，美元汇率一路走高。从 2008 年 7 月 15 日到 2009 年 3 月 3 日，广义美元指数从 95 上升到 115，升幅达 21%。在此之后的两年多时间里，金融市场逐步恢复平稳，而美国经济在萧条中前行，美元重新落入金融危机之前就已经形成的贬值通道中，美元指数于 2011 年 7 月 21 日降到 94，完全回到危机爆发时的原位。2011 年 7 月之后，在美国经济复苏力量的带动下，美元指数缓慢上涨。2014 年 8 月之后，美联储的加息预期又推动美元指数实现此后近 1 年半的快速攀升，于 2016 年 1 月 20 日达到 126.23，成为 2002 年 5 月 24 日之后的历史高点。此后美元终于失去了攀升

---

① 名义广义美元指数是美联储根据美元兑 26 个经济体货币汇率的广义贸易加权汇率指数，该指数涵盖货币数量充分，有更强的指导意义，是目前美联储关注的美元指数。

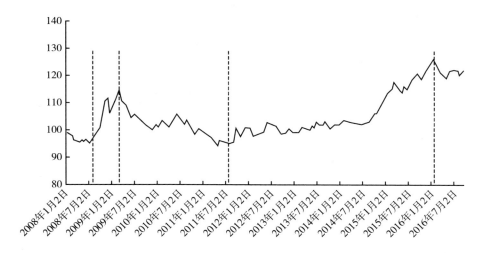

图 15　名义广义美元指数变化趋势

资料来源：Wind 数据库。

动能，先是出现 3 个多月的快速下跌，然后进入震荡阶段。从 2016 年初至 2016 年 9 月 16 日，广义美元指数跌幅为 1%。虽然贬值幅度很小，但是与过去数年的大幅升值相比，这已经是美元汇率显著的趋势性变化了。

　　如图 16 所示，从美元兑主要发达经济体货币的汇率来看，2016 年美元先后结束了过去两年多时间的升值趋势。2016 年 1 月初，美元兑瑞郎、日元

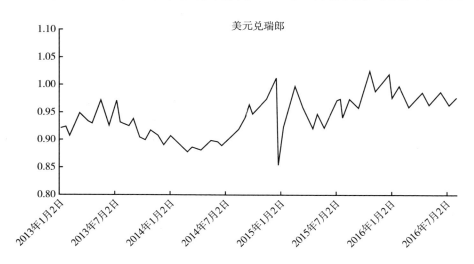

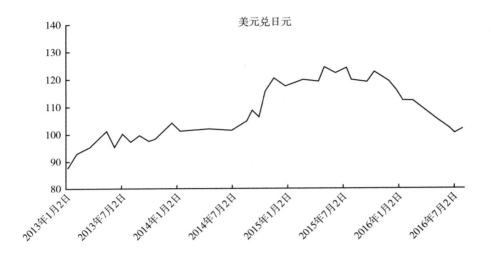

美元兑日元

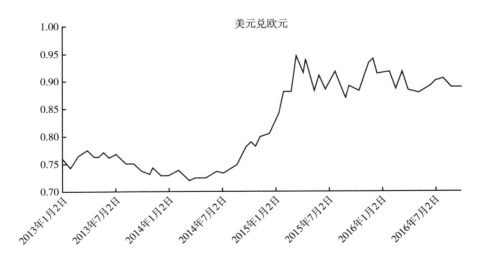

美元兑欧元

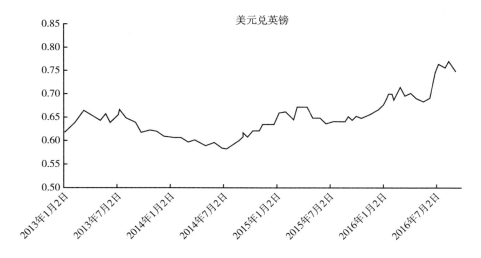

图16　美元对主要货币的汇率变化趋势

数据来源：Wind 数据库。

和欧元进入下跌通道，至 2016 年 9 月 16 日分别贬值 2.5%、14.2% 和 3.2%。实际上，美元兑英镑在 1 月也落入贬值通道，但是，在脱欧公投结果公布的当天（6 月 24 日），美元兑英镑大幅升值 8.5%，随后进入了震荡行情。

　　新兴经济体当中，中国、印度和南非近年来的名义有效汇率变化较为平缓，而俄罗斯和巴西则由于国内经济衰退，汇率波动较大。在西方国家制裁和石油价格下跌的双重打击下，俄罗斯卢布从 2014 年 7 月开始一路下跌，到 2016 年 2 月名义有效汇率累计贬值幅度达到 48%，其后由于石油价格上涨和美联储加息预期的减弱，俄罗斯国内经济和金融形势逐步稳定，卢布呈现缓慢升值态势。巴西的经济结构与俄罗斯有相似之处，都是依赖资源出口，大宗商品价格下跌对其经济冲击较大，再加上国内政局不稳，2015 年雷亚尔贬值 25.6%。2016 年，受到铁矿石等大宗商品价格快速回升和美联储延迟加息的激励，雷亚尔转而呈现升值趋势，从年初至 8 月底名义有效汇率升值达 23.4%。

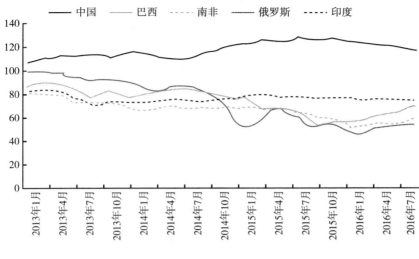

图17 金砖国家名义有效汇率变化趋势

资料来源：Wind 数据库。

小结与展望

虽然美联储在 2015 年底开启了 2008 年金融危机后的首次加息，但是全球货币政策的宽松程度整体上并没有发生改变，甚至还在 2016 年伴随日本和欧洲的负利率政策有所加剧。世界主要国家央行的资产负债表都已膨胀到接近或者超过历史高位，而高达 13 万亿美元的负收益率资产遍及发达国家的金融市场，成为史无前例的金融异象。但是，各国实体经济并没有显著地从极度宽松的货币政策中受益，全球金融风险却在泛滥的流动性当中持续积累。

美联储的加息预期虽然挥之不去，却也迟迟不能落地。前美联储主席伯南克、美国前财长萨默斯等人明确反对美国加息，更多的学者和金融机构认为美国加息的空间较小。再考虑到欧洲和日本的经济状况短期内难以有较大改善，通缩压力尚存，全球的负收益率国债市场可能还会在未来维持一段时间。当然，如果美联储加息成为现实，那么全球国债市场收益率将会随之上

升。主要依靠流动性支撑的全球股票市场，未来的波动风险在加大，特别是新兴经济体，由于缺乏实体经济的有力支撑，在美国加息压力的影响下，2016 年面临的不确定性很高。全球外汇市场的风险主要来自美联储的议息决策。如果美联储确实于 2016 年 12 月或者之后的某个时点加息，美元的升值速度将加快，而新兴经济体则面临货币贬值和资本外流的考验。

全球主要国家面对 2008 年金融危机，实施了比较果断有力的联合救助和干预措施，防止了国际社会陷入 20 世纪 30 年代的大萧条。但是，危机救助只是暂时平息了金融恐慌，真正能够解决问题的结构性改革却被一再延缓，从而导致全球的金融脆弱性不断上升。2017 年，世界经济能否有效化解金融风险，防范新一轮危机的发生，将是国际社会面临的挑战。

参考文献

IMF. Global Financial Stability Report，April 2016.

BIS. 86th Annual Report，June 2016.

Y.12
国际直接投资形势回顾与展望

王碧珺 *

摘　要： 由于跨国企业出于税收筹划等目的，通过改变所有权结构或法律形式进行的跨境公司重构交易爆发式增长，2015年国际直接投资达1.76万亿美元，比上年大幅增长了38%，达到全球金融危机以来的最高值。其中，发达国家重新取得优势。发展中国家则受到商品价格持续下跌、经济增长放缓以及地缘政治风险加剧等不利因素的拖累，在国际直接投资"舞台"上表现不佳。然而，中国一枝独秀，不仅首次跃居全球第二大对外直接投资国，而且对外直接投资首次超过外商来华投资，实现资本账户直接投资项资本净输出。

关键词： 国际直接投资　跨国兼并收购　公司重构　结构调整

一　全球外商直接投资形势回顾

2015年全球外商直接投资（FDI）大幅增长了38%，达到2008～2009年全球金融危机以来的最高值1.76万亿美元（见图1）。这一大幅增长的主要驱动力是跨境并购由2014年的4320亿美元猛增66.9%，至2015年的7210亿美元。而这背后，相当一部分原因是发达国家跨国企业出于税收筹

---

* 王碧珺，经济学博士，中国社会科学院世界经济与政治研究所助理研究员，主要研究方向：国际投资。

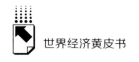

划等目的,通过改变所有权结构或法律形式进行的公司重构。如果挤掉这些公司重构带来的"水分",2015 年全球 FDI 的增幅实际上只有 15%,与 2013 年持平,达到 1.47 万亿美元。

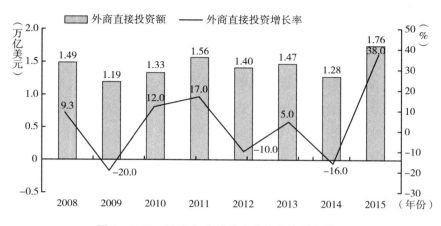

图 1　2008～2015 年全球外商直接投资增长情况

资料来源:根据联合国贸发会议数据库整理,http://unctadstat.unctad.org/fdistatistics。

(一)区域特征:发达国家重新取得优势

发达国家在 2015 年全球外商直接投资舞台上重新取得优势。在 FDI 流入方面,2015 年发达经济体增长了 84%,占全球比重增长了 14 个百分点,达到 55%,扭转了过去五年发展中国家和转型经济体在 FDI 流入中占主导的趋势。在 FDI 流出方面,当发展中国家和转型经济体整体减少对外直接投资的时候,发达经济体对外直接投资却增长了 33%,占全球比重由 2014 年的 61% 上升到 2015 年的 72%。

1. FDI 流入:发达国家大幅增长84%,美国达到2000年以来最高水平

发达国家 FDI 流入从 2014 年的 5220 亿美元增长到 2015 年的 9620 亿美元,增幅达到 84%。其中,北美 FDI 流入从 2014 年的 1650 亿美元增长到 2015 年的 4290 亿美元,相比 2014 年增加了 1.6 倍(见图 2)。而流入美国的 FDI 更是增加了 2.55 倍,达到 2000 年以来 3800 亿美元的最高水平,几乎是全

球第二、三、四名 FDI 流入经济体的总和（见表1）。欧洲 FDI 流入同样得以大幅增长，从2014年的3060亿美元增长到2015年的5040亿美元，增幅达64.7%。

与发达国家 FDI 流入大幅增长形成鲜明对比，发展中国家和转型经济体①整体的 FDI 流入仅增长了6%。并且，除了亚洲发展中经济体增长15.6%外，其他所有发展中国家和转型经济体 FDI 流入都有所下降。其中，拉美和加勒比海地区下降了1.2%，达到1680亿美元；非洲地区下降了6.9%，达到540亿美元；转型经济体下降了37.5%，达到350亿美元（见图2）。

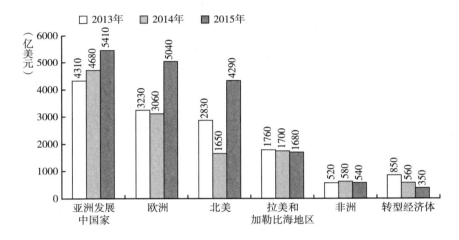

图2 2013～2015年全球外商直接投资流入分区域情况

资料来源：根据联合国贸发会议数据库整理，http：//unctadstat.unctad.org/fdistatistics。

2. FDI 流出：欧洲结束连续四年下滑，对外直接投资大幅增长85%，成为全球最大对外直接投资来源地

发达国家 2015 年对外直接投资（FDI 流出）增长了33%，达到1.1万亿美元。在发达经济体中，欧洲表现尤为突出。经历连续四年的下降后，欧洲对外直接投资在2015年增长了85%，达到5760亿美元，几乎占了全球总额的40%。北美对外直接投资整体下降了1%，其中美国下降了5.4%，加拿大

---

① 转型经济体主要是指东南欧、独联体国家和格鲁吉亚。

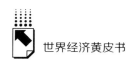

则增长了 19.6%。但美国仍然是全球对外直接投资第一大国，比第二名的中国和第三名的日本之和还要多 253 亿美元（见表 1）。日本连续五年对外直接投资超过 1000 亿美元，在 2015 年达到 1290 亿美元，比上年增长了 13.2%。

表 1 前 20 大 FDI 参与国（地区）

单位：亿美元

FDI 流入				FDI 流出			
2015 年排名	国家和地区	2015 年	2014 年	2015 年排名	国家和地区	2015 年	2014 年
1	美国(3)	3800	1070	1	美国(1)	3000	3170
2	中国香港(2)	1750	1140	2	中国(3)	1457	1230
3	中国(1)	1356	1290	3	日本(4)	1290	1140
4	爱尔兰(11)	1010	310	4	荷兰(7)	1130	560
5	荷兰(8)	730	520	5	爱尔兰(9)	1020	430
6	瑞士(38)	690	70	6	德国(5)	940	1060
7	新加坡(5)	650	680	7	瑞士(153)	700	-30
8	巴西(4)	650	730	8	加拿大(8)	670	560
9	加拿大(6)	490	590	9	中国香港(2)	550	1250
10	印度(10)	440	350	10	卢森堡(15)	390	230
11	法国(20)	430	150	11	比利时(32)	390	50
12	英国(7)	400	520	12	新加坡(11)	350	390
13	德国(98)	320	10	13	法国(10)	350	430
14	比利时(189)	310	-90	14	西班牙(12)	350	350
15	墨西哥(13)	300	260	15	韩国(13)	280	280
16	卢森堡(23)	250	120	16	意大利(14)	280	270
17	澳大利亚(9)	220	400	17	俄罗斯(6)	270	640
18	意大利(14)	200	230	18	瑞典(22)	240	90
19	智利(17)	200	210	19	挪威(16)	190	180
20	土耳其(22)	170	120	20	智利(19)	160	120

注：括号中数据为 2014 年的排名。

资料来源：中国数据来自《2015 年度中国对外直接投资统计公报》，其他国家（地区）数据根据 UNCTAD（2016）的数据整理。

发展中国家和转型经济体则减少了对外直接投资。曾经在 2014 年独占全球 FDI 流出将近 1/3、全球最大的对外直接投资来源地区——亚洲发展中国家，在 2015 年对外直接投资只有 3320 亿美元，比上年减少了 17%。这一降幅主要受中国香港地区的拖累。香港对外直接投资从 2014 年的 1250 亿美元（全球第二）骤减至 2015 年的 550 亿美元（全球第九），降幅达到 56%。而香港 FDI 流出的大幅下降主要是由于李嘉诚家族从内地房地产撤资 130 亿美元所致，因为撤资被记为负的 FDI 流出。

然而，发展中经济体中也有亮点。例如，中国首次超过日本，坐上全球对外直接投资第二把交椅①；泰国对外直接投资增长了 77.3%，达到 78 亿美元；而科威特对外直接投资由负转正，从 2014 年撤资 105 亿美元至 2015 年转为正的 54 亿美元。

（二）原因分析

2015 年全球 FDI 大幅增长的主要驱动力是跨境并购猛增 66.9%。而这相当一部分源自跨国企业出于税收筹划等目的，通过改变所有权结构或法律形式进行的公司重构。公司重构与以避税为目的的反转交易（Inversion Deals）② 密切相关，即通过海外并购将公司纳税地从适用较高税率的地区转移至适用较低税率的地区。这背后的主要原因是，即使同为发达国家，企业所面临的税负水平也差异巨大。其中，美国企业所得税率高达 35%，在发达国家中是最高之一；加拿大为 26.5%，英国为 21%，爱尔兰则为 12.5%；此外，荷兰、瑞士和卢森堡等欧洲国家的税率也较低（王碧珺和张明，2016）。

由于这类公司重构对于企业的实际经营改变很小，因此这类 FDI 增长给东道国带来的正面效应非常有限。涉及重构的跨国公司主要来自欧美。此外，所属中国香港地区李嘉诚集团的长江实业与和记黄埔也有所涉及。为了形象地展现公司重构，我们以李嘉诚企业集团的交易为例。在公司重构之前，长江实业与和记黄埔都是注册在香港的经营范围多元化企业。通过公司重构，长江实业与和记黄埔将所有的房地产业务注入开曼群岛成立的新实体

---

① 中国的数据来自《2015 年度中国对外直接投资统计公报》。在该公报中，2015 年中国对外直接投资流量为 1457 亿美元，位列全球第二。值得注意的是，根据 UNCTAD（2016），2015 年中国对外直接投资 1280 亿美元，位列全球第三。

② "反转"是一种策略，通过海外并购使得税率较高国家的企业（例如美国企业）归某个外国公司所有。通过这种角色反转，该公司将申报收益从较高税率的辖区转移到外国公司所在税率更低的地方。

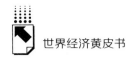

长江实业地产有限公司，而两家公司的其他业务（包括能源、港口、通信、零售等）则进入开曼群岛新成立的长江实业和记控股有限公司。通过公司重构，李嘉诚企业集团的注册地由中国香港变更为开曼群岛，直接导致（从开曼群岛）流入香港的 FDI 大幅增长。

公司重构在 2015 年的爆发式增长与美国、俄罗斯等相关国家宣布将对此类交易采取更严格的限制措施有关。这促使了部分跨国企业抓紧布局公司重构。2016 年 4 月，美国财政部推出遏制反转交易的新措施。规定在反转交易之前三年里被并购的美国公司不能算作外国公司的资产。同时，新措施还打击了公司收益剥离的操作。这类操作通常将美国公司的利润留存在海外。海外公司然后贷款给美国子公司。美国子公司在缴纳公司所得税之前要扣除这部分需要支付的利息，从而降低了税负。在新措施下，美国政府有权不将这些交易视为母子公司间借款，使得美国子公司无法再从中获得税收优惠。

欧洲在国际直接投资舞台上表现亮眼则与欧央行加大刺激从而改善企业财务状况有关。2015 年，欧洲 FDI 流入比上年增长了 64.7%，流出比上年增长了 85%，几乎占了全球对外直接投资总额的 40%。欧洲国际直接投资大幅增长的一个重要原因是在欧央行刺激政策下，企业的财务状况有所好转。2015 年 1 月，欧洲版量化宽松政策全面启动。欧央行宣布启动每月 600 亿欧元大规模资产购买计划。该购买计划预备从当年 3 月起持续至 2016 年 9 月。实际上，欧央行之后还将刺激政策进一步加码，包括扩大资产购买计划规模和种类，以及调降欧元区三大关键利率等。欧央行的刺激政策为企业准备了更为充足的"弹药"进行跨境投资。

二　国际直接投资政策变化

（一）国别投资政策

2015 年，涉及外商直接投资的国别政策变化比上年有所增加。至少有

46个国家和经济体进行了96项涉及外商直接投资的政策变化，比上年41个国家、72项政策变化分别增加了12.20%和33.33%。而在地区分布方面，40项政策变化（41.67%）发生在亚洲发展中经济体，尤其是中国和印度；其次是欧洲和非洲，分别涉及14项和12项政策变化。

在2015年96项政策变化中，投资自由化和促进政策变化占比显著提高。具体而言，71项（73.96%）涉及投资自由化和促进措施；13项（13.54%）施加了新的投资限制性的监管政策；余下12项是中性的政策（见图3）。投资自由化和促进政策占比达到2009年以来的新高，这些政策主要包括：加大行业开放、改善行政许可流程、引入新的投资法以及加强政策激励（主要是税收减免、财政和金融补贴）。此外，发达经济体在基础设施私有化方面表现活跃。

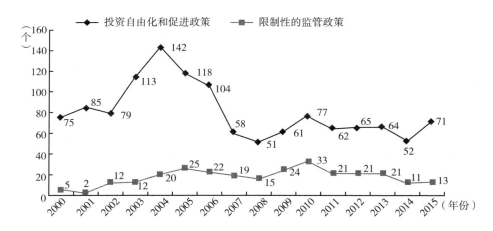

图3　2000～2015年不同类别投资政策的变化数

资料来源：根据UNCTAD（2016）数据整理。

而针对外国投资者的新增限制性政策措施方面，美国、俄罗斯、荷兰和卢森堡等国采取措施，限制投资者进行跨境避税和离岸资本运作等。此外，其他的新增限制性政策措施基本与市场准入有关并且更多地出现在发达国家，背后主要涉及两个方面的原因。

一是外国投资者在东道国战略性行业的投资。农业由于涉及食品安

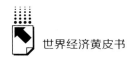

全和土地经营，被很多国家认为是战略性行业。2015 年澳大利亚改革了其外资审查体制，其中一个重要变化是降低了农业及农业综合企业（包括农业设备、用品的制造，农产品的产销、制造加工等）的外资审查门槛。这意味着更多的投资者需要获得澳大利亚外资监管当局（FIRB）的许可才能进行农业相关投资。除了农业和农产品外，波兰要求外资在电力、化工、通信等战略性行业投资股权比例超过 20% 时需要先获得政府许可，而俄罗斯则对媒体行业外资股权最高比例限制从 50% 降低到 20%。

二是出于国家安全方面的考虑。近年来，东道国针对投资的国家安全审查有加强的趋势。目前，各国国家安全审查机制有如下特征：首先，各国对于"国家安全"并没有统一清晰的定义。有的相对狭义，主要指的是国防和领土安全，因此投资审查主要是针对与国防等行业相关的外商投资。还有的更为宽泛，延伸到经济安全和国家利益，并将对关键性基础设施以及战略性经济行业的外商投资也列入审查范围。其次，各国国家安全审查的内容和流程并不相同。如果某项投资被认为可能威胁东道国的国家安全，其面临的处理结果也不相同，有的是全盘或部分禁止，有的是有条件通过。最后，东道国在进行安全审查时，还会从投资影响的角度展开。例如，考察该项投资对于公民权利和自由、国家独立和领土完整、外交关系和国家利益、公共安全和社会秩序的影响。

从以上特征可以发现，各国的国家安全审查机制普遍不透明、缺乏可预测性，主要取决于东道国行政部门的自由裁量。因此，即使一项相似甚至相同的投资项目，外国投资者在不同的国家可能面临完全不同的进入条件。也正是由于以上特征，国家安全审查机制可能为投资保护主义留下空间，还可能被东道国政府当作采取征收投资、违约等不利于投资者行为的辩词。例如，有 10 起美国、法国和英国的投资者就阿根廷政府在 2001 ~ 2002 年金融危机期间在油气、保险等行业采取损害外国投资者利益行为的仲裁诉讼。其中争议的关键是，在金融危机期间阿根廷政府采取的紧急行为是否符合双边投资协定（BIT）或国际法中的国家安全条例。而最终的仲裁判决是，其中 3 起是阿根廷政府在一定期间内有正当理由采取的行为，因此不用为那部分外国投资者的损失负责。但在另外 7 起中，国际仲裁庭并不接受阿根廷政府关于国家安全考虑的说辞，要求其赔偿外国投资者的损失。

（二）国际投资协定

2015 年全球共达成 31 个国际投资协定（International Investment Treaties，IITs），其中双边投资协定（Bilateral Investment Treaties，BITs）20 个，其他国际投资协定 11 个。① 从存量上来看，截至 2015 年底全球共有 3304 个 IITs，其中 89.2% 是 BITs。国际投资协定是投资者－国家争端解决（Investor－State Dispute Settlement，ISDS）的重要依据。依据 IITs，投资者在 2015 年共发起了 70 起 ISDS，达到历史新高。同时，由于在一定情况下投资仲裁在保密条件下进行，因此实际 ISDS 数量会更高。

在 2015 年这 70 起 ISDS 中，外国投资者起诉最多的东道国行为包括：可再生能源领域新的法律法规（至少 20 起）、对外国投资的直接征收（至少 6 起）、对外国投资的歧视待遇（至少 6 起）、对外国投资者执照/许可证的吊销/撤回（至少 5 起）。此外，还有一些与东道国违约、企业破产程序、环境和土著保护区以及反腐败和税收有关。

分析最常涉及 ISDS 的相关国家，从被起诉东道国来看，历史累计（1987~2015 年）排名前两位的是阿根廷和委内瑞拉，但在 2015 年西班牙和俄罗斯被起诉最多（见表2）。实际上，近两年来针对发达国家的 ISDS 占比有所提高，约 40%。而在 2013 年之前发达国家被起诉的较少，更多还是针对发展中国家。从应用 ISDS 起诉的投资者所在母国来看，80% 以上来自发达国家。其中，历史累计（1987~2015 年）最多来自美国，而在 2015 年对投资者的起诉多来自英国、德国、卢森堡和荷兰。

---

① 其他国际投资协定是指除了双边投资协定之外的其他涉及投资条款的经济协定。

表2　最常涉及 ISDS 的相关国家及案件数

单位：起

最常被起诉的东道国及案件数				最常起诉的投资者母国及案件数			
排名	国　　家	1987~2015 年	2015 年	排名	国　　家	1987~2015 年	2015 年
1	阿 根 廷	59	3	1	美　　国	138	3
2	委内瑞拉	36	0	2	荷　　兰	80	9
3	捷　　克	33	3	3	英　　国	59	10
4	西 班 牙	29	15	4	德　　国	51	9
5	埃　　及	26	1	5	加 拿 大	39	3
6	加 拿 大	25	2	6	法　　国	38	4
7	墨 西 哥	23	2	7	西 班 牙	34	3
8	厄瓜多尔	22	1	8	卢 森 堡	31	9
9	俄 罗 斯	21	7	9	意 大 利	30	2
10	波　　兰	20	0	10	瑞　　士	23	1
11	乌 克 兰	19	3	11	土 耳 其	19	1
12	印　　度	17	1	12	塞浦路斯	18	2

资料来源：根据 UNCTAD（2016）数据整理。

目前，在国际投资领域并没有一个多边的、全面的、有约束力的投资协定。在全球化遭遇挫折、投资保护主义势力有所抬头以及全球经济低迷急需国际投资助力的背景下，2016 年召开的 G20 杭州峰会通过全球首份《G20全球投资指导原则》（以下简称《指导原则》）。该《指导原则》包含九条非约束性原则，包括反对投资保护主义，外资政策应开放、公平、透明、稳定、内外协调，各国政府为了公共利益有权对外国投资进行管制并且应引导外国投资者承担企业社会责任，以及加强国际合作等方面，为制定国际国内投资政策提供指导。《指导原则》有利于帮助国际投资者和政策制定者就国际通行投资规范达成共识，为进一步形成多边投资框架，甚至真正的多边国际投资协定的范本起到奠基石的作用。

三　中国参与国际直接投资形势分析

2015 年中国对外直接投资再创新高，流量达到 1456.7 亿美元，较上年增长了 18.3%。在全球仅次于美国，但超过日本，首次跃居全球第二大对外直接投资国。自 2003 年中国商务部联合国家统计局、国家外汇管理局发布权威年度数据以来，中国对外直接投资流量实现连续 13 年增长，2002 ~ 2015 年平均增速达到 35.9%。2015 年流量是 2002 年的 54 倍。同时，2015 年中国对外直接投资存量首次超过万亿美元，达到 10978.6 亿美元，继续位居全球第八。此外，在 2015 年，中国对外直接投资还首次超过外商来华投资。2015 年，中国实际使用外资 1356 亿美元，比上年增长了 6%，位居全球第三。中国对外直接投资超过外商来华投资 100.7 亿美元，首次实现资本账户直接投资项资本净输出。

在对外直接投资流量中，新增股权投资接近 70%，债务工具占比创历史新低。2015 年，中国对外直接投资流量中，新增股权投资 967.1 亿美元，占 66.4%；收益再投资 379.1 亿美元，占 26%，较上年下降 10 个百分点；债务工具投资 110.5 亿美元，仅占 7.6%，比上年下降了 51.9%，创历史新低。

兼并收购是中国对外直接投资的重要方式。中国企业在 2015 年共实施对外兼并收购项目 579 个，比上年减少了 2.7%。实际交易金额 544.4 亿美元，比上年下降了 4.3%。从资金来源来看，越来越多的中国企业通过自有资金和境内银行贷款来满足海外并购需求。2015 年，境内融资占比达到 68.5%，比上年增长 11.4 个百分点（见表 3）。

表 3　中国对外并购构成

年份	2012	2013	2014	2015
数量(个)	457	424	595	579
总并购金额(亿美元)	434	529	569	544.4
单个项目平均交易金额(亿美元)	0.95	1.25	0.96	0.94
境内融资占比(%)	63.60	63.90	57.10	68.50
境外融资占比(%)	36.40	36.10	42.90	31.50

根据投资规模排序，我们总结了 2015 年中国前十大境外兼并收购交易（见表 4）。与上年相比，这些交易呈现两大特征。

一是进入门槛进一步提高，但总投资规模继续下降。进入 2015 年中国境外兼并收购前十名的门槛是 17.26 亿美元，比 2014 年的 15 亿美元、2013 年的 13 亿美元有所提高。然而，2015 年中国境外兼并收购前十大交易总投资额为 217.23 亿美元，比 2014 年的 268.6 亿美元下降了 19.13%，比 2013 年的 457.3 亿美元更是减少了 52.5%。这说明巨无霸型的境外并购在 2015 年有所减少。

二是行业布局呈多元化，采矿业首次未进前十。2015 年中国境外兼并收购前十的交易行业分布较为广泛，包括交通运输业、租赁和商务服务业、信息技术业、电力燃气水生产和供应业、金融业、房地产业和制造业七大行业。其中，采矿业境外并购首次未出现占前十大交易中。而在 2014 年，采矿业占前十大境外并购总交易额的比重还有 35%，2013 年甚至达到 72.2%。这说明中国企业资源寻求境外投资的动机大大减弱。背后主要有两方面原因：一方面，国内众多行业产能过剩问题严重，对资源类产品的需求下降；另一方面，过去几年，中国企业境外资源类投资失败居多、损失惨重，因此投资者更为谨慎。

表4 2015 年中国前十大对外兼并收购

排名	中国企业	目标企业	目标国家（地区）	投资额（亿美元）	目标行业	持股比例（%）
1	海航集团	瑞士国际空港	瑞士	27.31	交通运输业	100
2	渤海租赁	AVOLON 控股	开曼群岛	26.37	租赁和商务服务业	100
3	紫光股份	华三科技	中国香港	25.00	信息技术业	51
4	中国核电	MASTIKA LAGENDA	马来西亚	22.99	电力燃气水生产和供应业	100
5	国家电力投资公司	太平洋水电	澳大利亚	21.74	电力燃气水生产和供应业	100
6	安邦集团	REAAL NV	荷兰	20.87	金融业	100
7	中国铁建	英雄住房工程	津巴布韦	19.29	房地产业	100
8	复星国际	Ironshore 保险	美国	18.40	金融业	80
9	剑光资产	NXP 半导体射频功率业务	荷兰	18.00	制造业	100
10	清华紫光	矽品精密工业	中国台湾	17.26	租赁和商务服务业	24.9

资料来源：王碧珺和王永中等（2016）。

四 前景展望

正如前文所述，2015 年全球 FDI 大幅增长的主要驱动力是跨国公司进行公司重构背景下的跨境并购井喷。然而，由于跨国企业利润下滑，以及美国和俄罗斯等国纷纷推出针对反转交易的限制性政策措施，这类交易将大大受限。从已有的 2016 年前四个月数据来看，跨境并购总金额为 3500 亿美元，比上年同期大幅下降了 32%。

世界经济增长动力不足也使得跨境投资缺乏基本面的支撑。根据世界贸易组织 2016 年 4 月的预测，2016 年国际贸易增速为 2.8%，比之前预测的 3.9% 下调了 1.1 个百分点（WTO，2016）。国际货币基金组织在 2016 年 7 月也下调了 2016 年和 2017 年世界经济增长率的预测，均比其 2016 年 4 月的预测下调了 0.1 个百分点，分别为 3.1% 和 3.4%（IMF，2016）。由于全球经济低迷、总需求持续不足，美联储加息和英国脱欧可能引发国际金融市场动荡和外部融资环境变化，联合国贸发会议预计全球 FDI 流量在 2016 年下降 10%~15%。而地缘政治风险、恐怖主义和难民潮等非经济风险对全球经济的不利影响将进一步加剧国际投资的下滑预期。

从企业微观角度来看，2016~2018 年企业 FDI 支出增加倾向将得到强化。在 2016 年，只有 41% 的企业预计增加 FDI 支出，这一数据在 2017 年上升至 50%，2018 年达到 53%。与此同时，有 26% 的企业预计在 2016 年减少 FDI 支出，这一数据在 2017 年将下降至 18%，2018 年将进一步减少至 13%（见图 4）。

然而，具有不同规模、来自不同区域和行业的跨国企业对于接下来三年 FDI 支出的看法并不一致。在规模上，全球前 100 大跨国企业在 FDI 支出上显得更为悲观：2016 年只有 32% 预计增加 FDI 支出，高达 45% 预计减少 FDI 支出。在区域上，来自发展中国家和转型经济体的跨国企业比来自发达国家的跨国企业在 FDI 支出上显得更为悲观：前者中的 35% 预计在 2016 年减少 FDI 支出，比后者中的 24% 高出 11 个百分点。在行业上，来自第一产

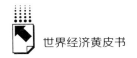

业（主要是油气、采矿业）的跨国企业比来自制造业和服务业的跨国企业
在 FDI 支出上显得更为悲观：前者中的高达 60% 预计在 2016 年减少 FDI 支
出，只有 20% 预计增加 FDI 支出；分别与后者的 20% 出头和 44% 形成鲜明
对比。即使到了 2018 年，也只有 33% 来自第一产业的跨国企业预计增加
FDI 支出，远远低于制造业的 52% 和服务业的 63%。

综上所述，由于在宏观层面上，全球增长动力不足，美国加息和英国脱
欧给国际金融市场带来不确定性，地缘政治等非经济风险持续发酵；在微观
层面上，跨国企业"反转交易"受到政策抑制，全球 FDI 预计在 2016 年小

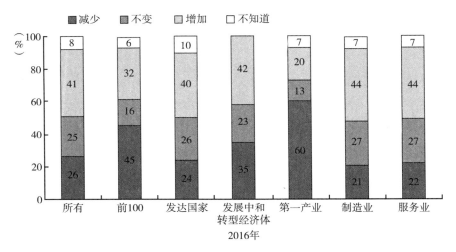

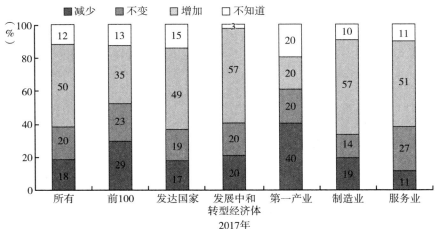

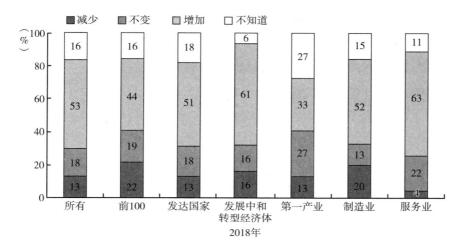

图 4　跨国企业 2016～2018 年 FDI 支出倾向（相对 2015 年水平）

资料来源：根据 UNCTAD（2016）数据整理。

幅下降。但是随着企业 FDI 支出倾向在 2017～2018 年得到强化，全球 FDI 预计在经历 2016 年下降后，接下来两年将有所反弹。

参考文献

王碧珺、王永中等：《中国对外投资季度报告（2015 年第 4 季度及全年回顾与展望）》，中国社会科学出版社，2016。

王碧珺、张明：《英国脱欧对中国在欧投资的影响》，《财经》2016 年 7 月 11 日。

中华人民共和国商务部、中华人民共和国国家统计局和国家外汇管理局：《2015 年度中国对外直接投资统计公报》，中国统计出版社，2016 年。

International Monetary Fund（IMF）. 2016. World Economic Outlook：Uncertainty in the Aftermath of the U. K. Referendum. Washington（July）.

UNCTAD. 2016. World Investment Report 2016：Investor Nationality：Policy Challenges, New York and Geneva：United Nations Conference on Trade and Development.

World Trade Organization（WTO）. 2016. *World Trade Statistical Review 2016.* Geneva.

Y.13
全球大宗商品市场的回顾与展望：温和反弹

王永中[*]

摘　要： 在需求上升和供给下降的共同作用下，绝大部分大宗商品价格指数在 2016 年 1 月触底，并于 2016 年上半年实现了稳定反弹。2016 年 1 ~ 7 月，以现价美元计价的大宗商品价格指数反弹了 14.3%，原油、黄金、矿石与金属、食品和农业原材料的价格指数分别反弹了 48.1%、21.9%、15.7%、15.7% 和 6.1%。中国的经济结构调整、淘汰过剩产能和经济增速下降，导致其对大宗商品需求增长明显放缓，甚至对部分商品需求的绝对量下降。2015 年，受价格下降的影响，中国大宗商品的进口价值大幅下跌 30.4%，但进口数量实际增长 6.7%，中国占全球进口的价值份额上升了 1.8 个百分点，达 21.4%。大宗商品价格指数在 2016 年下半年预计将以盘整行情为主，在 2017 年将继续小幅反弹。预计原油均价在 2016 年第四季度、全年将分别为 52 美元/桶、45 美元/桶，在 2017 年将反弹至 57 美元/桶左右。

关键词： 大宗商品　需求　供给　价格

---

* 王永中，经济学博士，中国社会科学院世界经济与政治研究所研究员，主要研究领域：国际经济学。

一　大宗商品市场总体状况

在需求上升和供给下降的共同作用下，绝大部分大宗商品价格指数在2016年1月触底，并于2016年上半年实现了较为稳定的反弹。这与我们2015年的预测基本一致。我们的预测结论认为，"全球大宗商品价格在2015年将触及底部，2016年将有小幅反弹"（王永中，2015）。与我们预测不同的是，大宗商品价格指数在触底之后，没有在底部盘整一段时间，而是出现了快速的"V"形反弹，且反弹力度较为强劲。这与我们当初低估价格大幅下跌对于大宗商品的投资和生产的负面影响密切相关。①

2016年7月，以现价美元和特别提款权（SDR）计价的大宗商品价格指数分别为208、198，相较于2011年2月的峰值水平下跌了36.9%、29.0%。在2015年7月至2016年1月期间，以现价美元和SDR计价的大宗商品价格指数分别由期初的204、192跌至期末的谷底水平182、174，下跌幅度依次达9.9%、8.9%。但是在2016年的2~7月期间，全球大宗商品价格指数出现了快速反弹，以现价美元和SDR计价的价格指数攀升至期末的208、198，分别上涨了14.3%、13.8%（见图1）。

农业原料、食品、矿石与金属、原油等类别的大宗商品价格指数基本在2016年1月触底，并在2016年上半年实现了较为快速的反弹。这预示着自2011年2月以来长达5年之久的大宗商品下行周期趋于终结（见图2）。

农业原料的价格指数在2016年2月跌至谷底的146，相比较于2011年2月的峰值水平下跌了55.1%。农业原料价格指数在2015年7月至2016年2月

---

① 大宗商品的价格与投资和生产之间存在着密切的联系。21世纪初，在大宗商品"超级周期"时期，许多资源丰富的国家得益于迅猛增长的勘探、投资和生产活动，有力地促进了其经济增长。2016年，石油、金属矿石的价格仅相当于2011年峰值水平的30%~50%。价格大幅下跌对大宗商品出口国的出口收入和财政收入产生了严重的消极影响。在一些新兴经济体，众多大宗商品的开发项目由于缺乏资金或盈利能力而被迫暂停或延迟。显然，只有当大宗商品的未来市场前景显著改善后，这些暂停或延迟的项目才有望重新启动（World Bank Group，2016a）。

图1　大宗商品价格指数

注：2000 年的价格指数为 100。
资料来源：UNCATD STAT。

图2　大宗商品分类价格指数

注：2000 年的价格指数为 100；原油价格指数为英国布伦特轻质原油、迪拜中质原油和西德克萨斯重质原油的价格的平均指数，三种原油的权重相等。
资料来源：UNCATD STAT。

下降了 13.1%，在 2016 年的 3~7 月反弹了 7.5%。

食品价格指数在 2016 年 1 月跌至谷底的 191，比 2011 年 2 月的峰值水平下跌了 34.5%。2016 年 7 月，食品价格指数升至 221，相比 2 月上涨了 15.7%。其中，泰国曼谷的大米出口离岸价格，先由 2015 年 7 月的 387.7 美元/吨跌至 2015 年 12 月的 354.4 美元/吨，跌幅为 8.6%，后稳定上涨至 2016 年 7 月的 456.2 美元/吨，涨幅达 28.7%。美国到鹿特丹的大豆到岸价也经历了一波先抑后扬的行情，先由 2015 年 7 月的 405 美元/吨跌至同年 11 月的 368 美元/吨，后反弹至 2016 年 7 月的 432 美元/吨，净上涨 17.4%。

2016 年 1 月，矿石与金属价格指数触及底部的 178，相比 2011 年 2 月的峰值水平下跌了 57.4%。矿石与金属价格指数在 2015 年 7 月至 2016 年 1 月下降了 22.6%，在 2016 年 2~7 月反弹了 15.7%。黄金价格指数在 2015 年 12 月跌至谷底的 383，相比 2012 年 10 月 626.1 的阶段性高点下跌了 38.8%。2016 年 2 月以来，黄金市场经历了一波强劲反弹行情，价格指数快速攀升至 7 月的 479，上涨幅度达 21.9%，且比上年同期 405 的价位高出 18.3%。

2015 年末，伦敦金属交易所纯度为 99.5% 的标准金下午定盘价跌至谷底 1060 美元/盎司，相比 2011 年 9 月 5 日的峰值价位 1895 美元/盎司下跌了 44.1%。在 2016 年 9 月前半个月，黄金的日均价格达 1327 美元/盎司，比上年末的价位大幅上涨了 25.2%（见图 3）。黄金均价在经历四年的持续下降之后，终于在 2016 年前 9 个月实现了逆转。黄金均价先由 2013 年的 1411.2 美元/盎司逐步下降至 2014 年的 1266.4 美元/盎司、2015 年的 1181.4 美元/盎司，下跌的幅度分别为 10.3%、6.7%，后反弹至 2016 年前 9 个月的 1256.5 美元/盎司，上涨幅度达 6.4%。

铁矿石价格在 2015 年末触及谷底，在 2016 年实现了明显反弹，但波动幅度较大。2015 年末，天津港进口的铁纯度为 62% 的铁矿石现货价格为 40.4 美元/干吨，相比 2011 年 2 月的 187.2 美元/干吨的峰值水平下跌了 78.4%。铁矿石价格在 2016 年 4 月冲高至 60.3 美元/干吨，但随后下跌至 7 月的 57.2 美元/干吨。伦敦金属交易所铜价在 2015 年下半年下跌了 20.8%，但在 2016 年稳定反弹了 19.4%，攀升至 7 月的 3690 美元/吨，比上年同期

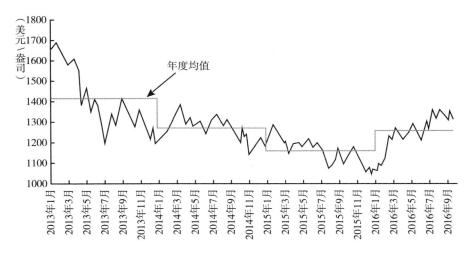

图3　伦敦金属交易所黄金的下午定盘价

资料来源：CEIC。

价格高出 5.2%。

2016 年 1 月，原油价格指数跌至 106，相比 2014 年 6 月 384 的阶段性高点下跌了 72.4%。在 2015 年 7 月至 2016 年 7 月，原油价格指数大幅波动，先由 2015 年 6 月的 217 点位大幅跌至 2016 年 1 月的 106，跌幅达 51.2%，但较稳定反弹至 2016 年 7 月的 157 点位，升幅达 48.1%，但仍比上年同期价位低 18.7%。

2016 年 1 月以来，原油价格指数虽有所反弹，但原油均价下降。如图 4 所示，布伦特轻质原油和西德克萨斯轻质原油现货价格的年度均值，由 2013 年的 103.3 美元/桶，先后跌至 2014 年的 96.6 美元/桶、2015 年的 51.2 美元/桶、2016 年前 9 个月的 42.6 美元/桶，降幅分别达 6.5%、47.0%、16.8%。在 2015 年 7 月至 2016 年 10 月初期间，原油现货市场呈现先抑后扬且大幅震荡的特征。原油价格先由期初的 59.5 美元/桶，下挫至 2016 年 2 月 10 日的 29.1 美元/桶，跌幅达 51.1%，后反弹至 8 月 6 日的 52.1 美元/桶，涨幅达 79%，再下探至 9 月中旬的 45 美元/桶左右，跌幅为 13.6%。9 月 28 日，OPEC 成员国达成限产共识，出乎国际市场的预料，原油价格在随后数日大幅跳涨，轻松突破 50 美元/桶的关口。普京关于俄罗斯愿意加入 OPEC 石油限产计划的表态，进一步助推了原油价格的上涨。10 月 10 日，布伦特原油期货价格攀升至 53 美元/桶，创 2015 年 6 月以来的新高。

原油价格受实际供需、地缘政治、金融市场和气候等多种因素的影响，对其价格进行预测是一项困难的工作。在 2015 年报告中，我们预测"2015 年原油平均价格将围绕 55 美元/桶的区间内波动，2016 年将可能反弹至 60 美元/桶左右"（王永中，2015）。我们预测的 2016 年石油均价与实际水平偏差较大。原因主要有：一是低估了以沙特为主的 OPEC 增产的幅度；二是低估了大宗商品价格大幅下跌对于大宗商品出口国的石油消费能力的负面影响；① 三是高估了中国的石油需求特别是储备石油需求的增速。

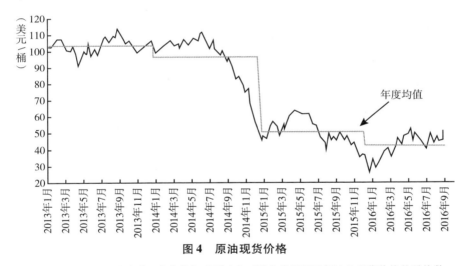

图 4　原油现货价格

注：原油现货价格为英国布伦特轻质原油和西德克萨斯轻质原油的现货价格的平均数，二者的权重相等。

资料来源：CEIC。

---

① 大宗商品价格的下跌将导致大宗商品出口国的出口收入和财政收入的下降，引致大宗商品出口国的消费和投资减少，进而致使其经济增长速度下滑。因此，大宗商品价格的下跌通常伴随着发展中大宗商品出口经济增长速度的下降。IMF 的一项经验分析结果显示，大宗商品价格近年来的大幅下跌和未来全球大宗商品需求疲软的前景，将导致大宗商品出口国在 2015~2017 年的平均增长较 2012~2014 年平均下降 1 个百分点；导致能源出口国的年均经济增长率下降 2.25 个百分点；致使大宗商品出口国的潜在产出增长率下降了 1/3，能源出口的潜在增长率下降了 0.67 个百分点（IMF，2015）。

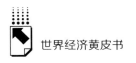
二 石油的实际供需状况

目前，全球石油需求继续维持低速增长的态势，但增长速度将有所加快。2014 年、2015 年全球石油平均日需求量分别为 9320 万桶、9480 万桶，增速依次为 1.30%、1.72%。2016 年上半年，全球石油平均日需求量达9560 万桶，比 2015 年增长了 0.74%（见表 1）。根据国际能源署的预测，2016 年全球石油日均需求的增长量预计为 140 万桶，在 2017 年，由于低油价这一需求支撑因素的消失，增长量将回落至 120 万桶/日，从而，2016年、2017 年全球石油平均日需求量将分别达 9630 万桶、9750 万桶，年均增速依次为 1.58%、1.25%（IEA，2016）。

美国家庭部门和欧洲产业部门的石油需求增长，带动了发达国家2015～2016 年的石油需求。2015 年、2016 年上半年，OECD 国家的石油日需求量分别为 4620 万桶、4625 万桶，比上年分别增加了 40 万桶、5 万桶，而 2014年日需求增加量为 - 30 万桶。OECD 国家的石油需求增长主要来源于美国。2015 年，美国石油日需求增加了 30 万桶，占发达国家石油需求增长量的75%。美国石油需求增长主要来源于家庭部门。据美国交通部联邦高速公路管理局的数据，美国汽车行驶里程数在 2016 年 5 月的增长率达 2%（IEA，2016）。欧洲石油需求增长主要来源于德国、西班牙、英国和荷兰。

表 1　世界石油供需状况

单位：百万桶/天

时间	2013 年	2014 年	2015 年	2016 年第一季度	2016 年第二季度	2016 年第三季度	2016 年	2017 年
需求								
OECD	46.1	45.8	46.2	46.6	45.9	46.8	46.5	46.6
美洲	24.2	24.2	24.5	24.5	24.4	24.9	24.6	24.7
欧洲	13.6	13.5	13.7	13.6	13.9	14.2	13.9	13.8
亚洲大洋洲	8.3	8.1	8.0	8.5	7.6	7.7	8.0	8.0
非 OECD	45.9	47.4	48.6	48.7	49.7	50.2	49.8	50.9

续表

时间	2013 年	2014 年	2015 年	2016 年 第一季度	2016 年 第二季度	2016 年 第三季度	2016 年	2017 年
独联体	4.8	4.9	4.9	4.9	5.0	5.1	5.0	5.1
欧洲	0.7	0.6	0.7	0.7	0.7	0.7	0.7	0.7
亚洲	22.1	22.8	23.9	24.6	24.8	24.6	24.7	25.6
中国	10.4	10.8	11.4	11.5	11.6	11.7	11.6	11.9
拉美	6.6	6.8	6.7	6.5	6.7	6.8	6.7	6.7
中东	8.0	8.4	8.3	7.8	8.4	8.8	8.3	8.5
非洲	3.8	3.8	4.1	4.2	4.2	4.1	4.2	4.4
总需求	92.0	93.2	94.8	95.4	95.6	97.0	96.3	97.5
供给								
OECD	21.0	22.9	23.9	24.0	22.8	22.8	23.2	23.2
美洲	17.2	19.1	19.9	19.9	18.9	19.2	19.3	19.5
欧洲	3.3	3.3	3.5	3.6	3.4	3.2	3.4	3.3
亚洲大洋洲	0.5	0.5	0.5	0.4	0.4	0.4	0.4	0.4
非 OECD	28.4	28.8	29.1	28.9	28.6	28.8	28.8	29.0
独联体	13.8	13.9	14.0	14.2	14.0	14.0	14.1	14.2
欧洲	0.1	0.1	0.1	0.1	0.1	0.1	0.1	0.1
亚洲	7.7	7.7	7.9	7.0	6.8	6.7	6.8	6.7
中国	4.2	4.2	4.3	4.2	4.1	4.0	4.1	4.0
拉美	4.2	4.4	4.6	4.4	4.5	4.6	4.5	4.7
中东	1.4	1.4	1.3	1.3	1.3	1.3	1.3	1.2
非洲	2.0	2.1	2.1	2.0	2.0	2.0	2.0	2.1
OPEC	37.7	37.7	39.0	39.6	39.8			
原油	31.4	31.2	32.3	32.8	33.0			
总供给	91.3	93.8	96.6	96.6	95.9			
供需缺口	0.7	-0.6	-1.8	-1.2	-0.3			

资料来源：IEA，Oil Market Report，August 2016。

全球石油需求增长仍由新兴经济体驱动，但中国经济的结构调整和增长减速，以及非洲、拉美和中东的一些大宗商品出口国的出口收入和财政实力的下降①，导致新兴经济体石油需求的增速放慢。非 OECD 国家的石油需求

---

① 大宗商品价格的下跌，导致大宗商品出口国的出口收入、财政收入和经济增速下降，进而对这些国家的石油消费支付能力产生负面影响。因此，大宗商品价格下跌可通过收入效应引致大宗商品出口国的石油需求下降。

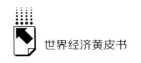

增长的主力是中国和印度。如表 1 所示，2015 年、2016 年上半年，非 OECD 国家的石油日均需求量分别为 4860 万桶、4920 万桶，相比上年依次增加了 120 万桶、60 万桶，而 2014 年日需求增加量为 150 万桶。其中，中国在 2015 年和 2016 年上半年，石油日均需求量依次为 1140 万桶和 1155 万桶，比上年分别增加 60 万桶、15 万桶，而 2014 年的日需求增长量为 40 万桶。

全球石油供给近年来连续实现了较快增长，且增长速度快于需求，但这一趋势在 2016 年上半年被逆转，2016 年全年石油供给可能负增长。2015 年全球日均石油供给量达 9660 万桶，增长了 280 万桶，供给过剩量由上年的 60 万桶扩大至 180 万桶。2015 年全球石油供给增长主要由 OPEC、美国和加拿大驱动，其供给量分别增长了 130 万桶、80 万桶和 20 万桶，三者占全球石油供给增长的份额达 82.1%。

2016 年上半年，全球日均石油供给量为 9625 万桶，比 2015 年下降 35 万桶，供给下降主要来自美国、亚洲国家、拉美和中东北非地区，减产量分别为 50 万桶、100 万桶、25 万桶，尽管 OPEC 的日均产量增加了 70 万桶，但尚不足以弥补其他地区供给量的下降。石油供给量的下降，推动全球市场供需趋向平衡，2016 年上半年全球日均石油供给过剩量收缩至 75 万桶。

石油价格的下跌，导致非 OPEC 国家的石油供应增长失速，并由低速增长转为负增长。2015 年，非 OPEC 国家的日均石油产量达到创纪录的 5670 万桶，增产 150 万桶，但比 2014 年日均 250 万桶的增速显著放缓。2016 年上半年，非 OPEC 国家的石油产量出现明显下降，且跌幅不断扩大，第一季度比 2015 年下降了 60 万桶，第二季度环比下降了 90 万桶。

2016 年上半年，美国石油产量的下降应主要归因于石油价格的大幅下跌，石油价格下跌致使投资规模明显下降，大量钻井机停止运转。不过，2016 年第二季度油价的反弹导致美国一部分钻井机恢复运转。据美国能源局的预测，在原油价格没有明显上涨的情况下，美国石油的日均产量将从 2016 年第一季度的 920 万桶降至 2017 年第三季度的 810 万桶，减产幅度达 12.0%。俄罗斯成为非 OPEC 国家石油供给增长最为主要的来源，国际制裁和财政困难迫使其提高石油产量。巴西、哈萨克斯坦的石油供给也在 2016

年上半年实现了正增长。

根据国际能源署的预测，2016 年第三季度非 OPEC 产油国的石油日均产量将会跌至 5160 万桶，环比下跌 450 万桶，2016 年全年的日均石油产量将跌至 5200 万桶，比上年下降 560 万桶，降速达 9.7%。2017 年，随着油价温和回升，非 OPEC 国家的石油产量将小幅反弹至 5220 万桶/日，增产 20 万桶/日。其中，美国和加拿大的日均石油产量在 2016 年将降至 1930 万桶，减产 60 万桶，2017 年将小幅反弹至 1950 万桶。

在石油价格大幅下跌、北美页岩气产量超常规增长和伊朗核协议达成的强烈冲击之下，以沙特阿拉伯为首的 OPEC 转变了调控国际原油市场的策略，由传统上寻求控制市场价格转向追求市场份额，以打击美国页岩气产业和限制伊朗石油市场份额。2015 年，OPEC 日均石油供应量达 3900 万桶，比 2013 ~ 2014 年增产 130 万桶，增速达 3.45%。2016 年第一、二季度，OPEC 的日均石油产量进一步分别升至 3960 万桶、3980 万桶，不断创供应量的历史新高，比 2015 年的产量分别增长 1.54%、2.05%。

在 OPEC 国家内部，石油供给增长状况存在着明显分化。一方面，中东国家的石油产量不断刷新历史新高，如沙特、科威特、阿联酋、伊朗和伊拉克等。2016 年 7 月，沙特的日均石油产量达 1062 万桶。伊朗、伊拉克在 2016 年上半年均增产 50 万桶以上。不过，伊拉克石油供给稳定面临着 IS 的军事威胁。另一方面，尼日利亚和委内瑞拉的石油供给能力遭受严重破坏，产量大幅下降。国内武装冲突导致尼日利亚的石油基础设施破坏严重，石油生产中断，产量创近 30 年新低。石油价格大幅下跌导致委内瑞拉的出口收入和财政收入锐减，引发了该国的政治经济危机和社会动荡，且其国有石油公司的欠费行为致使一些外国油服公司撤出，石油产量大幅下滑。

低油价对 OPEC、俄罗斯等国的出口和财政收入构成了严重的负面冲击。为阻止原油价格的进一步下跌，OPEC 于 2016 年 9 月 28 日宣布达成限产共识，同意将日均原油产出目标设定在 3250 万 ~ 3300 万桶，比 2016 年 8 月的产出水平减少 0.6% ~ 2.1%。不过，具体的限产细节，如限产计划实施时间、成员国如何分配减产任务，则需等 11 月 30 日 OPEC 正式会议的决

定。与此同时，俄罗斯表示愿意加入限产计划，这将会显著增强 OPEC 的干预效果。

三　中国需求

中国是国际大宗商品市场最主要的需求者，据世界金属统计局的数据，2015 年中国的金属矿石消费量占全球消费总量的 50%，是 2000 年以来金属矿石需求增长的驱动者（World Bank Group，2016b）。近来，中国经济的增长明显减速和结构调整，对大宗商品的需求减弱，引发了大宗商品的供给严重过剩和价格大幅下挫。就表 2 所列的 17 种主要大宗商品而言，中国在 2015 年的进口额为 3560.6 亿美元，大幅下降 30.4%，约占上述商品全球进口总额的 21.4%。但是由于同期全球进口总额大幅下跌了 36.4%，中国进口份额反而提高了 1.8 个百分点（见表 2）。

表 2　中国大宗商品进口规模及占全球的份额

品种	2015 年中国进口额 （亿美元，万吨）		2015 年中国进口 占世界的份额（%）		中国进口份额变化 （与 2014 年的差额，百分点）	
	价值	数量	价值	数量	价值	数量
谷物	93.5		11.6		4.9	
稻谷	14.7	335	9.4	12.2	1.6	2.8
大豆	349.0	8177	66.6	67.2	1.7	2.1
橡胶	39.2	274	29.5	31.9	1.4	2.1
原木	80.5	3939	52.7	46.2	-1.8	-3.0
羊毛	34.2		29.7		3.4	
棉花	102.6		31.0		1.5	
钢铁	182.3		6.3		0.6	
铁矿石	578.7	95305	68.9	71.7	2.9	3.0
铜及制品	383.9		31.0		-1.2	
铜矿石	194.0	1330	46.7	49.9	6.5	6.6
铝及制品	69.3		4.8		-0.4	
铝矿石	29.5	5598	59.7	59.8	13.3	11.7
氧化铝	16.3	466	15.3	15.6	-1.9	-2.4
铅矿石	20.9	190	43.9	64.8	12.6	11.5

续表

品种	2015 年中国进口额 （亿美元，万吨）		2015 年中国进口 占世界的份额(%)		中国进口份额变化 （与 2014 年的差额，百分点）	
	价值	数量	价值	数量	价值	数量
锌矿石	20.1	324	29.8	32.6	11.7	12.9
镍矿石	26.6	3526	69.0	82.2	−7.4	−1.4
原油	1340.0	33527	18.1	17.5	2.5	2.1
合计	3560.6		21.4		1.8	

注：表中产品名称均为对应的海关 HS 分类名称的简称。对应的代码分别为：谷物 10、稻谷 1006、大豆 1201、橡胶 4001、原木 4403、羊毛 51、棉花 52、钢铁 72、铁矿 2601、铜及制品 74、铜矿 2603、铝及制品 76、铝矿石 2606、氧化铝 281820、铅矿石 2607、锌矿石 2608、镍矿石 2604、原油 270900。

资料来源：联合国 COMTRADE 数据库。

  需要指出的是，中国进口的大宗商品价值量的大幅下降，应归因于大宗商品价格的下跌，而不是进口商品数量的减少。事实上，2015 年中国进口的大宗商品数量有所增加。就图 5 中的 12 种大宗商品而言，中国 2015 年的总进口数量增加了 9617 万吨，增长了 6.7%，其中，铁矿石、铝矿石、原油、大豆的进口量分别增加 5690 万吨、2105 万吨、2289 万吨、1063 万吨，原木、镍矿石、氧化铝的进口量依次下降了 1241 万吨、843 万吨、39 万吨，其他商品的进口量均有不同程度的上升。

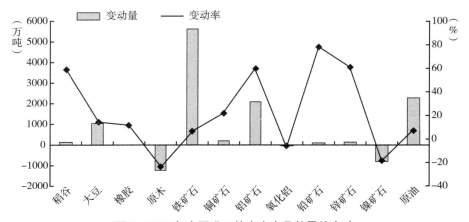

图 5　2015 年中国进口的大宗商品数量的变动

资料来源：联合国 COMTRADE 数据库和作者计算。

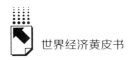

中国是全球金属与矿石原料最主要的需求者，中国进口的镍矿石、铁矿石的价值总额占全球进口规模的份额达到甚至超过 50%。中国进口规模最大的金属矿石品种是铁矿石。2015 年，中国进口的铁矿石规模为 578.7 亿美元，比 2014 年 935.2 亿美元的进口规模大幅下挫 38.1%，但由于 2015 年全球铁矿石进口额剧降 40.7%，导致中国铁矿石进口的价值份额、数量份额分别由上年 66.0%、68.7% 升至 68.9%、71.7%。

中国进口铜及制品的规模仅次于铁矿石。2015 年，中国进口的铜及制品的价值额为 383.9 亿美元，下降 18.8%，占全球进口份额由 32.2% 略微降至 31.0%。2015 年，中国的镍矿石进口量为 26.6 亿美元，大幅下降 41.9%，占全球镍矿石进口份额由上年的 76.4% 降至 69.0%。中国对铜矿石、铝及制品、氧化铝、铅矿石的进口价值份额分别下降了 10.0%、13.8%、15.1%、3.2%，但对铝矿石、锌矿石的进口价值逆市增长 43.2%、31.3%。

2015 年，中国在国际金属矿石市场获得了较为有利的贸易条件。如表 2 所示，对于所有类型的金属矿石而言，中国的进口价值份额均低于进口数量份额，即在不考虑金属矿石品质差异的条件下，中国支付的进口价格均低于国际平均价格。以铁矿石为例，2015 年中国进口的价值份额与数量份额之间的比率为 0.96，即中国支付的价格相当于国际市场价格的 96%。在 2012~2014 年期间，中国进口铁矿石的价值份额与数量份额的比率依次为 0.95、0.97、0.96，从而，中国在铁矿石贸易条件方面持续获得小幅优惠。但是这可能应归因于国际市场环境和供需结构的变化，而不是中国的谈判地位和议价能力的提高（姚枝仲，2014）。

作为土地资源相对稀缺的国家，中国对大豆等农作物和木材资源有着巨大的需求。2015 年，中国进口大豆的规模为 349 亿美元，下降 13.3%，但占全球大豆进口份额却升至 66.6%。中国在国际大豆市场获得了较为优惠的贸易条件，2012~2015 年中国大豆进口的价值份额与数量份额的比率为 0.991。中国的棉花、羊毛进口价值份额有所上升，分别由 2014 年的 29.5%、26.3% 升至 2015 年的 31.0%、29.7%。中国 2015 年对橡胶进口的价值份额、数量份额分别上升了 1.4 个、2.1 个百分点。

2015 年，中国进口的原木价值额为 80.5 亿美元，下降了 31.2%，但中国占原木市场的进口价值份额的变化不大，仅由上年的 54.5% 略降至 52.7%。令人感兴趣的是，中国在国际原木市场一直面临着不利的贸易条件，价值份额长期高于数量份额。这可能与中国消费者对高品质原木的偏好密切相关，如红木等。

原油是中国进口规模最大的商品品种。中国进口原油的数量逐年增长，占世界石油进口份额不断上升。2015 年，中国进口原油 1343 亿美元，比 2014 年 2283 亿美元的进口值大幅下降 41.2%。这归因于原油价格的大幅下跌而不是原油进口数量的减少，事实上中国进口原油的数量增长了 7.3%（见图 4）。目前，中国的原油进口总量略低于美国，原油净进口量基本与美国并驾齐驱。中国原油净进口的数量曾于 2014 年短暂超越美国，净进口的价值于 2015 年略超美国（见表 3）。中国将很快超越美国成为最大的原油进口国。中国原油进口的价值、数量份额均有明显的上升，分别由 2014 年的 15.6%、15.4% 升至 2015 年的 18.1%、17.5%。2013~2015 年，中国原油进口的价值份额与数量份额的比率介于 1.01~1.05，表明中国进口的原油价格稍高于国际平均水平。

表3　美国、中国的原油进口规模比较

单位：万吨，亿美元

年份	美国				中国			
	进口		净进口		进口		净进口	
	数量	价值	数量	价值	数量	价值	数量	价值
2011	46103	3428	45783	3405	25377	1968	25125	1949
2012	42701	3220	42298	3192	27098	2208	26855	2186
2013	38615	2795	37928	2743	28174	2197	28012	2182
2014	30904	2532	29272	2403	30838	2283	30778	2278
2015	36468	1326	34016	1233	33549	1343	33263	1328

注：净进口等于进口量减去出口量和再出口量（Re - export）的差额。
资料来源：联合国 COMTRADE 数据库。

四　总结与展望

在需求上升和供给下降的共同作用下，绝大部分大宗商品价格指数在2016年1月触底，并于2016年上半年实现了较为稳定的反弹。在2016年1~7月期间，以现价美元计价的大宗商品价格指数反弹了14.3%，原油、黄金、矿石与金属、食品和农业原材料的价格指数分别反弹了48.1%、21.9%、15.7%、15.7%和6.1%。2015年，受经济结构调整、过剩产能淘汰和经济增速下滑的影响，中国进口的17种大宗商品的价值为3560.6亿美元，比2014年大幅下跌了30.4%，但由于同期大宗商品贸易的急剧衰减，中国的进口份额反而上升了1.8个百分点，达21.4%。

全球大宗商品的需求取决于世界经济形势。IMF和OECD均对2016~2017年世界经济形势做出了较悲观的预期。据IMF 2016年7月发布的《世界经济展望》，英国退出欧盟导致2016~2017年的全球经济形势恶化，经济增速将因此下调0.1个百分点。2016年全球经济增长率为3.1%，与2015年持平，其中发达经济体的增长率为1.8%，比2015年下降0.1个百分点，新兴经济体的增长率为4.1%，比2015年提高0.1个百分点；2017年，全球经济表现将有所改善，经济增长率上调至3.4%，其中发达经济体维持1.8%的增速，新兴经济体增长率为4.6%（IMF, 2016b）。OECD在2016年9月发布的《中期经济展望》中小幅下调了2016~2017年的全球经济增长率预测值。2016年增长率由2016年6月预估的3.0%减至2.9%，2017年由3.3%下调至3.2%。其中，发达国家经济增长率的预估有所下调，中国和印度的经济增速预测维持不变（OECD, 2016）。

关于国际大宗商品在2016~2017年的价格走势，世界银行和IMF均进行了预测（见表4）。根据世界银行的预测，能源的价格在2016年将下跌16.3%，在2017年将反弹22.1%，其中原油均价在2016年将跌至43美元/桶，比2015年下跌15.4%，但2017年将反弹23.7%，升至53.2美元/桶；非能源价格在2016年将下降4.0%，2017年上涨2.0%，其中金属和矿石价格在 2016 年将下跌 10.9%，2017 年反弹 3.5%，黄金价格在 2016 年将上涨 7.7%，2017 年下跌 2.5%（World Bank Group，2016b）。另据 IMF 的预测，2016 年原油的年均价格为 42.9 美元/桶，比 2015 年下跌 15.5%，2017 年原油的年均价格将达 50.0 美元/桶，上涨 16.5%；非燃料商品的价格在 2016 年下跌 3.8%，在 2017 年将略降低 0.6%（IMF，2016b）。

表 4   国际大宗商品的价格或价格指数

指标	实际值			预测值			年变动率（%）		
	2013	2014	2015	2016	2017	2018	2014~2015	2015~2016	2016~2017
能源	127.4	118.3	64.9	54.3	66.3	74.3	-45.1	-16.3	22.1
非能源	101.7	97.0	82.4	79.1	80.7	82.5	-15.1	-4.0	2.0
金属和矿石	90.8	84.8	66.9	59.6	61.7	64.3	-21.1	-10.9	3.5
农产品	106.3	102.7	89.3	88.6	90.0	91.4	-13.0	-0.8	1.6
食品	115.6	107.4	90.9	91.2	92.7	94.3	-15.4	0.3	1.6
原材料	95.4	91.9	83.2	81.8	83.7	85.7	-9.5	-1.7	2.3
化肥	113.7	100.5	95.4	78.2	79.8	81.4	-5.1	-18.0	2.0
贵金属	115.1	101.1	90.6	97.4	95.4	93.5	-10.4	7.5	-2.1
原油（美元/桶）	104.1	96.2	50.8	43.0	53.2	59.9	-47.2	-15.4	23.7
黄金（美元/盎司）	1411	1265	1161	1250	1219	1190	-8.2	7.7	-2.5

注：2010 年的价格指数为 100。

资料来源：World Bank。

基于前文的预测分析，我们现从实际供需、货币因素和巴黎气候协定的视角，对 2016~2017 年国际大宗商品市场的走势作一个简要展望。

从实体经济的角度看，大宗商品出口经济状况的略微改善，不足以弥补英国退出欧盟对全球经济所造成的负面影响，2016~2017 年全球经济将继续维持低速增长态势，其中 2017 年的经济形势比 2016 年将略有改善。发达经济体的经济复苏势头较为稳健，对大宗商品的需求相对稳定。中国经济增长的明显减速和结构调整，如从资源资本密集型重化工业向轻工业和服务业的转变，将会对国际大宗商品的需求产生长期深刻的影响，意味着中国需求曾经引发国际大宗商品"超级周期"的历史将不会重演。不过，中国近来刺激经济的措施，如增加基础设施投资、大幅放开房地产限购，将导致其

大宗商品需求上升。随着印度国内经济的快速增长和工业化加速，其将会成为一个重要的大宗商品需求者。大宗商品的价格反弹有助于资源能源出口国提高出口收入和财政实力，增强其大宗商品消费能力。

从货币角度看，鉴于目前美国和全球的经济形势不甚乐观，美联储升息的步伐和节奏将会非常缓慢，且当前美元指数处于历史较高水平，美元继续升值的空间有限，这有助于抑制大宗商品价格指数的下跌势头。

巴黎气候变化协定的签署，将对全球的经济结构和能源消费结构，以及大宗商品需求结构产生深刻而久远的影响。体现在：一是各国对天然气、绿色能源等清洁能源的需求将大幅上升，对煤炭等非清洁能源的需求将明显下降；二是经济结构调整步伐将加快，钢铁、水泥、冶金等碳排放量大的重化工业的产能将会被压缩，导致金属矿石原料需求下降。

大宗商品的供给受到价格、投资、地缘政治和气候条件等诸多因素的影响。近年来，大宗商品价格的大幅下跌，导致大宗商品行业的投资和产能均有明显下滑，如页岩气和金属矿石行业，从而使大宗商品供应对价格上涨的反应存在一定时滞。OPEC 的石油供应取决于地缘政治博弈，如沙特、俄罗斯和伊朗能否达成并有效执行限产协议等。同时，美国页岩气产量对于原油价格的反应程度，也影响着 OPEC 的原油限产成效。农产品的供应受制于气候状况，如厄尔尼诺现象的加剧对农产品收成产生负面影响。

综上所述，在 2016～2017 年间，鉴于全球大宗商品需求继续保持低速增长势头，大宗商品供应的增加受制于现有产能，全球大宗商品价格指数将会经历稳定而温和的反弹。考虑到大宗商品价格指数在 2016 年上半年已实现了快速"V"形反弹，2016 年下半年大宗商品价格指数将以盘整、震荡行情为主。2017 年，大宗商品价格指数将继续小幅反弹。国际原油价格主要取决于 OPEC、美国的石油产量变动。若沙特、伊朗和俄罗斯达成并有效执行限产协议，将刺激原油价格上涨，然而同时将鼓励美国等非 OPEC 国家增加石油产量，虽然原油价格可能会迎来一波明显的反弹行情，但不具备大幅上涨的基础。预计 2016 年第四季度、全年的原油平均价格分别为 52 美元/桶、45 美元/桶，2017 年将可能反弹至 57 美元/桶左右。

参考文献

王永中：《全球大宗商品市场的形势与前景：下跌和企稳》，载王洛林、张宇燕主编《2016 年世界经济形势分析与预测》，社会科学文献出版社，2015。

姚枝仲：《国际大宗商品市场形势回顾与展望》，载王洛林、张宇燕主编《2014 年世界经济形势分析与预测》，社会科学文献出版社，2014。

International Energy Agency（IEA），Oil Market Report，August 2016.

International Monetary Fund（IMF），"Where Are Commodity Exporters Headed? Output Growth in the Aftermath of the Commodity Boom"，*Adjusting to Lower Commodity Prices*，World Economic Outlook（WEO），October 2015.

International Monetary Fund（IMF），"Commodity Market Developments and Forecasts，with a Focus on the Energy Transition in an Era of Low Fossil Fuel Prices"，*Too Slow for Too Long*，World Economic Outlook（WEO），April 2016a.

International Monetary Fund（IMF），"Uncertainty in the Aftermath of the U. K. Referendum"，*World Economic Outlook Update*，July 2016b.

OECD，"Global Growth Warning：Weak trade，Financial Distortions"，*Interim Economic Outlook*，21 September 2016.

World Bank Group，"Resource Development in an Era of Cheap Commodities"，Second Quarterly Report，*Commodity Markets Outlook*，April 2016a.

World Bank Group，"From Energy Prices to Food Prices：Moving in Tandem"，Third Quarterly Report，*Commodity Markets Outlook*，July 2016b.

热 点 篇

Hot Topics

Y.14

全球经济治理机制与议程
设置：以杭州峰会为例

黄 薇*

摘 要：在过去的 9 年中，G20 已经形成一套独特的工作机制和一批稳定的优先议题。在全球经济增长缓慢、经济形势复杂的背景下，国际社会对于杭州峰会抱有较高期待。2016 年中国首次担任第 11 届 G20 峰会主席国，制定 G20 议程，成为全球经济治理的指路人。中国主持下的 G20 不仅体现出对既有经验的继承，也展示出中国在经济治理领域的独特智慧。杭州峰会的成功举办给 G20 以及全球经济治理留下了丰硕的成果和历史的印记。

---

* 黄薇，中国社会科学院世界经济与政治研究所副研究员。

关键词： 全球经济治理 20国集团 杭州峰会

第二次世界大战结束后，作为最具综合性和代表性的国际组织，联合国的诞生标志着全球治理实践制度化的开端。而二战之后创设的全球经济治理三大支柱——国际货币基金组织、世界银行和关贸总协定则标志着专业性国际组织作为全球经济治理重要载体的开始。随着经济全球化的发展和国家间经济往来的增强，传统的基于主权国家内部的经济治理模式开始遭遇挑战。但是，在2008年全球金融危机爆发之前，全球经济治理多少有些名不副实。一方面，全球经济治理权主要掌握在西方发达经济体（北方国家）手中，治理权力结构的全球化特征并不显著；另一方面，由于缺乏主权国家的强有力支持，二战后陆续建立的专业性国际组织在解决一些重大的全球性经济问题上往往有心无力，在推动实质性的经济治理合作方面举步维艰。

直到2008年全球金融危机爆发，20国集团（以下简称G20）首脑峰会在华盛顿首次召开之后，才启动更为多元化、民主化的全球经济治理进程。2010年G20多伦多峰会公报的第一句话表达了G20成员的共识，即"我们聚会于多伦多，这是20国集团被确立为国际经济合作首要论坛后的首次峰会"。这句话标志着G20在全球经济治理合作中核心地位的确立。2016年是G20峰会合作机制走过的第九个年头，也是具有历史意义的一年。G20杭州峰会的丰硕成果给世人对中国首次掌舵全球经济治理留下了深刻印象。下文将分别从G20工作机制、主题设置、议程安排等不同角度，阐述G20杭州峰会的工作状况和治理进展。

一 G20主席国"三驾马车"与主席轮值机制

机制通常泛指一个系统的组织或部分之间相互作用的过程和方式。治理机制被视为一种具体的方法和程序，包括如何定位治理中各个主体的功能与

相互关系、各主体之间的行动协调应遵循怎样的方法与程序、以何种方式实现利益分配和秩序调整等。长期以来国际社会对于 G20 的批评是其缺乏机制建设，并将 G20 没有设立秘书处作为这一判断的主要理由。但是从 G20 轮值机制、G20 官方各层级合作机制以及 G20 配套机制来看，G20 的机制化已经具备一定的内容。2016 年在中国的推动下，G20 进入机制化建设新高潮：这一年中确定了阿根廷为 2018 年轮值主席国，启动了机制化的贸易部长会①首次会议，新建了贸易与投资工作组、绿色金融工作组、创新研究工作小组、新工业革命工作小组和数字经济工作小组，复活了国际金融架构工作组，同时加大了发展中国家的参与力度。

为了保障议题的相对延续，2002 年 G20 财长会首创了"三驾马车"制度以加强讨论的连贯性。"三驾马车"制度是指在主席国主持当年 G20 具体合作事宜的基础上，G20 的前任和下一任主席国也将参与 G20 议程和会务安排的讨论。该制度在 G20 提升为峰会后被沿袭下来。为了提高 G20 主席国遴选机制的工作效率，韩国在 2010 年担任 G20 主席国期间，进一步就主席轮值机制达成共识：将 19 个成员国划分为 5 组，主席国在这 5 个组别中轮转。其中，第一组包括澳大利亚、加拿大、沙特和美国，第二组为印度、俄罗斯、南非和土耳其，第三组为阿根廷、巴西和墨西哥，第四组为法国、德国、意大利和英国，第五组为中国、印尼、日本和韩国。不过，如果取得 G20 成员的一致同意，承办峰会组别次序也可以被更改。2016 年 G20 第三次协调人厦门会议宣布，继德国担任 2017 年 G20 主席国之后，阿根廷将成为 2018 年 G20 的主席国。

现任 G20 峰会主席国除了参与具体磋商工作以外，还需要负责设定当年 G20 的主题与优先议程、安排各级各类 G20 官方会议组织、G20 配套活动具体安排、国际组织和嘉宾国的邀请、G20 官方网站信息发布等工作。峰会主席国在合作组织和协调方面需要付出很多努力，但也拥有引导 G20 峰会发展方向的权力，责权基本对等。

---

① 机制化的贸易部长会议指 G20 成员贸易部长会形成了年度会议机制。

二　G20官方合作机制

从 2011 年开始，G20 不仅设置了年度性的领导人峰会，而且为了给峰会提供工作支撑，其下还常设由领导协调人代表的协调人轨道和由财长与央行行长组成的财金轨道。在每个轨道下设有部长会议，副手会以及各类专业性工作组（Working Group）、研究组（Study Group）和工作小组（Taskforce）。除了高频率的文书交换、远程邮件讨论以外，各工作层在一年的磋商中通常会举办 3～4 个场次的面对面磋商。这种有明确导向和组织机制的高投入保障了 G20 在全球经济治理重点议题中所需要的广度和深度。

工作组和研究组相比，工作组属于成熟型的合作机制。每个工作组有相对稳定的工作内容和议事日程。例如 2013 年俄罗斯创立的 "为长期投资融资研究小组"（G20 Study Group on Financing for Investment）在 2014 年被升级为 "投资与基础设施工作组"（Investment and Infrastructure Working Group）。在工作组内部还设有主席机制，如创立于 2009 年匹兹堡峰会的 G20 增长框架工作组主席国为加拿大和印度，2016 年杭州峰会建立的贸易与投资工作组主席国为中国和德国。议题主席国与 G20 峰会主席国共同努力在 G20 成员间寻求议题上的最大公约数，推动议题成果的达成。大量的国际质询、技术分析、文本准备以及通讯和面对面讨论已经成为 G20 工作组的常规内容。

2016 年，G20 协调人轨道为了支撑贸易部长会而新设立了贸易与投资工作组，并通过该工作组的工作章程。此外，为了体现对创新议题的重视，中国在协调人轨道下增设了三个工作小组：创新工作小组、新工业革命工作小组、数字经济工作小组。财金轨道则复活了在 2014 年、2015 年被 G20 主席国澳大利亚和土耳其休眠的国际金融架构工作组，同时新设立了绿色融资研究小组。2016 年 G20 框架下共含 8 个工作组（增长框架工作组、发展工作组、投资与基础设施工作组、就业工作组、反腐工作组、能源可持续工作组、贸易与投资工作组、国际金融架构工作组）、2 个研究小组（绿色融资

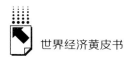

研究小组、气变融资研究小组）和 3 个工作小组（创新合作工作小组、新工业革命工作小组和数字经济工作小组）。

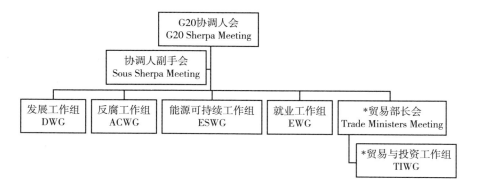

图 1　2016 年 G20 协调人轨道组织框架

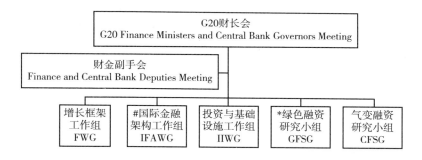

图 2　2016 年 G20 财金轨道组织框架

注：①G20 协调人与财金轨道工作架构图不包含工作小组及其他合作机制。
② * 为新建机制，# 为复活机制。
资料来源：作者整理。

G20 的合作式治理框架不仅包括成员和国际组织，而且也设置了嘉宾国席位（国别代表），此外还会邀请各类地区合作机制代表（地区代表）和专业性国际组织（国际组织代表）。除了成员间的协商与合作，G20 也广泛借助各类国际机构提供智力支持和协作。联合国及其下属机构（贸发会、国际劳工组织、粮农组织、世界银行集团、国际货币基金组织、世界贸易组织等）、国际清算银行、经济合作与发展组织等国际组织深入参与了 G20 平台上的各层级协商,并利用其专业特点为 G20 合作提供技术支持或方案建议。在 2010 年 11 月首尔峰会上,联合国秘书长明确表达了与 G20 加强合作的必要性。当然,G20 议题方向仍由当年 G20 主席国设定,只是议题成果的执行工作可能交由 G20 各成员国或者特定国际组织来具体落实。

根据规定,G20 主席国至多可以邀请 5 个非成员国家参与 G20。2016 年是 G20 历史上最多发展中国家参与的一年,新加坡、埃及、塞内加尔、欧亚经济联盟轮值主席国哈萨克斯坦、东盟轮值主席国老挝、非盟轮值主席国均受邀参加 G20 官方相关活动。其中,后三个国家作为地区代表。这些嘉宾国的参与代表并非仅仅只是列席 G20,而是圆桌讨论的直接参与者。他们可以自愿发表意见,与 G20 成员一起商讨全球经济治理中的具体议题。

三 G20配套组织工作机制

随着合作的持续,在 G20 框架下已逐步形成一系列针对不同社会群体的配套组织,如 2010 年加拿大邀请各国主要工商界代表共同讨论如何应对金融危机和实现世界经济复苏,同时也创建了青年 20(Youth 20,Y20)。2010 年 11 月 G20 首尔峰会期间首次提出将商业 20(Business 20,B20)正式机制化。此后,历年的 G20 主席国陆续创立了一系列配套组织(Engagement Groups)。2011 年法国建立了劳工 20(Labor 20,L20),2012 年墨西哥倡议成立思想 20(Think 20,T20),2013 年俄罗斯设立公民社会 20(Civil Society 20,C20),2015 年土耳其创建了妇女 20(Women 20,W20)。配套组织既是隶属于 G20 框架的正式配套机制,同时这些组织也具备相当的独立性。它们可以独立给 G20 提供政策建议,但 G20 通常不会为这些配套组织的言论负责。

2016 年 G20 框架下的 6 个配套活动均保持活跃。其中,中国国际贸易促进委员会负责牵头 B20 相关活动,中国社会科学院世界经济与政治研究所、上海国际问题研究所和中国人民大学重阳金融研究院负责牵头 T20 相关

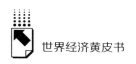

图3　2016年G20配套活动框架

资料来源：作者整理。

活动，中华全国总工会负责牵头L20相关活动，中华全国妇女联合会负责牵头W20相关活动，中国共青团中央负责牵头Y20相关活动，中国民间组织国际交流促进会负责牵头C20相关活动。

在这些配套组织中，B20和T20全球合作的机制化程度相对较高。2015年B20下设了6个工作组，涵盖经济、金融、贸易、投资等主要议题。2016年B20设置了金融促增长、贸易投资、基础设施、中小企业发展、就业等5个工作组和1个反腐败论坛。在中国优秀企业家的主持引导和国际咨询公司的数据支持下，B20依托各工作组最终形成了《2016年B20政策建议报告》并提交给G20杭州峰会。T20也已经实现全球主要智库年度闭门会议、T20交接仪式等机制化建设，并形成了常规化的、包含全球知名智库（含G20和非G20国家）的T20智库与专家网络。2016年T20先后在全球各地组织了10场次的国际研讨会并开展问卷调查。在这些工作的基础之上T20向G20协调人会议提交了《2016年T20对G20的政策建议》报告。

其他各配套组织如Y20、L20、C20和W20等，主要以国际会议的形式召集特定组织、机构和人群展开交流并发布相应的主席声明。对于尚未实施机制化安排的配套组织，其活动形式和效果更多地取决于主席机构的能力。

四　G20杭州峰会主题分析

在历年G20峰会主题设计中，不同身份类别的国家往往有着不同的主题偏好，如表 1 所示。新兴经济体仍处于经济上升时期，会更侧重经济增长，例如在韩国、俄罗斯和土耳其主办的第 5、8、10 届 G20 峰会主题中均含有增长一词。中等强国在 G20 中地位尴尬，游离在 G7 和金砖国家之外，尽管 2013 年"MIKTA"机制①确立，但其合作程度依然远低于 G7 和金砖国家。这类国家任 G20 主席国时往往会更强调共享与包容，如韩国和土耳其主办的第 5 和第 10 届 G20 峰会主题。峰会主题在一定程度上折射了中等强国在心理上的不安全感。老牌大国则更希望能在治理道路和模式上有所改革和创新，如英国、加拿大和法国设定的第 2、4、6 届峰会主题所展示的那样。

中国是一个拥有经济领域迅速成长经历的国家。快速变化的身份感赋予中国在全球经济治理领域独特的视角。中国既能够理解发展中国家追求发展的需求，也能体会游离在主流体系之外的感受，还具有创新治理模式的能力。2016 年中国设计的 G20 峰会主题很好地融合了以上三类国家群体的主题偏好。杭州峰会的主题将创新和包容作为经济增长的重要内涵，同时也强调了中国主张开放和联动的共赢经济发展思路。

表 1 历届 G20 峰会主题

届次	时间	地点	会议主题
11	2016 年 9 月	中国杭州	构建创新、活力、联动、包容的世界经济（Toward an Innovative, Invigorated, Interconnected and Inclusive World Economy）
10	2015 年 11 月	土耳其安塔利亚	共同行动以实现包容和稳健增长（Collective Action for Inclusive and Robust Growth）
9	2014 年 11 月	澳大利亚布里斯班	促进私营企业成长，增强全球经济抗冲击性和巩固全球体系（Promote private sector growth and increased global economic impact and to consolidate the global system）

---

① 2013 年 9 月第 68 届联大会议期间，韩国外交部部长牵头与澳大利亚、土耳其、印尼、墨西哥举行首次 MIKTA 外长会晤，从此中等强国定期会晤机制正式确立。其官方网站为：http://www.mikta.org。

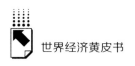

届次	时间	地点	会议主题
8	2013 年 9 月	俄罗斯圣彼得堡	世界经济增长和创造高质量工作岗位
7	2012 年 6 月	墨西哥洛斯卡沃斯	无
6	2011 年 11 月	法国戛纳	新世界、新思维
5	2010 年 11 月	韩国首尔	超越危机,共享增长
4	2010 年 6 月	加拿大多伦多	复苏和新开端
3	2009 年 9 月	美国匹兹堡	无
2	2009 年 4 月	英国伦敦	改革与发展
1	2008 年 11 月	美国华盛顿	无

资料来源:作者整理。

五　G20杭州峰会议程设置及议题成果简析

G20 历年议程中的优先议题大致分为两类:一类是侧重短期危机的应对,如全球经济形势、宏观政策(财政、金融政策)协调、国际金融监管、公共债务管理、全球海洋保护等;另一类则是就某个重要的全球性问题进行治理,如发展、长期投融资、气候变化、绿色增长、就业、反腐等。由于受到历史与现实的双重作用,脱胎于财长会的 G20 峰会早期议程设定更加侧重于财金议题领域的合作、侧重于对短期危机的应对。随着时间的推移,G20 议程设置开始朝着重大全球性议题的方向演进,议题选择也从过去的表层性、特殊性问题逐步向着根源性、普遍性问题延伸。2016 年中国在 G20 杭州峰会主题下设立了 4 个议题篮子:创新增长方式、更高效的全球经济金融治理、强劲的国际贸易和投资、包容和联动式发展。这些议题篮子通过协调人轨道和财金轨道分头进行协调和推进,并形成最终的具体合作成果。

第一个议题篮子是"创新增长方式",旨在通过鼓励科技创新、发展理念创新、体制机制创新、商业模式创新等方式打造世界经济新的增长点,涉及通过强化政策协调机制、推动经济结构改革、全面创新合作等方式来提升中长期增长潜力。这里的创新是指在技术、产品或流程中体现的新的和能创造价值的理念，涵盖以科技创新为核心的广泛领域；新工业革命则指工业特别是制造业及其相关服务业转变生产过程和商业模式的未来趋势；数字经济是指以信息和知识的数字化为关键生产要素，以现代新兴网络为重要载体、以有效利用信息通信技术为提升效率和优化经济结构重要动力的广泛经济活动。创新是经济增长的深层动力所在，但是在此前历届峰会中，G20从未触及该领域的合作。全球数字经济等新型经济业态的发展亦已具有一定规模。过去，尽管G20在贸易领域中对跨境电商等已有触及，但尚无法满足国际社会对于规范数字经济相关发展、营造良性经济环境的全面需求。这也要求加强对新兴经济领域治理的全球治理协调。

在中国的努力下，2016年G20首次将创新作为核心议题，并从三个不同议题视角加以推进。最终，G20形成了《二十国集团创新增长蓝图》以及支撑蓝图的三个行动计划《二十国集团创新行动计划》、《二十国集团新工业革命行动计划》和《二十国集团数字经济发展与合作行动计划》。德国将有望在2017年继续加强对数字经济的治理。此外，2016年G20的峰会公报附件中还涉及另一个重要的创新型成果附件，即包含领域、原则和指标在内的经济结构性改革议程——《二十国集团深化结构性改革议程》。G20结构改革议题要求对经济结构中存在的扭曲和制约因素进行改革，通过对经济制度环境的建设释放经济增长活力。G20结构改革优先领域包含了3个增长方向上的9个领域：①保障强劲增长（促进贸易和投资开放、鼓励创新、推进劳动力市场改革及获取教育与技能、改善基础设施、促进竞争并改善商业环境、改善并强化金融体系）；②保障可持续增长（促进财政改革、促进环境可持续性）；③保障平衡增长（促进包容性增长）。G20在每个领域均列出了由OECD概括出来的4~6条具体的自愿性指导原则。在短期宏观经济政策协调的基础上，2016年G20增加了面向中长期结构改革的新议题。这意味着G20开始向着标本兼治、综合施策的全球经济治理方向做出努力。

第二个议题篮子是"更高效的全球经济金融治理"，旨在完善国际金融架构以应对未来经济金融领域中的挑战，通过推进国际金融机构改革、发展

绿色金融、加强国际税收合作等。全球经济金融治理属于 G20 的传统议题，过去该议题的讨论主要集中在国际金融监管、国际货币体系、国际金融机构改革等领域。在 G20 峰会成立初期，该领域的治理成果相对丰硕。2009 年 G20 在现有 3 个全球经济治理支柱①的基础上增加一个新支柱——由国际清算银行（BIS）、金融稳定委员会（FSB）和巴塞尔银行监管委员会构成的金融监管支柱。2010 年 G20 批准了结合宏观审慎与微观审慎的"第三版巴塞尔协议"。② 然而，由于此后在公共债务治理和国际金融机构改革上遭遇困境，该领域的合作进展相对缓慢。

这种境况在 2015 年底出现了转机。2015 年 11 月底 IMF 执行董事会正式宣布自 2016 年 10 月起人民币将作为可自由使用货币加入 SDR 货币篮子。2015 年 12 月 18 日美国国会参众两院批准了 2010 年 IMF 份额和治理改革方案③，这意味着该方案得以正式生效。在这些重要事件的簇拥下，2016 年国际金融架构工作组自然硕果累累。2016 年该议题篮子所对应的主要工作包括：推动世行与 IMF 治理机制改革、完善主权债务重组机制、增强 SDR 作用、进一步推进国际金融监管。2016 年杭州峰会文本成果包括 2016 年 2月、4 月和 7 月的 G20 财长会公报以及《迈向更稳定、更有韧性的国际金融架构的 G20 议程》。2 月份的财长公报中关于"将对外汇市场表现进行密切的讨论沟通。我们重申此前的汇率承诺，包括将避免竞争性贬值和不以竞争性目的来盯住汇率"的声明，对于恢复金融市场信心起到重要作用。国际金融架构议程涉及对国际资本流动监控、全球金融安全网（GFSN）、IMF、主权债务和债券市场的建设和完善等 13 个部分的内容。

---

① 三个支柱包括：由世行负责的发展治理、由 IMF 负责的金融治理和由 WTO 负责的贸易治理。

② 第三版巴塞尔协议还将主要依靠市场纪律和自我监管的对冲基金和金融衍生品交易纳入国际监管框架，参见 Eric Helleiner and Stefano Pagliari, "The End of Self – regulation? Hedge Funds and Derivatives in Global Financial Governance," in Eric Helleiner, Stefano Pagliari, and Hubert Zimmermann eds. *Global Finance in Crisis: The Politics of International Regulatory Change*, New York : Routledge, 2010, p. 74.

③ 2010 年 IMF 改革方案的落实意味着 IMF 份额将增加一倍，从 2385 亿 SDR（特别提款权）增至 4770 亿 SDR，而且还将完成向新兴市场和发展中国家转移 6 个百分点的份额比重。

第三个议题篮子是"强劲的国际贸易和投资"，旨在加强国际贸易和国际投资领域的机制建设，支持多边贸易体制，促进全球贸易增长，促进包容协调的全球价值链发展，加强国际投资政策合作与协调。过去，由于缺乏贸易部长会和贸易投资工作组的支撑，G20 对该领域的议题主要关注反对贸易保护措施、推动基础设施投资、协助中小企业和落后国家加入全球价值链等问题，但是实际的治理效果不佳。2016 年 6 月 WTO 发布的《G20 政策定期监测报告》显示，2015 年 10 月以来的 7 个月时间里 G20 成员采取了 145 项贸易保护措施，为金融危机爆发以来的最高水平。英国智库经济政策研究中心《2016 年全球贸易预警》报告指出，2008～2016 年美国对其他国家采取了 600 多项歧视性措施。

2016 年，在贸易与投资工作组的支持下，G20 最终在《二十国集团全球贸易增长战略》、《二十国集团全球投资政策制定指导原则》①、《二十国集团贸易部长会议声明》等文件上达成共识，此外还联合 WTO 发布了全球贸易景气指数。其中，贸易增长战略包括：降低贸易成本、加强贸易投资政策协调、促进服务贸易、增强贸易融资、制定贸易景气指数、促进电子商务发展、促进发展议程有关的贸易举措 7 个方面。投资指导性原则涉及 9 个方面：①投资政策应避免跨境投资保护主义；②投资条件应开放、非歧视、透明和可预见；③投资政策应为投资者提供保护，含预防机制和争端解决机制；④政策制定应保障所有利益攸关方的参与，并以法制为基础；⑤投资政策应与国内、国际政策保持协调，促进可持续和包容发展；⑥政府有为保障合法公共政策而实施投资管制的权力；⑦投资促进政策应具有经济效益，并与便利化举措配合，为投资者创造条件；⑧投资政策应促进和便利投资者遵循责任企业行为和公司治理；⑨加强国际合作和对话，维护开放、有益的投资政策环境。虽然该原则属于非约束性的参考性原则，但这却是世界主要经济体首次就投资政策制定的基本原则达成共识。这一原则的确定，为未来进一步开展国际投

---

① 此处采用英文原文为依据，而非中文官方翻译。因该原则强调的是投资政策制定的原则而非投资的原则。参见 http://g20.org/English/Documents/Current/201609/t20160914_3464.html。

资规则合作提供了基础性文件。

第四个议题篮子是"包容和联动式发展"。该篮子涉及联合国 2030 可持续发展议程的落实计划、实现可获得的且可持续的能源供应、推动基础设施的互联互通建设、增加就业、粮食安全、气候融资、消除贫困以及支持非洲工业化等具体内容。关于发展议程和气候变化的峰会文本成果主要有《二十国集团落实 2030 年可持续发展议程行动计划》、《二十国集团发展领域承诺落实情况全面评估报告》和《二十国集团协调人会议关于气候变化问题的主席声明》以及 G20 框架下中美关于取消和规范低效化石燃料补贴的努力。前两个成果文件均落脚在对既有议程和协议的落实上，后者则强调大国在推动环境友好型能源建设中的带头作用。

关于包容性建设方面，除了推动 2030 可持续发展议程以及《二十国集团支持非洲和最不发达地区工业化倡议》以外，中国还引导 G20 通过一系列具体举措加以支持。比如在中国的推动下，2016 年 G20 通过推动电子商务建设，为妇女、中小企业和发展中国家参与经济活动创造机会；G20 核准了《G20 数字普惠金融高级原则》、《G20 普惠金融指标体系》以及《G20 中小企业融资行动计划落实框架》等，直接推动经济的包容性建设；G20 还倡议促进包容协调的全球价值链，强调通过加强能力建设和政策倾斜，支持发展中国家企业，特别是低收入国家企业更深入参与全球价值链并从中获益。

在基础设施联通领域，2016 年 G20 也取得了丰硕成果。其三大核心成果文件包括：①改善基础设施投资资金支持的《G20 多边开发银行优化资产负债表行动计划》；②旨在加强各类国际、区域与国别基础设施建设倡议协调与合作的《全球基础设施互联互通联盟倡议》；③提供探索多样化融资方式，促进私人资本参与基础设施融资的政策指导《G20/OECD 关于基础设施和中小企业融资工具多元化政策指南》。在反腐合作领域，G20 杭州峰会批准通过了打造"零容忍"、"零漏洞"和"零障碍"的反腐国际追逃追赃合作体系的《G20 反腐败追逃追赃高级原则》和《2017～2018 年 G20 反腐行动计划》，并在中国建立了 G20 反腐追讨追赃研究中心。

六　小结

在经济增长乏力、政策工具有限、保护主义升温的现实背景下，主办 G20 峰会既富有挑战性，也是体现国家治理能力和影响力的好机会。G20 杭州峰会的议程设计展示了中国对于世界经济秩序的思考和定位，反映了中国在治理机制改革、经济体制改革、商业贸易模式创新和绿色包容发展等领域的领导能力。美国《洛杉矶时报》2016 年 8 月 30 日文章评价称，中国首次主导的 G20 峰会成为展示中国复兴的经济影响力和凸显中国世界领袖角色的国际平台。《华尔街日报》2016 年 8 月 31 日的报道认为 G20 杭州峰会传达出中国愿意在金融体系转型、科技创新和环境保护等问题上起领导作用的决心。

杭州峰会在机制建设、主题和优先议程方面体现了对前任主席国治理机制和议题的继承和发扬。2016 年是 G20 历史上部长级会议最多的一年。除了常规的财长与央行行长会以及协调人会议以外，在 G20 框架下还召开了 5 场部长会议，分别涉及贸易部长、劳工部长、农业部长、能源部长和旅游部长。2016 年是 G20 工作层最为丰富的一年，G20 设置了 8 个工作组、2 个研究小组和 3 个工作小组。2016 年 G20 及其配套组织活动是 G20 历史上参与代表最多、发展中国家参与程度最高的一年。2016 年 G20 首次启动了对创新议题、投资议题等新领域的探索性治理协作。

G20 杭州峰会所取得的丰硕成果与中国在担任轮值主席国期间的努力密不可分。中国在 2016 年充分利用 G20 现有的国际资源，与 G20 内外部成员和国际机构进行全面对话，积极吸取各方意见。中国过去 30 年的治理经验和治理效果为 G20 成员提供了信心。这也使得中国所设计的全球经济治理议程得到 G20 成员的广泛支持和跟随。G20 杭州峰会给中国提供了一个展现其大国责任的舞台。中国将与世界各国一道共促改革、共谋发展，开创全球经济治理新风貌。

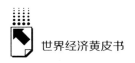
参考文献

周宇：《全球经济治理与中国的参与战略》，《世界经济研究》2011 第 11 期。

陈伟光、申丽娟：《全球治理和全球经济治理的边界：一个比较分析框架》，《战略决策研究》2014 年第 1 期。

中国社会科学院世界经济与政治研究所：《二十国集团与金砖国家财经合作文献——全球经济治理重要文献汇编（2008~2013）》，中国金融出版社，2014。

The G20, The Group of Twenty—A History, 2009. www. g20. utoronto. ca/docs/g20history. pdf.

Carin, Barry (4 November 2010), "The Future of the G20 Process," *Centre for International Governance Innovation*, Retrieved 19 October 2011.

Eric Helleiner and Stefano Pagliari, "The End of Self – regulation? Hedge Funds and Derivatives in Global Financial Governance," in Eric Helleiner, Stefano Pagliari, and Hubert Zimmermann eds. *Global Finance in Crisis*：*The Politics of International Regulatory Change*, New York：Routledge, 2010.

IMF《国际货币基金组织执行董事会完成特别提款权审议，同意人民币加入特别提款权货币篮子》，新闻发布稿第 15/540 号，2015 年 11 月 30 日。参见 http：//www. imf. org/external/chinese/np/sec/pr/2015/pr15540c. pdf。

Y.15
全球负利率政策：政策目标、作用机制及其效果

肖立晟*

摘　要：　负利率对宏观经济的直接影响非常有限。无论是正利率还是负利率，都是通胀预期的反应函数，在当前超宽松货币环境下，想让负利率刺激投资，进而影响通胀预期，似乎有些本末倒置。从银行信贷的角度来看，负利率政策取得了不错的效果。负利率政策让短期贷款利率迅速下降，侵蚀了银行利润，导致银行不得不配置收益率较高的中长期信贷资产。各国或地区负利率政策对汇率的作用差异较大。例如，丹麦的负利率政策有效稳定了丹麦克朗汇率，欧央行和日本央行负利率对汇率效果并不显著。当央行所有传统货币政策工具已经基本失效时，实施负利率政策的确可以改变金融资产的定价，但效果也仅限于金融市场。

关键词：　负利率　金融稳定　银行信贷　汇率

一　引言

2009 年迄今，先后有五个经济体实施负利率政策，分别是丹麦、瑞士、瑞典、欧元区和日本（见表1）。所谓负利率政策，是指央行对银行存放在央

---

* 肖立晟，经济学博士，中国社会科学院世界经济与政治研究所副研究员，主要研究方向：国际金融。

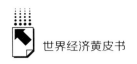

行的准备金存款征收负利率，并不是说银行对普通储户会收取利息费用。例如，丹麦是对金融机构在丹麦央行的 7 天存单征收负利率。欧央行是对商业银行的超额准备金征收负利率，日本央行对金融机构未来新增的超额准备金征收负利率。从政策力度来看，欧央行的负利率政策力度最大，直接影响银行短期资金调配成本，日本央行的负利率政策相对保守，尚处于货币政策信号阶段。

实施负利率政策的国家的政策目标大致可以分为汇率目标和通胀目标。其中，丹麦在 2012 年、瑞士在 2014 年分别实施负利率政策，防止海外资本大幅流入，减少本币升值压力，属于汇率目标。瑞典在 2009 年、欧元区在 2014 年、日本在 2016 年分别实施负利率政策，寄望通过宽松的货币政策，增加银行信贷，推动经济增长，提高通货膨胀预期，属于通胀目标。从政策效果来看，负利率政策有助于稳定汇率、增加银行信贷，但是难以有效促进经济增长，提高通胀预期。

表 1　世界主要国家和地区负利率启动时间、内容及政策目标

国家/地区	负利率启动时间和内容	政策目标	政策类型
丹麦	2012 年 7 月至 2014 年 4 月:将金融机构 7 天定存利率降至 - 0.2%;2013 年 1 月调升至 - 0.1%,2014 年 4 月恢复正利率	减缓资本流入,降低丹麦克朗升值压力	局限在货币层面:减缓资本流入,降低货币升值压力
丹麦	2014 年 9 月:跟随欧央行利率决议,将定存利率再度调至 - 0.75%	降低丹麦克朗升值压力	局限在货币层面:减缓资本流入,降低货币升值压力
瑞士	2014 年 12 月:将基准利率降至 - 0.25%,2016 年 1 月将负利率从 - 0.25% 降至 - 0.75%	缓解瑞士法郎升值压力	局限在货币层面:减缓资本流入,降低货币升值压力
瑞典	从 2009 年 7 月至 2010 年 9 月,降低基准利率至 - 0.25%	经济衰退	指向实际经济层面:提高通胀率,增加银行信贷
瑞典	从 2014 年 6 月至今:降低基准利率至 - 0.5%,2015 年 2 月,降低基准利率至 - 1.10%	提高通货膨胀率	指向实际经济层面:提高通胀率,增加银行信贷
欧元区	2014 年 6 月,欧央行宣布降低存款便利利率至 - 0.1%,2014 年 9 月进一步降至 - 0.2%	促进经济增长,提高通货膨胀率	指向实际经济层面:提高通胀率,增加银行信贷
日本	2016 年 1 月,日本央行引入三级利率体系,对金融机构未来新增的超额准备金,实施 - 0.1% 的负利率	提高通货膨胀率	指向实际经济层面:提高通胀率,增加银行信贷

资料来源：各国央行网站。

负利率政策是否有效，关键还在于其能否对实际利率产生影响。货币宽松政策传导机制是实际利率（名义利率进行通胀预期调整之后）的下降，刺激经济活动，如固定投资和房地产投资。

因此，如果通胀率低于目标，央行就需要降低名义利率，来调节和稳定实际利率。但是由于欧元区等经济体先后陷入通货紧缩（或者被认为有通缩风险），因此货币当局只能被动地突破零利率下限，以达到稳定实际利率的目标，避免经济陷入紧缩的恶性循环。

负利率尽管突破了零利率下限，但这种政策的下限空间仍然相当有限。剩下的政策空间用一点就少一点，市场对其政策效果的预期也会递减。实际上，欧央行于 2014 年 6 月实施负利率政策后，并没能让实际利率实现下降，而是维持在 -1% 的水平——仍然远远高于实施负利率之前的水平。日本的情况也是如此。这表明，负利率并不能直接降低企业投资成本，只能防止实际利率上行，避免经济进一步紧缩。

那么名义利率的有效下限究竟在哪儿呢？传统理论之所以认为零是名义利率的下限，是因为其忽略了持有现金的成本。但事实上，现金携带不太方便，尤其是持有大量现金，将会产生巨大的运输、储存、保险等成本。因此理论上，如果将持有现金的成本考虑在内，有效的名义利率下限应当位于零利率之下。

未来名义利率的有效下限是能够维持现在的负利率状态，还是会有进一步下降空间，目前仍有待商榷。但有一点可以肯定，名义利率的有效下限与银行部门限制名义政策负利率传导的能力密切相关。具体而言，现阶段没有出现对现金的大幅需求，是因为零售存款者的存款利率被隔绝于负利率之外。零售银行客户的存款利率能够被有效隔离于负利率，是保持现金需求稳定、探讨名义利率有效下限的一个关键要素。

另外，如果未来将长期维持负利率或预期将长期维持负利率，那么名义利率的有效下限反而会上升（例如从 -0.05% 上升到 -0.03%）。原因在于，个人和机构将通过适应新环境，降低与现金使用相关的成本。如果预期未来将长期维持一定的负利率，个人和机构将通过创新技术提高现金使用效

率，降低持有和使用现金的成本，通过持有和使用现金获利。当私人部门可以逐渐降低负利率带来的现金储存成本，名义利率的有效下限也会随之上升。

本质上，货币政策主要通过三个主要渠道促进短期增长：增发信贷支持实体经济（信贷渠道）；推动通胀上升达到预期目标，以避免螺旋式通货紧缩（通货膨胀渠道）以及降低汇率（汇率渠道）。下面依次讨论这三个传导渠道。

二　负利率对银行信贷的影响

对负利率的理解首先需要澄清一个事实。所谓负利率政策，是指央行对银行存放在央行的存款准备金征收负利率，并不是说银行对普通储户会收取利息费用。欧央行通过利率走廊来影响市场利率。利率走廊是指中央银行通过向商业银行提供一个贷款便利工具和存款便利工具，将货币市场的利率控制在目标利率左右。以央行目标利率为中心，在两个短期融资工具（央行贷款利率与存款利率）之间就形成了一条"走廊"。通俗地说，利率走廊是央行和银行之间借贷利率的上下限。当银行把钱存在央行时，利率是存款便利工具利率（走廊下限）；当银行向央行借钱时，利率是贷款便利工具利率（走廊上限）。负利率政策调整的是利率走廊的下限，目前主要是超额准备金利率，直接拉低了银行间同业拆借市场的利率。图1表明，从2014年6月开始，欧元区的银行间隔夜拆借利率跟随利率走廊下限转为负值。

在负利率环境中，银行间同业拆借市场交易量迅速下降。表面上，银行间借贷利率为负，资金需求方的银行可以大肆借贷。实际上，负利率反而会让银行间同业拆借市场迅速陷入低迷。因为同业拆借资金都是短期头寸调剂，拆借进来的钱还是会存放在央行账户上。而同业借入资金的收益会低于存放在央行账户的成本，此时不管是拆出还是借入都不是合适的买卖。所以，银行间的短期拆借需求量反而会迅速萎缩。日本央行宣布负利率之后，日本银行间市场同业拆借业务最高下降了79%。

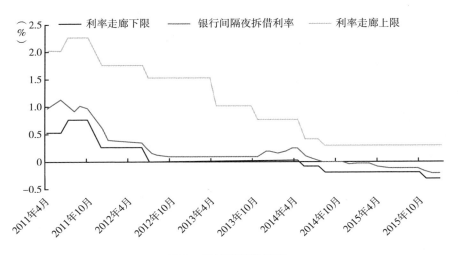

图 1 欧元区利率走廊

资料来源：CEIC，下同。

尽管如此，银行给普通储蓄者提供的存款利率并没有太多变化。如图 2 所示，至 2015 年 11 月，欧元区短期存款利率基本保持在 0.52%，长期利率保持在 2.07% 的水平。普通储蓄者在银行存钱并不需要额外支付费用。负利率的作用主要在于逼迫银行调整自身的资产负债表，减少短期储蓄，增加长期投资。

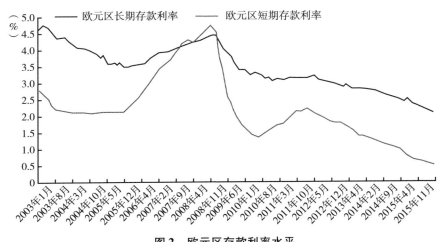

图 2 欧元区存款利率水平

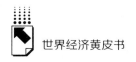

从宽松货币政策的逻辑来看，利率政策主要是通过改变实际利率[①]刺激实体经济。降息一方面通过降低实际利率刺激投资和耐用消费品消费，增加信贷需求，同时银行也放松信贷约束，增加信贷供给；另一方面促进抵押资产的价值上涨，让企业更容易获得信贷，产生金融加速器效果，增加信贷需求和供给。

与传统利率政策不同的是，负利率的宏观环境非常罕见。实施负利率政策之前，欧元区和日本已经有通缩迹象，如果要降低实际利率，只能将名义利率下调到零以下。从图3可以发现，欧央行（2014年6月）和日本央行（2016年1月）实施负利率政策后，并没有让实际利率迅速下降，而是维持在−1%的水平。这表明负利率并不能直接降低企业投资成本。事实上，无论是正利率还是负利率，都是通胀缺口的反应函数，在当前超宽松货币环境下，想让负利率刺激投资，进而影响通胀预期，似乎有些本末倒置。

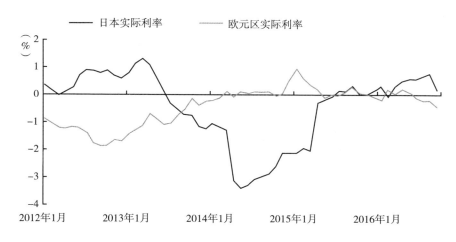

图3 日本和欧元区实际利率水平

从银行信贷的角度看，负利率政策取得了不错的效果。自2014年6月至2016年1月，欧元区信贷增速从−2.32%上升到0.43%。一方面反映欧

---

① 实际利率＝1年期银行间同业拆借利率−CPI当月同比。由于欧元区没有统一的银行存款利率，所以此处使用银行间同业拆借利率作为名义利率水平。

元区经济逐步复苏，另一方面表明负利率政策的确有效刺激了银行发放贷款。因为从贷款期限来看，实施负利率政策之前，短期信贷增速要高于中长期信贷增速。实施负利率政策之后，短期信贷增速逐步下滑至 −3.12%，而 1～5 年期的中长期信贷增速却升至 4.56%（见图 4）。负利率政策让短期贷款利率迅速下降，让短期信贷的利润空间收窄，导致银行不得不配置收益率较高的中长期信贷资产。

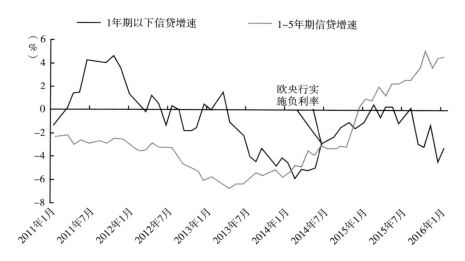

图 4　欧元区银行信贷结构

负利率政策的原始出发点是抑制金融机构将自身所吸收的储蓄存款留存于中央银行或银行间市场等与实体经济增长无关的金融领域。

然而，负利率政策作用效果仍然具有不确定性。首先，负利率并不能够保证增加流入实体的生产性信贷。这是因为，一般而言，储蓄方通常会抱有"逐利"心态。当其储蓄存款被要求缴纳保管费用时，"逐利"性会使存款者开始寻求银行之外的高收益类资产，增加了私人部门对金融产品的需求。同时负利率政策将导致银行等金融机构吸纳存款能力降低，迫使其重新进行资金分配。其中对商业银行的超额储备金实行负利率，这很可能会造成超额准备金以新增信贷的方式流入市场，但这部分新增贷款并不一定会流入实体经济，而是同样有可能会流向不受负利率货币政策直接影响的"影子银行"

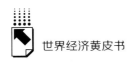
体系。这与美国实施量化宽松政策期间催生了大规模"影子银行"的现象相类似。此外，还须特别注意的是，对超额准备金实施负利率政策，一方面将直接导致银行收益减少，另一方面引发大规模超额准备金外流，这两方面会间接或直接地引发金融失衡。

其次，负利率政策对通胀的刺激作用效果并不清晰。这一点可以从负实际利率效应窥见一斑。事实上，很多国家和地区的实际利率早已为负，但出于对宏观经济基本面的担忧，这种负的实际利率并没有引发大规模的消费和投资，大部分居民和企业仍然选择持有现金以待观察。与此同时，对高收益金融资产"逐利"行为还会导致商品与服务型消费需求的降低，这实际上加剧了通缩风险。

再次，负利率政策的实施，通常是发生在量化宽松政策刺激经济复苏的效果并不明显之后。然而，导致 QE 失效的背景因素——经济复苏缓慢、传统信贷渠道受限和较高的资本充足率要求在负利率政策的实施期间也将依然存在。因此，这也增强了负利率政策实施效果的不确定性。

三　负利率政策对汇率的影响

无论是正利率还是负利率，主要是通过影响资本流动来改变汇率走势。利率下降会减少无风险资产回报率，对汇率是一个利空冲击。负利率会触发汇率贬值。从日本央行的表态来看，其的确希望通过实施负利率压低日元汇率，减少通胀压力。

然而，从国际经验来看，实施负利率的国家，汇率走势并不相同。丹麦央行 2012 年 7 月实施负利率后，丹麦克朗对欧元汇率稳定在 7.46 左右。欧央行在 2014 年 6 月实施负利率，欧元对美元贬值 22%（见图 5）。日本央行于 2016 年 1 月 29 日引入负利率后，日元对美元反而一度升值 6%（见图 6）。这令人有些费解。

丹麦的情况比较好解释。丹麦是欧洲汇率机制成员国。根据该机制，丹麦央行有义务将丹麦克朗对欧元汇率保持在 7.46 上下，2.25% 的波动区间

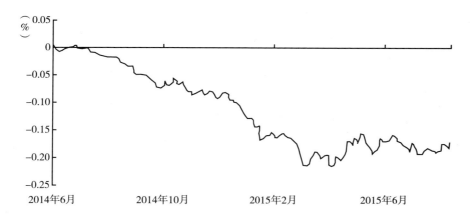

图5　欧央行实施负利率后欧元对美元贬值幅度

资料来源：Wind 数据库，下同。

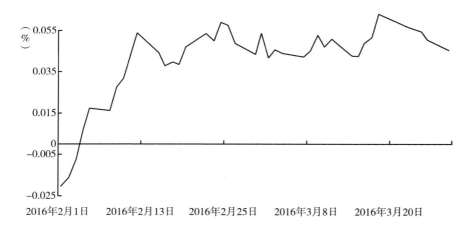

图6　日本央行实施负利率后日元对美元升值幅度

内。2012 年，欧元区在债务危机泥潭中越陷越深，资本大量外流至丹麦等外围小型经济体，丹麦克朗面临对欧元汇率的升值压力。根据欧洲汇率机制（ERM2），丹麦克朗对欧元汇率要保持在 7.46 上下、2.25% 的波动区间内。丹麦央行的首要任务是维持汇率稳定，利率完全是为汇率服务。2012 年 7 月，丹麦央行宣布将金融机构在丹麦央行的定期存款利率（期限一周）下调至 -0.2%。此后，丹麦国债收益率与欧元区的息差逐渐收窄，反映资本流入压力开始缓解（见图7）。除了丹麦，瑞士为了遏制海外"热钱"流入，在2014年12月也曾经宣布实施负利率政策。

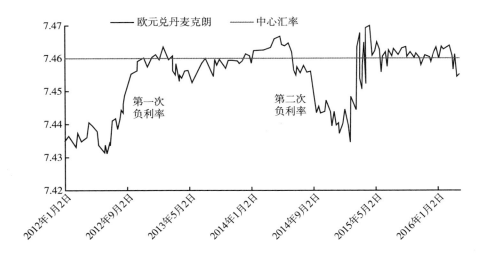

图7　实施负利率后丹麦克朗对欧元波动情况

　　欧元区和日本的情况比较类似，实施负利率的动机都是希望通过本币贬值，提高进口成本，增加通胀预期。只是欧元顺利进入贬值通道，日元反而一度出现升值。

　　套利者平仓是日元短期升值的原因。自2012年日本央行实施超级宽松货币政策以来，日元兑美元从80一路贬值至125。廉价的日元为套利提供了土壤，套利分为两种。一种套利是"做多境外股票＋卖空日元"的投资组合。这种投资策略利用日本国内利率与其他国家利率的差额来获利。投资者借入日元，然后用这些日元投资国外收益率更高的资产，如定期存款和债券等以其他货币计价的资产。另一种套利是"做多日股＋卖空日元"的投资组合。这是看多日本政府"安倍经济学"的投资策略。如果安倍的宽松货币政策能够成功，那么日元贬值和日本股市上升会同时出现。相信"安倍经济学"的境外投资者可以借入日元，投资日本股票市场，同时获得汇兑收益和资本利得。

2015 年 12 月，日本央行行长黑田东彦还在信誓旦旦地说"日本没必要实行负利率。" 1 月 29 日，日本央行突然宣布实施负利率的消息，境内金融市场迅速陷入混乱。日经 225 指数下跌超过 14%。此时，"做多日股＋卖空日元"的套利者开始抛售股票，回购日元进行平仓，导致日元升值。"做多境外股票＋卖空日元"的套利者日元融资成本也随之上升，同样抛售海外股票，回购日元平仓，进一步加剧日元升值压力。最后导致日元在短期内反而相对美元升值 6%。

四 负利率对金融稳定和经济增长的影响

一个稳定的金融部门主要有两方面的重要作用：一是将储蓄直接用于生产；二是有助于家庭部门平滑消费。而银行和其他金融机构的健康稳定发展在很大程度上取决于它们能否赚取存贷价差。负利率的实施则会压榨银行等金融机构的利润，所以金融机构的"逐利"本性将使其开始寻找高收益资产弥补储蓄成本和赚取更高收益。这就将导致大规模资金涌入"影子银行"、高风险债券、股票和房地产市场等，催生资产价格泡沫。这又会造成如下四个方面的影响。

第一，保险和养老金机构在负利率环境下将很难运作，这是因为他们需要在未来向投保人支付固定利率的利息，但负利率环境却使得保险和养老金机构储蓄的利润收入变得岌岌可危，这甚至会诱使这类机构为了追求高收益而将资金投向高风险资产。

第二，货币市场基金同样需要向投资者提供利息收益，而负利率政策的实施将使其很难维持面值良性运行，这将导致在负利率环境下，大批货币基金被赎回，甚至爆仓。

第三，零售型储蓄如若也遭受存款负利率波及，同样也可能在持有现金与将资金投入"影子银行"以获取收益这两者中选择其一。那么这就将导致依赖零售型存款的商业银行失去可供放贷的资金，对其造成重大打击。

第四，名义负利率将造成资产的负收益，为弥补高昂的储蓄成本，这必

然将会刺激投资者增加高风险、长期限类资产的持有。这种风险激励行为进一步将演化为投资者为追逐高收益,逐渐涌向收益率较高的证券和房地产市场,催生资产价格泡沫,甚至引发"明斯基时刻"。

负利率如何影响短期经济增长。本质上来说,货币刺激政策的目的是通过五个主要渠道促进短期经济增长的:通过促进信贷推动实体经济发展(信贷渠道),通过提升资产价格(资产估值渠道),通过迫使投资者从安全资产逐渐向风险资产转移(风险承担渠道),通过降低汇率(汇率渠道),以及试图通过推动通胀率上升达到预期目标,以避免螺旋式通货紧缩(通货再膨胀渠道)。

信贷渠道主要由央行向商业银行征税来实现。负利率政策的主要目的是阻止储蓄和鼓励信贷。主要通过在银行贷款方面或债券市场发行方面拉低融资成本来实现。该通道是由一些央行推出的负利率而被推行到了极致。负名义存款利率是通过由央行向商业银行征税来实现,以鼓励商业银行扩大贷款规模,而不是对储蓄者征税。

资产估值渠道是一次性的暂时冲击。负利率助推资产价格的机制为:减少资产端现金流的折现率,如股息或租金。此外,宽松的货币环境可能会提高资产端经济状况的预期,因此未来获得更高收入的预期也随之提高。当然,这些最多只能产生一次性的效果,是暂时的手段。尽管如此,短期的"繁荣"会产生一个感觉良好的状况,这是非常规货币政策的预期效果。

风险承担渠道会提高投资者的风险偏好。非常规货币政策的支持者认为,这些政策将鼓励投资者的偏好从政府债券向高风险资产转移,这是资产组合渠道。事实上,在零或负名义政策利率驱动之下,寻求收益带来了更高的风险承担偏好,导致风险资产的收益向低风险资产逐渐收敛,比如近期欧元区的主权信用利差。这似乎是危机发生之前,主权信用利差极度压缩,信贷质量差异不变的重演。

在寻求收益过程中,投资者对久期的需求将期限溢价推至负值——而原本应该对投资者持有长期债券的风险的补偿。投资者在低收益下投资于远期证券,堆积利率风险,使得欧元区主权收益率在短期和中期段为负。事实上，欧元债券的有效期自 2014 年下半年以来显著延长。其结果是，长期收益率的最终正常化将造成投资者显著而普遍的亏损，随之而来的是可能对金融和经济稳定造成潜在的严重后果。

汇率渠道有可能引发"货币战争"。汇率贬值可以促进净出口，进而促进经济增长和就业，同时会通过进口价格上涨造成通胀上升。这一战略的问题在于，并非所有国家都能在同一时间让本国货币贬值。如果它们进行尝试，则可能通过竞相货币宽松爆发"货币战争"，最终结果是"零和游戏"。

通货再膨胀渠道并不显著。尝试提高通胀以满足央行的目标（欧元区为略低于 2%），是避免债务通缩风险的一种方式，否则可能由于实际债务负担而造成螺旋式通货紧缩。当然，这一问题是否存在仍值得商榷。在欧洲，价格螺旋式下降的迹象是很难被察觉到的。在 2014 年和 2015 年 1 月，由于石油价格下跌，通胀率开始迅速下降。欧元区的年度核心通胀率（整体通胀率减去能源、食品、烟草和酒精），在 2013 年 12 月（0.7%）到 2015 年 3 月（0.6%）之间几乎没有变化。

总之，负利率或许在短期的经济调节方面起到了作用，但全球经济根本问题在于供给方面。负利率也好，量化宽松也好，都是总需求面的治标措施，解决不了积重难返的供给侧问题，反而可能会拖延并加重"病情"。

五　总结

总体来看，目前各国央行实施的负利率政策，实际上是在向商业银行的短期资产征税。商业银行无法把这些成本直接转嫁给储蓄者，只能通过调整自身的资产负债表，消化负利率成本。这是一个非常危险的游戏，商业银行作为市场主体，本身会对市场项目做风险收益评估。银行家不愿意贷款是因为信贷风险太高。如果经济基本面没有改善，只采取负利率这种惩罚措施，强迫商业银行向市场发放风险较高的中长期贷款，反而会损害金融体系的稳健性。

当央行所有传统货币政策工具基本失效时，实施负利率政策的确可以影

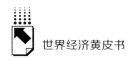
响汇率、长期国债等金融资产的定价，但效果也仅限于金融市场。未来还需要有一系列促进经济增长的政策措施相互配合，央行实施的负利率政策才能真正发挥效用，否则会严重影响银行业的稳定。

参考文献

Bech，M. L，Malkhozov，A.　"How Have Central Banks Implemented Negative Policy Rates?"，*Bis Quarterly Review*，2016.

Mcandrews，J. J.　"Negative Nominal Central Bank Policy Rates：Where is the Lower Bound?"，*Speech*，2015.

Y.16
全球债务：现状与出路

张　明*

摘　要：　在过去十余年，全球债务不断攀升。新兴市场经济体债务上
　　　　　升显著快于发达经济体。分部门来看，全球政府部门债务上
　　　　　升最快。在发达经济体中，日本债务负担最高，而法国债务
　　　　　上升最快；在新兴经济体中，中国既是债务负担最高的，也
　　　　　是债务上升最快的。债务水平过高将造成三种主要风险：一
　　　　　是经济增速放缓；二是系统性金融风险上升；三是在酿成危
　　　　　机之后，去杠杆方式不当可能显著影响一国经济增长前景。
　　　　　降低全球债务的方式包括降低债务本身与提振经济增长。紧
　　　　　缩式的去杠杆方式通常会延长去杠杆进程并对经济增长造成
　　　　　显著负面冲击。因此在去杠杆进程中，宽松的财政货币政策
　　　　　不可或缺。

关键词：　全球债务　去杠杆　经济增长　金融风险

一　引言

在 2008 年全球金融危机爆发之后，关于债务与金融风险的关系成为非
常热门的话题。学术界普遍认为，私人部门杠杆率的上升通常会造成资产

---

* 张明，经济学博士，中国社会科学院世界经济与政治研究所研究员，研究领域：国际金融与
宏观经济。

价格泡沫的膨胀,从而为金融危机的爆发埋下种子。而当危机爆发之后,私人部门将会进入痛苦的去杠杆阶段,而为了缓解危机造成的冲击,政府部门通常会动用资源来稳定金融市场与提振实体经济,这又会造成政府部门债务的上升。因此,金融危机后一国总杠杆率是上升还是下降,存在不确定性。

　　进入 21 世纪以来,全球债务水平不断上升。即使在 2008 年全球金融危机爆发后,全球债务水平经历了短暂的回调,重新回到上升的轨道。全球债务水平居高不下,这被认为:一方面可能酿成新的金融危机(而下一轮的危机可能爆发在新兴市场国家),另一方面也是导致全球经济面临长期性停滞(Persistent Stagnation 或 Secular Stagnation)的重要原因。因此,研究近年来全球债务总量与结构的变化、全球高债务背后蕴含的风险以及如何降低全球债务水平就具有重要意义。

　　本文试图分析全球债务的现状并讨论应对之策。文章的结构安排如下:第二部分分析 2002 年至今全球债务变动趋势;第三部分讨论全球高债务背后蕴含的主要风险;第四部分梳理降低全球债务的方法与策略;第五部分为结论。

二　全球债务的变化趋势

　　在本部分,笔者将系统分析全球经济、发达经济体、新兴经济体以及代表性国家总债务与分部门债务的变动趋势,并对此进行比较与解释。

　　图 1 反映了在 2002 年第四季度至 2015 年第三季度这 13 年间全球债务存量的变动趋势。全球债务存量由 31.8 万亿美元上升至 101.3 万亿美元,增长了 2.2 倍。全球债务存量与全球 GDP 之比在同期内则由 212% 上升至 235%,上升了 23 个百分点(见图 2)。这意味着全球债务存量的上升与全球 GDP 的增长是基本一致的。不过,在全球金融危机爆发后的一年内,全球债务与 GDP 比率由 2008 年第四季度的 199% 快速上升至 2009 年第三季度的 237%。这种现象一方面源自同期内全球政府债务与 GDP 比率的快速上升(由 2008 年第三季度的

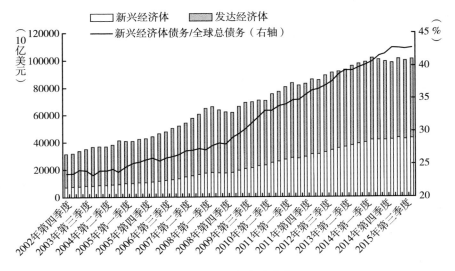

图1 全球债务存量分布

注：除特别说明外，本文中的债务都是指非金融部门的债务。
资料来源：BIS，下同。

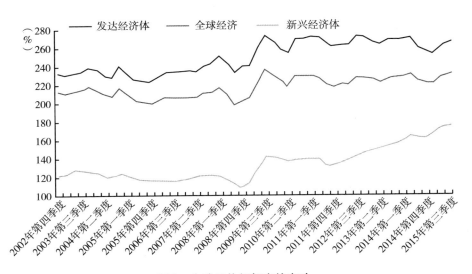

图2 全球总体杠杆率的变动

59%上升至2009年第三季度的78%）（见图3），另一方面则源自全球经济增速在危机爆发后显著放缓（由2007年的5.7%下降至2009年的 −0.1%）。

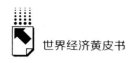

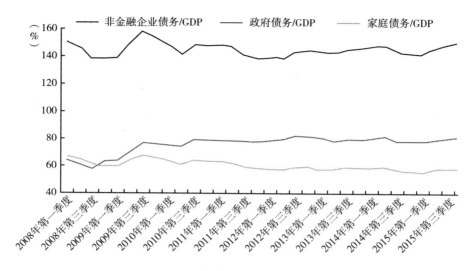

图3　全球债务的部门分布

在 2002 年第四季度至 2015 年第四季度这 13 年间，一个值得注意的趋势是新兴经济体债务的显著上升。如图 1 所示，发达经济体债务存量由 24.3 万亿美元上升至 57.9 万亿美元，增长了 1.4 倍，而新兴经济体债务存量由 7.5 万亿美元上升至 43.4 万亿美元，增长了 4.8 倍。由于新兴经济体债务存量增速远超过发达经济体，导致新兴经济体债务存量占全球债务存量的比例由 2002 年第四季度的 24% 上升至 2015 年第四季度的 43%。在这 13 年间，发达经济体的债务与 GDP 比率由 233% 上升至 268%，上升了 35 个百分点，而新兴经济体的债务与 GDP 比率则由 122% 上升至 179%，上升了 57 个百分点。新兴经济体债务与 GDP 比率的增长速度远高于发达经济体，一方面与新兴经济体内部的金融深化有关，另一方面也与金融危机爆发后，全球范围内的低利率环境与流动性过剩推动新兴经济体的企业部门举债投资有关。如图 5 所示，2008 年以来新兴经济体的债务上升，主要受到非金融企业部门债务上升的推动。

全球债务的部门分布如图 3 所示。截至 2015 年第四季度，全球非金融企业债务、政府债务与家庭债务与全球 GDP 的比率分别为 152%、83% 与

60%。2008 年第一季度与 2015 年第四季度相比，全球非金融企业债务占GDP 比例令人惊讶地没有发生变化（均为 152%），全球家庭债务占 GDP 比例不升反降，由 68% 下降至 60%。唯一上升的是全球政府债务占 GDP 比例，由 65% 上升至 83%。值得一提的是，全球政府债务的上升主要发生在2008 年第三季度至 2009 年第三季度的全球金融危机期间（由 59% 上升至78%）。

如图 4 所示，在 2008 年全球金融危机爆发之前，发达经济体的家庭债务与非金融企业债务占 GDP 比例均呈现出快速上升趋势，这为金融危机的爆发埋下了种子。例如，发达经济体家庭债务占 GDP 比例由 2002 年第四季度的 72% 上升至 2009 年第三季度的 86%，而非金融企业债务占 GDP 比例则由 2005 年第四季度的 77% 上升至 2009 年第三季度的 97%。然而，在全球金融危机爆发之后，无论家庭债务还是非金融企业债务都经历了显著的去杠杆过程（两者占 GDP 的比例分别下跌至 2015 年第一季度的 70% 与81%），而随着发达经济体普遍实施宽松的财政与货币政策来稳定市场与提振经济，其政府债务从 2009 年起显著攀升。发达经济体政府债务占 GDP 比

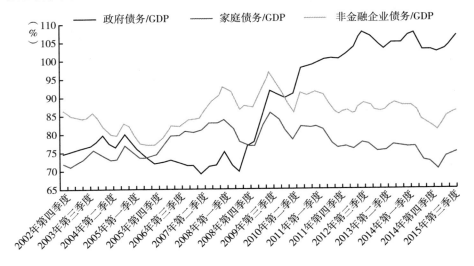

图 4　发达经济体债务的部门分布

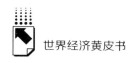

例由 2008 年第三季度的 70% 上升至 2012 年第三季度的 107%。事实上，发达经济体政府债务的上升几乎完全对冲了私人部门债务的下降，从而导致全球金融危机爆发之后发达经济体的总债务占 GDP 比例大致保持稳定，并没有出现显著下降的趋势。

在 2008 年第一季度至 2015 年第三季度近 8 年期间，新兴经济体的政府债务与家庭债务占 GDP 比例均温和上升，前者占 GDP 比例由 37% 上升至 42%，后者占 GDP 比例则由 23% 上升至 33%。然而在此期间，新兴经济体非金融企业债务呈现出快速上升态势，其占 GDP 的比例由 61% 上升至 104%。如图 5 所示，新兴经济体非金融企业债务的快速上升主要包括两个阶段，第一个阶段是 2008 年第四季度至 2009 年第三季度的全球金融危机期间，第二个阶段是 2011 年第三季度至 2015 年第三季度期间。

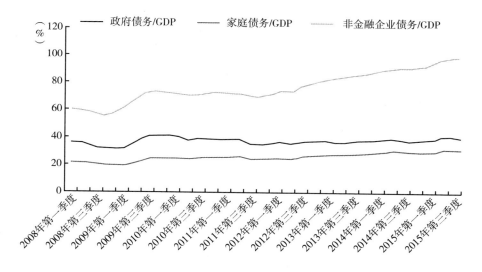

图 5　新兴经济体债务的部门分布

图 6 显示了在过去 13 年间主要发达经济体总债务占 GDP 比例的变动趋势。目前全球债务负担最高与最低的主要发达经济体分别是日本与德国，其在 2015 年第四季度的总债务占 GDP 比例分别为 388% 与 184%。其他几个

发达经济体的总债务占 GDP 比例均集中在 250% ～300% 这一区间。从增长速度来看，过去 13 年间总债务增长最快的发达经济体是法国、意大利与英国，其总债务占 GDP 比例在 13 年间分别上升了 89 个、77 个与 66 个百分点。总债务水平在同期内唯一下降的发达经济体是德国，其总债务占 GDP 比例累计下降了 6 个百分点。

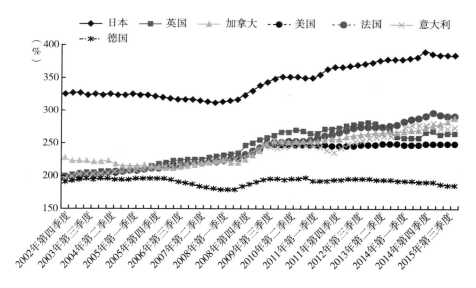

图6 主要发达经济体总杠杆率变动趋势

图 7 显示了在过去 13 年间主要新兴经济体总债务占 GDP 比例的变动趋势。目前全球债务负担最高与最低的主要新兴经济体分别是中国与印尼，两国在 2015 年第四季度的总债务占 GDP 比例分别为 255% 与 67%。其他五个国家的总债务占 GDP 比例均集中在 100% ～150% 这一区间内。从增长速度来看，在过去 13 年间总债务增长最快的新兴经济体是中国，其总债务占 GDP 比例在 13 年间上升了 98 个百分点。总债务水平在同期内下降的唯一新兴经济体是印尼，总债务占 GDP 比率累计下降了 21 个百分点。其他四个经济体同期内总债务与 GDP 比率的增长幅度在 9 ～33 个百分点。

将美国、欧元区、日本与中国四个代表性经济体的债务问题进行比较

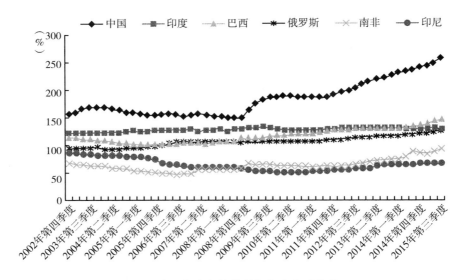

图7　主要新兴经济体总杠杆率变动趋势

(见图8～图11)。首先，截至2015年第三季度，美国、欧元区、日本与中国总债务与GDP比率分别为251%、266%、388%与255%。从中可以看出，目前日本的总债务负担远高于其他三个经济体，而美国、欧元区与中国的总债务负担是基本相当的。其次，从2007年第四季度至2015年第三季度这8年时间内，美国、欧元区、日本与中国总债务与GDP比率分别上升了23个、46个、72个与102个百分点，这意味着过去8年间，中国总债务上升的速度最快，而美国总债务上升的速度最慢。最后，从2007年第四季度至2015年第四季度这8年时间内，美国、欧元区、日本与中国政府债务占GDP比例分别上升了40个、38个、71个与10个百分点，这四个国家同期内私人部门债务占GDP比例分别上升了－17个、9个、1个与93个百分点。这说明过去8年间，美国、欧元区与日本总债务的上升主要是源自政府部门债务的上升，而中国总债务的上升主要是源自私人部门债务的上升。此外，这也说明在过去8年间，只有美国的私人部门实现了一定程度的去杠杆。

　　通过上述比较，不难发现，在过去8年间，中国债务的上升是非常值得

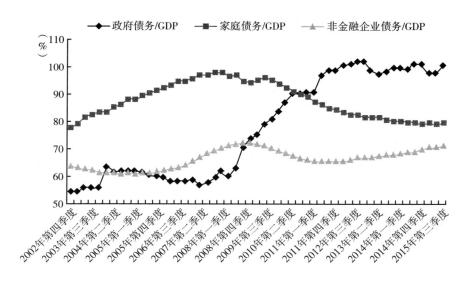

图8　美国分部门杠杆率变动趋势

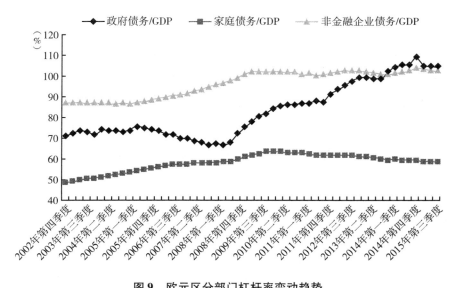

图9　欧元区分部门杠杆率变动趋势

关注的。第一，尽管中国的总债务与 GDP 之比与主要发达国家相比并不算
高，但中国的这一比率要显著高于其他新兴经济体；第二，在过去 8 年间，

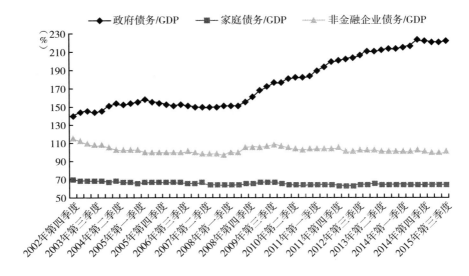

图 10　日本分部门杠杆率变动趋势

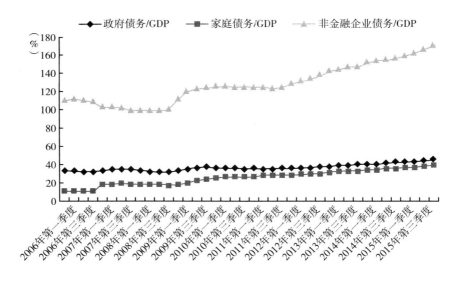

图 11　中国分部门杠杆率变动趋势

中国总债务与 GDP 比率的上升幅度超过所有代表性的发达经济体与新兴经济体；第三，目前中国的政府债务与家庭债务占 GDP 比例均处于较低水平，但非金融企业债务占 GDP 比例却是全球代表性经济体中最高的；第四，根据 IMF 的数据，目前国有企业债务占中国非金融企业债务的 55%，但国有企业产出仅占中国经济总产出的 22%（Lipton，2016）；第五，麦肯锡全球研究院的报告指出，自 2007 年至今，中国新增债务占到全球新增债务的 1/3。特别令人担忧的问题包括：一是中国一半左右的银行信贷都直接地或间接地与房地产相关；二是受到监管很少的"影子银行"体系在近年内提供了一半左右的新增信贷；三是不少地方政府债务难以持续（McKinsey Global Institute，2015）。第六，考虑到目前内外需持续低迷、中国制造业出现严重的产能过剩等现象，未来中国企业部门将会面临巨大的去杠杆压力，而这可能加剧金融体系（尤其是银行体系）的风险。如果处理不好，甚至可能酿成系统性危机。IMF 最新的全球金融稳定报告指出，即使不考虑"影子银行"体系的风险暴露，中国银行业的企业贷款组合的潜在损失都可能达到GDP 的 7%（Lipton，2016）。

三　全球高债务的风险

债务本身并不是一件坏事。事实上，金融市场的产生与发展必然伴随着债务的产生与发展。在正常情况下，举债可以帮助居民在面临变动的收入时平滑消费、帮助企业在面临变动的销售时平滑投资与生产、帮助政府在面临变动的支出时平衡税收。一方面，私人部门借贷能够将风险转移给有能力承担的个人与企业，从而改善资本的配置效率；另一方面，政府债务不但能够帮助居民在代际平滑消费，还能够通过提供流动性来缓解居民与企业部门面临的信贷约束，从而促进消费与投资增长（Cecchetti 等，2011）。

然而，债务水平的上升通常意味着刚性、固定的还本付息的压力上升，但是当借款者的收入下降时，这就会导致还本付息支出占借款者总支出比重的上升，从而抑制借款者用于消费或投资的收入比重，影响消费或投资增长。一旦还本付息支出超过特定的阈值，借款者就没有能力继续还本付息，从而陷入违约境地。违约事件的爆发不仅会影响借款人的信用与后续借款能

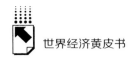
力，而且会导致贷款人出现资产损失。如果违约事件大规模爆发，不仅会导致消费与投资的萎缩，进而造成经济衰退，而且将会导致金融体系爆发危机，特别是提供信贷服务的银行业爆发危机。

上述分析表明，债务很可能存在一个最优规模（阈值）。在债务水平到达阈值之前，举债总体上利大于弊，举债既有利于经济增长，也不会造成重大金融风险。而一旦债务水平超过阈值，继续举债总体上就可能弊大于利，既会造成经济增速下降，也可能酿成金融危机。例如，Cecchetti 等（2011）的研究表明，随着债务水平的上升，借款人的偿债能力对于收入、销售额与利率的变动将会变得越来越敏感。这意味着，即使在一个温和的冲击下，高度负债的借款人也可能失去信用。换言之，一旦超过一定的阈值，更高的名义债务将会降低经济增速并增大金融脆弱性。又如，Bornhorst 与 Arranz（2013）指出，高债务增大了私人主体对于资产价格冲击、金融波动性与不确定性的脆弱性。由于面临修补与强化资产负债表的需要，私人主体将会更加重视降低债务而非利润最大化，这会导致经济活动放缓。这反过来又会加剧最初的资产价格下跌，从而加剧金融波动性。私人部门偿还债务能力的不确定性将会引发对于银行资产质量的疑问，从而削弱金融媒介作用。

在全球金融危机爆发后，关于金融周期（Financial Cycle）的研究开始变得流行起来。与普通经济周期相比，金融周期是一种频率更低、持续时间更长的周期，它主要受到全球流动性与全球信贷的驱动，金融周期的波动通常会造成全球资产价格的涨跌，从而带来繁荣与衰退。例如，Borio（2012）指出，金融周期是风险意识（风险承受能力）与融资约束之间发生的自我强化的互动。这通常会导致宏观经济的错配与大规模的金融衰退（Financial Distress），造就了金融体系的顺周期性。事实上，由于衡量金融周期的较好指标是信贷增速与房地产价格，因此金融周期的波动通常与信贷（债务）的波动呈现出显著的正相关。Brunnermeier 与 Sannikov（2011）证明，即使在外生性风险较低的环境下，随着经济增速的下行以及非线性放大机制的存在，较高的债务负担将使得经济体系更容易暴露在系统性冲击的威胁之中。此外，Gilbert 与 Hessel（2013）的研究发现，之所以欧洲国家在本轮全球金融危机之后财政状况急剧恶化，这与危机爆发时全球经济面临金融周期的逆转以及全球失衡的纠正有关，后者对欧洲国家财政状况造成的冲击要远远超过普通经济周期下行所造成的冲击。简言之，全球金融周期理论的兴起，为债务水平与金融波动之间的关系提供了更加微观的理论基础。

在笔者看来，债务水平过高至少面临三种主要风险：一是造成经济增速的放缓；二是造成系统性金融风险的上升；三是在爆发经济危机或金融危机之后，如何去杠杆（即降低债务水平的方式与速度）可能对经济增长前景造成深远影响。

在债务水平过高可能影响经济增长方面，影响最大且争议最大的研究要算 Reinhart 与 Rogoff（2010）了。这篇文章指出，首先，在政府债务占 GDP 比例低于 90% 时，政府债务与实际 GDP 增速之间的关系是微弱的。而一旦政府债务占 GDP 比例超过 90%，中位数增长率会下降一个百分点，而平均增长率将会下降得更快。这一门槛值对发达国家与新兴市场国家都是适用的。其次，新兴市场国家外部债务的门槛值要显著低于发达国家。对新兴市场国家而言，外债一旦超过 GDP 的 60%，年度经济增速将会下降 2 个百分点。如果外债水平更高的话，新兴市场国家的年度经济增速将会下降 1.5 个百分点。然而，Herndon 等（2013）的研究指出，Reinhart 与 Rogoff（2010）的研究存在计算错误、选择性排除数据与非传统性加权等问题，如果排除了这些问题，就不能证明政府债务占 GDP 比例的阈值为 90%。

尽管存在上述争议，越来越多的研究还是证明了债务阈值的存在。例如，Reinhart 等（2012）研究了持续的高公共债务威胁（Public Debt Overhang），也即公共债务与 GDP 之比在至少五年的时间内高于 90% 的现象。其研究发现，与其他时期相比，在持续高公共债务时期，一国经济增速下降超过 1 个百分点。在所识别的 26 个时期内，有 20 个时期的持续时间超过 10 年。事实上，这 26 个时期的平均持续时间是 23 年，这驳斥了债务与增长之间的相关性主要是由衰退期的债务积累所导致的观点。又如,Cecchetti 等(2011)使用了 1980~2010 年 18 个 OECD 国家分部门债务的数据库,研究发现,债务超过一定水平的确会拖累经济增长。政府债务的阈值是 GDP 的 85%,但如果考虑到要为极端事件的出现建立财政缓冲,那么正常时期一国政府应该把其债务水平保持在显著低于阈值的水平上。此外,企业债务与家庭债务的阈值分别为 GDP 的 90% 与85%。

我们不妨用 Cecchetti 等(2011)的研究结果来重新审视全球代表性经济体在 2015 年第四季度的分部门债务状况。如表 1 所示,在全球 7 个代表性发达经济体与 6 个代表性新兴经济体中,家庭债务水平超过阈值的有加拿大与英国,企业债务水平超过阈值的有中国、法国、加拿大与日本,而政府债务水平超过阈值的有日本、意大利、法国、英国与美国。从偏离阈值的程度来看,最值得担心的是日本的政府债务与中国的企业债务。

表 1　代表性经济体部门债务的风险

单位:%

	家庭债务/GDP	非金融企业债务/GDP	政府债务/GDP
全球经济	60	152	83
代表性发达经济体			
美　　国	79	71	100
日　　本	66	**101**	221
德　　国	54	53	78
英　　国	**87**	73	105
法　　国	57	**125**	109
加 拿 大	**98**	**112**	78
意 大 利	43	79	154
代表性新兴经济体			
中　　国	40	**171**	44
印　　度	10	51	68

续表

	家庭债务/GDP	非金融企业债务/GDP	政府债务/GDP
印　尼	17	23	27
巴　西	26	50	73
俄罗斯	17	59	17
南　非	37	37	53

注：数据都为 2015 年第四季度的数据。企业债务占 GDP 比例超过 90%的表格颜色加深，家庭债务占 GDP 比例与政府债务占 GDP 比率超过 85%的表格颜色加深。

资料来源：BIS。

如前文所述，一国债务水平过高可能会导致金融脆弱性上升。图 12 为此提供了一个强有力的证明。从图中可以看出，日本在 1990 年泡沫经济破灭前、墨西哥在 1995 年债务危机爆发前、泰国在 1997 年货币危机爆发前、美国在 2007 年次贷危机爆发前、西班牙在 2009 年房地产危机与主权债务危机爆发前，都出现了私人部门国内信贷余额占 GDP 比例快速上升的现象。这表明，一国私人部门债务的快速上升的确可能酿成系统性金融风险。此外，图 12 中的另一个趋势也令我们感到不安。1980～2015 年，中国私人部门信贷占 GDP 比例从 50%左右一路上升至目前的 150%以上，迄今为止尚未发生显著向下的调整。这在未来是否意味着中国爆发系统性金融危机的概率正在上升呢？

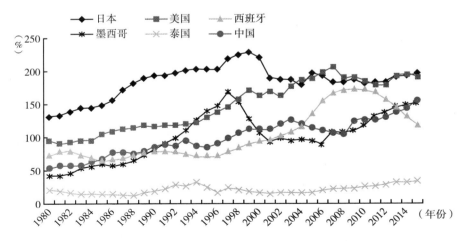

图 12　各国私人部门国内信贷占 GDP 比例的变动

资料来源：世界银行。

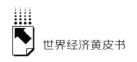

最后，当一个国家由于私人部门杠杆率过高而触发系统性金融危机，那么在危机之后，该国总债务以及债务结构如何变动也是一个非常重要的问题。事实上，一国去杠杆化的进程可能对该国中长期经济增长前景产生深远影响。例如，通过比较图8与图9后不难发现，在美国次贷危机爆发后，美国家庭部门与企业部门的杠杆率均显著下降，这与政府部门杠杆率的上升几乎抵消，导致危机后美国总债务与GDP比率保持平稳（由2008年第四季度的239%上升至2015年第四季度的251%）。相比之下，在欧洲主权债务危机爆发后，欧洲家庭部门与企业部门杠杆率并未显著下降，但政府部门杠杆率显著上升，这导致危机后欧元区总债务与GDP比率出现较快上升（由2008年第四季度的231%上升至2015年第四季度的266%）。事实上，美国私人部门的去杠杆进程较为充分，可能是导致美国经济当前增长势头显著好于欧元区的重要原因。此外，全球经济总债务与GDP比率在本轮全球金融危机爆发后不降反升，这被认为与全球经济目前陷入长期性停滞（Persistent Stagnation）存在重要的相关性。

四 如何降低全球债务

既然全球债务风险很高，那么应该如何降低全球债务，同时不对经济增长与金融稳定造成显著冲击呢？

如前文所述，我们通常用债务/GDP来衡量负债程度，那么要降低债务，显然可以通过两大类举措来进行，一是如何降低债务本身（"降低分子"手段），二是如何通过提振GDP增长来降低债务负担（"增大分母"手段）。

麦肯锡全球研究院研究了20世纪30年代大萧条以来在全球范围内的45次去杠杆过程（也即总债务与GDP之比显著下降的过程），其中有32次都发生在金融危机之后。在这些去杠杆的过程中，主要的手段可以分为四类：一是主动紧缩（Austerity），即让信贷增速持续多年低于GDP增速；二是大规模债务违约；三是通过制造高通胀来稀释债务；四是通过实际GDP的快速增长来降低债务负担。而实际GDP的快速增长通常发生在战争之后或石油市场繁荣之后。在这四类去杠杆的手段中，主动紧缩是最典型的手段，占到 45 次去杠杆进程的一半左右。然而，主动紧缩会造成去杠杆进程旷日持久，而且可能造成 GDP 的萎缩（McKinsey Global Institute，2010）。不难看出，这四种去杠杆手段的前三种属于"降低分子手段"，而第四种属于"增大分母手段"。

Arslanalp 等（2015）把去杠杆的方式分为两大类：第一类是宏观经济去杠杆，主要手段是提振实际 GDP 增长与制造更高的通货膨胀；第二类是资产负债表去杠杆，主要手段是通过债务的偿还与核销。一方面，这意味着增长更快与通胀更高的国家能够降低通过资产负债表方式去杠杆的必要性，以及避免与后者相伴随的信贷紧缩；另一方面，如果能够更早地通过核销贷款等方式去修补资产负债表，也有助于更加迅速地重启信贷增长、改善货币政策传导机制，从而促进经济增长。不难看出，资产负债表去杠杆与制造通胀属于"降低分子手段"，提振 GDP 增长属于"增大分母手段"。

针对如何降低公共部门债务，Reinhart 等（2015）区分了正统（Orthodox）的做法与非正统（Heterodox）的做法。前者包括促进经济增长、维持基本财政盈余、出售政府资产等，而后者包括债务合同重组、制造意料之外的通胀、对财富增税以及实施针对私人金融体系的金融抑制（例如压低利率）等。他们指出，至少从过去的历史来看，发达国家主要是通过非正统做法来降低公共部门杠杆率的。

针对如何降低企业部门债务，马骏（2016）区分了降低存量与防范增量的两种方法。降低企业债务存量的方法包括允许部分"僵尸"企业破产并由银行核销坏账、市场化的债转股、在银行体系内部建立资产管理公司、由政府建立资产管理公司、对企业减税等。而防范企业新增债务的方法包括解决软预算约束问题、推动国企的股权结构改革、提高地方政府财政透明度、在不发生系统性风险的前提下允许部分企业违约、评级公司对公司的评级必须反映风险等。鉴于目前债转股再次成为全球与中国的热门话题，Lipton（2016）指出，债转股要发挥作用，需要两个前提条件：一是银行必须能够行使债权人权力并进行分类，从而区分出哪些是债转股之后能够生存

的企业、哪些是需要关闭的不能生存的企业；二是银行需要具有管理股权的能力，以行使股东权力，或者具备把股权卖给具有此项能力的投资者的能力。Lipton（2016）还梳理了三个关于降低企业部门债务的国际经验：第一，必须快速与有效地进行反应，否则问题会继续恶化；第二，必须同时关注债权人与债务人，在进行债权人资产重组的同时，必须致力于提高未来债务人的偿债能力；第三，必须重视提高企业与银行的治理能力，以避免产生新一轮债务。

值得指出的是，为了让去杠杆进程变得更加平稳与可持续，保持财政与货币政策的适度宽松是非常重要的，这有助于克服去杠杆与低增长之间形成的恶性循环。例如，McKinsey Global Institute（2010）指出，美国在1930年代以及日本在1997年的经验均显示，不要过早地取消对经济体的刺激政策。又如，Bornhorst与Arranz（2013）发现，迄今为止的大多数去杠杆进程都是被动发生的。换言之，并非借款人主动还债，而是债务增长被名义收入的增长所侵蚀。而在过去的去杠杆进程中，财政政策通常是扩张性的，否则不足以支撑经济增长。再如，Arslanalp等（2015）宣称，宽松的货币政策可以通过提高资产价格与产生财富效应的方式来支持私人部门去杠杆。一个典型的例子是，自2007年以来，仅仅作为资产价格上涨的结果，日本、英国的家庭与企业的净金融债务占GDP比例就降低了10个百分点，在美国更是降低了高达28个百分点。

五　结论

在过去十余年间，全球债务不断攀升。新兴市场经济体债务上升显著快于发达经济体。从分部门来看，全球政府部门债务上升最快，且主要发生在全球金融危机期间。在发达经济体中，日本债务负担最高，而法国债务上升最快；在新兴经济体中，中国既是债务负担最高的，也是债务上升最快的，其中最值得担忧的是中国的企业部门债务。

债务水平过高将造成三种主要风险，一是经济增速放缓；二是系统性金融风险上升；三是在酿成危机之后，去杠杆方式不当可能显著影响一国经济增长前景。

降低全球债务的方式包括降低债务本身（"降低分子"方式）与提振经济增长（"增大分母"方式）。紧缩式的去杠杆方式通常会延长去杠杆进程并对经济增长造成显著负面冲击。宏观经济去杠杆与资产负债表去杠杆这两种方式是相辅相成的。政府部门通常会通过非正统的方式去杠杆。在去杠杆进程中，宽松的财政货币政策不可或缺。

参考文献

Arslanalp, Serkan, Bock, Reinout De and Jones, Matthew. "Trends and Prospects for Private – Sector Deleveraging in Advanced Economies", *VoxEU. org*, 04 June 2015.

Borio, Claudio. "The Financial Cycle and Macroeconomics: What Have We Learnt?" BIS Working Paper, No. 395, December 2012.

Bornhorst, Fabian and Arranz, Marta, Ruiz. "The Perils of Private – Sector Deleveraging in the Eurozone", *VoxEU. org*, 10 November 2013.

Brunnermeier, Markus K. and Sannikov, Yuliy. "A Macroeconomic Model with a Financial Sector", February 22, 2011, www. princeton. edu/ ~ markus/research/papers/macro_ finance. pdf.

Cecchetti, Stephen G., Mohanty, M. S. and Zampolli, Fabrizio. "The Real Effects of Debt", BIS Working Paper, No. 352, September 2011.

Gilbert, Niels and Hessel, Jeroen. "The Financial Cycle and the European Budgetary Reversal During the Crisis: Consequences for Survellance", 2013, www. bancaditalia. it/ pubblicazioni/altri – atti – convegni/2013 – fiscal – policy/Gilbert_ Hessel. pdf.

Herndon, Thomas, Ash, Michael and Pollin, Robert. "Does High Public Debt Consistently Stifle Economic Growth? A Critique of Reinhart and Rogoff," Political Economy Research Institute Working Paper Series, No. 322, University of Massachusetts Amherst, April 2013.

Lipton, David. "Rebalancing China: International Lessons in Corporate Debt", speech made at China Economic Society Conference on Sustainable Development in China and the World, Shenzhen, June 11, 2016.

McKinsey Global Institute. "Debt and Deleveraging: The Global Credit Bubble and its

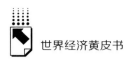

Economic Consequences", January 2010.

McKinsey Global Institute. "Debt and (Not Much) Deleveraging", February 2015.

Reinhart, Carmen M. , Reinhart, Vincent and Rogoff, Kenneth. "Dealing with Debt", *Journal of International Economics*, 2015, 96 (1): 43 – 55.

Reinhart, Carmen and Rogoff, Kenneth. "Growth in a Time of Debt", *American Economic Review*, 2015, 100 (2): 573 – 578.

马骏:《关于去杠杆的若干思考》,《增强国际货币体系 完善债务处理国际经验》,中国人民银行与 IMF 联合研讨会,2016。

Y.17
美国大选与 TPP 的前景

李春顶　马　涛*

摘　要：　跨太平洋伙伴关系协定（TPP）正处于 12 个成员国的国内审批阶段，美国的主导地位和经济规模决定了美国国会的审批事关 TPP 的前途命运。美国总统和国会议员的竞选拖延了 TPP 的审批，新总统的否定态度、部分国会议员和利益集团的反对声音给 TPP 的前景披上了"朦胧的面纱"。当 TPP 在成员国内的立法审批遇上美国大选，带来的挑战和不利影响不可避免。但我们的分析认为，纵使面临众多的不确定性，协定最后能够正式生效的可能性仍然很大。如果奥巴马政府能够在"跛脚鸭国会"时期完成审批，协定会较快生效；而如果拖延到美国新总统上任之后进行审批，则会陷入迷茫的进一步争论。

关键词：　跨太平洋伙伴关系协定　美国大选　国内审批

跨太平洋伙伴关系协定（Trans-Pacific Partnership，TPP）于 2016 年 2 月 4 日在新西兰最大的城市奥克兰签署[1]，这标志着一个面向 21 世纪的高标准、开放的区域贸易协定正式达成。但协定的生效还需要所有 12 个成员国完成国内立法机构的审批才能实施。美国作为 TPP 的主要推动者和经济

---

* 作者均为中国社会科学院世界经济与政治研究所副研究员，研究方向：国际贸易、区域经济一体化。

[1] 参见商务部新闻办公室消息《商务部国际司负责人就〈跨太平洋伙伴关系协定〉正式签署表态》，2016 年 2 月 4 日。

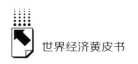

规模最大的成员国，其国内的审批牵动着 TPP 的前途命运，也是其他成员国观望和行动的标杆。然而，2016 年 11 月的美国总统大选，众议院和参议院议员的竞选不可避免地拖延和影响着 TPP 在国会的审批。奥巴马（Obama）政府难以在大选之前完成审批工作，而新总统候选人对 TPP 的反对和否定、国会议员对 TPP 的非议以及美国劳工和环保组织对 TPP 的强烈抵制，使得 TPP 在美国的审批前景"扑朔迷离"。

一 TPP 在成员国内审批情况

TPP 的签署标志着 12 个成员国已经就协定的最终法律文本达成一致，将开始启动国内立法机构对协定的审批程序。TPP 协定何时能够正式生效取决于成员国内审批的进展。事实上，TPP 的 12 个成员国经济发展阶段和国情都存在差异，既有美国和日本等发达国家，也有秘鲁和马来西亚等发展中经济体；既有幅员辽阔的加拿大和澳大利亚，也有经济资源匮乏的文莱。TPP 在谈判中存在不同的利益诉求，日本在农业问题上与其他成员国分歧较大，新西兰和澳大利亚认为高标准会引起跨国公司垄断药品价格，投资者 – 东道国纠纷解决机制也饱受争议（Li and Whalley，2016）。所以，TPP 要完成所有成员国的国内审批并不容易。

目前仅有新西兰国会通过 TPP 的审批，多数成员国都在观望和等待美国的批准结果。可以说，美国的国内审批是 TPP 最终生效的关键和难点。表 1 整理了当前各成员国的国内审批情况。

表 1　TPP 成员国内审批情况

成员国家	审批情况	难点	展望
美　国	未审批	总统和国会面临改选，新总统候选人和部分国会议员反对有争议的 TPP；劳工团体反对	可能会在总统大选结束后的"跛脚鸭国会"时期审核 TPP，或者需要等到新总统上任后进行讨论
日　本	未审批	TPP 受到在野党的猛烈抨击，指责日本做出过多的让步；参议院大选影响审批	TPP 法案的审批推迟到秋季，顺利的话也要到 2017 年才能通过

续表

成员国家	审批情况	难点	展望
澳大利亚	未审批	要让参议院通过 TPP 协议,新当选的总理政府还需要得到竞争党派的支持	参众两院的批准尚无时间表
加 拿 大	未审批	加拿大新政府对待 TPP 较为谨慎,表示将与社会各界充分沟通和协商,并将在国会进行审查和辩论	加拿大还没有国会审批的确切时间表,预计在观望美国
马来西亚	未审批	协议在马来西亚有反对声音	总理纳吉布的执政联盟控制了 60% 的议会席位,预计审批难度不大
越 南	未审批	越南国会主席表示,需要参照和考虑其他成员国的批准情况,以及美国总统大选结果对 TPP 的影响,届时做出评估,经讨论后再做决定	审批最早也要到美国总统大选结束数月之后
智 利	未审批	国内有关团体反对并制造障碍	已经推迟,在等待和观望美国的审批
秘 鲁	未审批	部分行业有反对声音	秘鲁 7 月产生了新的总统,TPP 的国会审核预计还需要一些时间
新 西 兰	已批准	2016 年 5 月 15 日,"TPP 协定修正法案"以 3 票多数通过议会	已经批准
墨 西 哥	未审批	有一些反对声音	TPP 协议在墨西哥议会的审批难度不大,但还没有确切消息
新 加 坡	未审批	难度不大	还没有确切消息
文 莱	未审批	国王批准即可	还没有完成审批

资料来源:作者整理。

(一) TPP 的审批程序和规定

根据 TPP 的生效条款,如果所有协定成员国能够在两年内完成国内立法审批,TPP 将在所有成员国国内批准程序结束的 60 天后生效。如果在两年内无法实现所有成员国的国内审批,则只要有至少 6 个成员国完成国内立法批准,同时这 6 个成员国的国内生产总值 (GDP) 加总超过全部 12 个成员国 GDP 之和的 85%,TPP 就可以在为期两年的审批时间结束的 60 天后立即生效。如果仍然达不到上述条件,那么协议的生效将延期,直

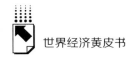

至达到要求①。

按照世界银行世界发展指标（WDI）统计的 2015 年 GDP 数据，美国约占 TPP 所有成员国 GDP 的 65.2%，日本占 14.9%，加拿大占 5.6%，澳大利亚占 4.9%，墨西哥占 4.2%②，这五大经济体加上任何另外一个成员国通过国内审批，TPP 就可以在两年审批期限后 60 天生效。

（二）TPP 在美国的国内审批现状及难点

美国是 TPP 的主导国家，也是经济规模最大的成员国，美国国内的审批对于 TPP 的发展至关重要。2015 年 11 月 5 日，美国总统奥巴马（Obama）正式向国会提出签署 TPP 的意向。根据贸易促进授权（Trade Promotion Authority，TPA）法案的时间规定，总统向国会提交意向通知书至少 90 天后，协议文本再经受公众和国会的检查和辩论，就能签署（庄芮等，2015）。

美国贸易咨询委员会人员就各自专业领域和协议对应部分，向国会和美国贸易代表办公室（USTR）提交评估报告。美国国际贸易委员会在规定时间内，就协议对美国经济、各产业和就业等方面的影响提交分析报告（Fergusson et al.，2015）。目前，奥巴马政府可以随时向国会提交 TPP 的审批意见。有消息指出，2016 年 2 月奥巴马在白宫与众议院议长和参议院多数党领袖就国会审批 TPP 的议题进行了闭门会谈，但没有达成共识。参议院多数党领袖在会后向媒体透露，他坚持认为国会不应该在 2016 年 11 月总统大选结束前就 TPP 进行投票③。

TPP 目前在美国国会的审批形势趋于不利。共和党一向是支持自由贸易政策的，奥巴马能够取得贸易促进授权（TPA）法案通过很大程度上得益于共和党议员在国会的大力支持，但现在一些共和党议员提出对 TPP 协议结果不满，认为美国在关键问题上做出了让步。共和党议员不满的条款具

---

① 美国贸易代表办公室（USTR）网站资料"TPP Full Text"。
② 根据世界银行世界发展指标（World Development Indicator，WDI）的 GDP 数据计算所得。
③ 《TPP 协定正式签署，焦点转向国内审批》，新华社，2016 年 2 月 5 日。

体包括生物制药专利保护期限比美国国内法律规定的要短，烟草行业被排除在投资者－东道国争端解决机制之外等[1]。奥巴马所在的民主党与劳工团体关系密切，通常对自由贸易持反对态度。当前民主党内部对 TPP 的态度存在分歧，不少议员表示反对。工会等美国劳工组织强烈反对 TPP 协议，认为其损害了行业的利益和就业等。新的总统候选人希拉里（Hillary）和特朗普（Trump）都明确表示对 TPP 协定不满。鉴于这些现状，美国国会的审批会困难重重，甚至有观点认为 TPP 不会在美国通过，已经宣判"死亡"[2]。

从美国的整体舆论分析，奥巴马政府等到总统大选结束后的"跛脚鸭国会"时期提交审核 TPP 的可能性较大，如果不成功就需要推迟到下一届总统上台之后再另行商议讨论了。

（三）TPP 在其他成员国内的审批现状及难点

其他成员国按照批准 TPP 协定的难易程度可以分为两类，一类是面临国内反对和质疑声音较大的国家，包括日本、澳大利亚、加拿大、马来西亚、越南、智利和秘鲁；另一类是国内反对声音较小的国家，包括新西兰、墨西哥、新加坡和文莱。事实上，TPP 在美国之外其他成员国的国内审批同样面临不小的挑战，以下逐一分析。

1. 日本

安倍政府对 TPP 的态度肯定，支持推动 TPP 尽快获得批准。安倍的联合政府在参众两院都占多数席位，尽管 TPP 在日本国会也有反对派，但预计难以在整体上影响 TPP 的审批。此外，日本的大米、猪肉、牛肉等五种农产品获得了足够的过渡期，农业问题也得到一定的妥协。

日本国会众议院为审议 TPP 成立了特别委员会，从 2016 年 4 月 5 日开始审议 TPP 以及与 TPP 有关的 11 个法律的修改和 1 个补偿法律的立法。日

---

① 《TPP 协定正式签署，焦点转向国内审批》，新华社，2016 年 2 月 5 日。

② Edward Luce, "US-led Globalization is Dying with the TPP", FT, 2016－07－27。

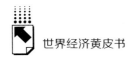

本政府希望凭借执政党在参众两院的多数席位，在 4 月就获得众议院的认可通过，并在 6 月 1 日本届国会结束前在参议院通过，完成立法程序。但在众议院特别委员会的审议一开始，TPP 就受到在野党的猛烈抨击，指责日本做出了过多的让步。一周后审议重新开始，但 4 月 14 日发生的熊本地震使得政府无法全力以赴应对 TPP 协议的审议①。

2016 年 4 月，日本执政的自民党国会对策委员长佐藤勉表示，由于2016 年 7 月日本将举行参议院大选，影响农民和服务业利益的 TPP 问题，将会成为许多选民争论的焦点。为避免对安倍领导的执政党的支持率构成威胁，安倍政府计划将 TPP 法案的审批推迟到秋季之后②。如此一来，即使秋季的国会审批顺利，也要到 2017 年才能通过。

2. 澳大利亚

TPP 协议在澳大利亚需要经过参众两院批准。要让参议院通过 TPP 协议，新当选的总理政府还需要得到竞争党派的支持。反对党工党表示，虽然支持自由贸易，但在决定是否支持 TPP 协议之前需要研究其文本③。目前参众两院的批准尚无时间表。

3. 加拿大

TPP 是在保守党政府时期达成的协议，现在的执政党已经是自由党。但TPP 并非总理选举时的争议议题，事实上自由党也支持 TPP。加拿大新政府对待 TPP 较为谨慎，表示将与社会各界充分沟通和协商，并将在国会进行审查和辩论。从 2016 年 5 月开始，加拿大众议院开始重新审视协议的影响，反对声音认为 TPP 会威胁就业④。目前加拿大还没有国会审批的确切时间表。

4. 马来西亚

TPP 协议需要议会批准。虽然协议在马来西亚有反对声音，但总理纳吉

---

① 《日本国会审议 TPP 不顺，何时生效前景不明》，环球网，2016 年 5 月 3 日。
② 《为避免影响选情安倍推迟 TPP 案审批》，亚洲通讯社日本新闻网，2016 年 4 月 13 日。
③ 《TPP 什么时候能全面通过？这得看 12 个成员国的时间表》，搜狐财经频道，2015 年 10 月15 日。
④ 《加媒体建议政府对待 TPP 切勿操之过急》，《环球邮报》2016 年 3 月 4 日。

布的执政联盟控制了 60% 的议会席位①。因此，TPP 在马来西亚的国内审批预计难度不大。

5. 越南

越南共产党中央委员会将审查 TPP 协议，国民议会将评估协议并进行投票表决。越南被外界称为 TPP 的最大受益国，普遍预测其国内审批较为容易。越南总理曾在 2016 年 8 月 25 日会见美国－东盟经营者协会（US-ABC）主席时指出，越南政府已经完成 TPP 批准文件，将提交 10 月份召开的越南国会审议②。但 2016 年 9 月 16 日的越南政府消息人士透露，批准 TPP 的事项还没有列入下一轮国会的议事日程，这意味着审批最早也要到美国总统大选结束数月之后。越南国会主席表示，需要参照和考虑其他成员国的批准情况，以及美国总统大选结果对 TPP 的影响，届时做出评估，经讨论后再做决定③。

6. 智利

智利总统支持 TPP，认为协议会使智利的工业、农业和林业受益。目前国会的审批在各种偏向和障碍面前已经推迟④，预计在等待和观望美国的审批。

7. 秘鲁

秘鲁的一院制国会表决 TPP，政府对于 TPP 的态度较为正面并支持，但部分行业有反对声音。秘鲁 2016 年 7 月选举了新总统，TPP 的国会审核预计还需要一定时间。

8. 新西兰

TPP 首先要经过国会的外交事务委员会评估。2016 年 5 月 15 日，"TPP 修正法案"以 3 票多数通过议会。该法案根据新西兰在 TPP 中的承诺义务

---

① 《TPP：需要各国国内批准，成员国各有各的算盘》，今日头条国际新闻，2015 年 10 月 15 日。
② 《越南将于 10 月审批通过 TPP》，商务部经贸新闻，2016 年 9 月 8 日。
③ 《越南国会推迟审批 TPP，要参考他国批准情况》，搜狐新闻，2016 年 9 月 18 日。
④ 《TPP 什么时候能全面通过？这得看 12 个成员国的时间表》，搜狐财经频道，2015 年 10 月 15 日。

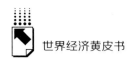
修改国内立法，新西兰贸易部部长指出绝大多数国内法律和政策已经符合TPP 框架下的义务①。

9. 墨西哥

TPP 必须得到上议院的批准。总统涅托所在的政党目前在上议院占据多数席位，TPP 协议在墨西哥议会的审批难度不大，但还没有确切消息。

10. 新加坡

TPP 需要得到内阁批准。执政的人民行动党在议会拥有超过 90% 的席位②，故而 TPP 会相对容易通过审议，但目前还没有完成审批。

11. 文莱

文莱是君主专制国家，TPP 协议只需要身兼总理、国防部部长和财政部部长数职于一身的国王批准即可，目前还没有完成审批。

二 美国大选对 TPP 发展的影响

2016 年 11 月的美国总统大选以及参议院和众议院的两院议员改选对TPP 在美国国内的立法审批带来不利的影响，至少使得议员们没有心思顾及TPP 的审批；而且 TPP 在美国受到劳工团体的反对，总统候选人和国会议员担心支持 TPP 而会影响选票。

（一）大选的发展现状及候选人对 TPP 的态度

2016 年美国总统大选将于 11 月 8 日星期二举行，这是美国第 58 届总统选举，同时选举众议院全部 435 个席位以及参议院 100 个议席，产生第 114届国会。

按照美国总统选举制度，全国选民投票是在选举年 11 月的第一个星期一后的第一个星期二举行。全国选民投票日也叫总统大选日。由于美国总统

---

① 《TPP 修正案通过新西兰议会一读》，商务部经贸新闻，2016 年 5 月 16 日。
② 《TPP 什么时候能全面通过？这得看 12 个成员国的时间表》，搜狐财经频道，2015 年 10 月 15 日。

选举实行选举人团制度，因此总统大选日实际上是选举代表选民的"选举人"。选民投票时，不仅要在总统候选人当中选择，而且要选出代表50个州和首都华盛顿特区的538名选举人，以组成选举人团。在大选中，美国绝大多数州和首都实行"胜者全得"制度，即在一州或首都获得选民票最多者获得该州或首都所有选举人票。赢得270张或以上选举人票的总统候选人即获得选举胜利。根据各州选举人票归属情况，大选日当晚就能知道选举获胜者。但在法律上真正的总统选举是在12月第二个星期三之后的第一个星期一举行。届时，各州被推选出的"选举人"将前往各州的首府进行投票，最终选举出总统。当选的总统于次年1月20日宣誓就职①（李秀红，2015）。

美国当前的总统候选人主要有民主党希拉里和共和党特朗普，他们的支持率旗鼓相当，希拉里略有领先。民调显示，希拉里在少数族裔、女性、年薪超过7.5万美元、政治立场温和的群体中支持率较高；而特朗普在白人、男性、宗教虔诚者和即将退休的群体中支持率较高。2016年7月以来，希拉里的支持率基本保持领先于特朗普的态势，尽管先后面临"邮件门"和"健康门"的传闻，但最新民调的支持率仍然高于特朗普②。

美国选民对两名总统候选人均有不满，这使得两大主流政党之外的美国自由党候选人约翰逊（Johnson）有一丝机会，如果他能够赢得至少一个"关键州"③的选举人票，使得两个主流候选人都无法获得半数以上的选举人投票，则新总统将由众议院投票选出，这种情形下约翰逊就会有一线希望④。

在总统候选人对TPP的态度上，民主党候选人希拉里虽然在担任国务卿时曾经评价TPP为"黄金标准"，但在总统竞选中却表示反对TPP的现有版本。她在回应什么样的贸易协定能够获得支持和批准时，提出了三个方面的标准：一是创造美国就业；二是提高工资；三是改善国家安全。她认为目前的TPP需要在货币操纵方面做更多调整，原产地规则太弱，知识产权条

---

① 《美国总统选举制度》，新华网，2012年10月15日。
② 《希拉里支持率仍领先特朗普》，网易新闻，2016年9月18日。
③ 关键州是指美国总统选举中分配的选举人票数较多的州，如加利福尼亚州、佛罗里达州等。
④ 《美国大选好戏还在后头？第三党候选人自信能杀出重围》，汇通网，2016年8月30日。

款不完善，投资者－东道国争端解决条款有缺陷，应对气候变化做得不够①。希拉里阵营甚至认为应该就 TPP 重新谈判②。共和党候选人特朗普对 TPP 的态度是极力反对。他曾经在华盛顿的一次演讲中表示要"撕毁 TPP"，并且要终结北美自由贸易协定（NAFTA），重新谈判新的协定，并倡导优先与个别国家进行谈判，而不是一群国家谈判③。自由党候选人约翰逊支持 TPP④。表 2 总结了总统候选人的态度。

表 2 美国总统候选人对 TPP 的态度

党派	候选人	对 TPP 的态度
民主党	希拉里	反对 TPP 的现有版本。TPP 需要在货币操纵方面做更多调整，原产地规则太弱，知识产权条款不完善，投资者－东道国争端解决条款有缺陷，应对气候变化做得不够
共和党	特朗普	极力反对。曾表示要"撕毁 TPP"，重新谈判新的协定，并倡导优先与个别国家进行谈判
自由党	约翰逊	支持 TPP

资料来源：作者整理。

（二）大选对 TPP 在美国国内审批的影响

美国大选对于 TPP 在美国国内审批的影响主要是负面的，限制了奥巴马任期内的审批时间和国会议员的积极性，在一定程度上搁置或拖延了审批，另外新总统候选人的态度也影响审批。以下逐一分析。

1. 大选限制了奥巴马政府在任期内完成 TPP 国内审批的时间

美国总统大选的时间是 2016 年 11 月，加上选举之前的竞选时间，耽搁 TPP 的审批时间数月；另外大选前后国会议员变动带来的不稳定性，都会限

---

① 《机构：TPP 每推迟一年美国至少损失千亿美元》，新浪财经新闻，2016 年 9 月 20 日。
② 《美批准 TPP 前途曲折，前景欠佳令日本焦虑》，凤凰网财经新闻，2016 年 5 月 24 日。
③ 《特朗普压轴演讲：政治正确，我们再也承受不起》，搜狐新闻，2016 年 7 月 26 日。
④ 《美国大选好戏还在后头？第三党候选人自信能杀出重围》，汇通网，2016 年 8 月 30 日。

制奥巴马总统任期内的审批时间。如果拖到下一任总统任期，会带来更多的不确定性。

2. 大选影响奥巴马任期内国内审批的积极性

面对总统和国会议员的换届竞选，原有国会议员会更多关注新总统候选人的态度。同时，国会议员自身也面临竞选压力，对 TPP 审批的积极性会下降，态度也会受到选票的影响。

3. 政治变动会在一定程度上拖延国内审批

总统大选的政治变动会拖延 TPP 的审批，这是毋庸置疑的。面对大选，其他政治活动和审批都会暂时停止，等到选举结束之后才会重新考虑。

4. 新总统候选人对 TPP 的反对态度影响审批

目前，新总统候选人都反对现有 TPP 的条款，这首先会影响国会议员的审批选择。更为重要的是，如果 TPP 不能在奥巴马政府任期内通过审批，下一任总统的反对态度就会使得 TPP 的审批前景黯淡。

当然，美国总统大选在某些方面也会促进 TPP 的审批。奥巴马政府会更有积极性推动在任期内完成国内的立法审批，另外新的国会议员竞选结束后不再担心利益集团的态度带来的影响，对于审批也会有利。

三　TPP 的发展前景判断

美国是 TPP 的主导国家，也是经济规模最大的成员国，美国国内的审批对于 TPP 的前景至关重要。按照 TPP 生效的条件，美国国会如果不能顺利批准，TPP 就无法生效。同时，目前多数成员国都在观望美国的态度，如果美国能够顺利批准，预计其他成员国也能顺利完成国内审批。故而，美国的审批决定了 TPP 的前途命运，判断 TPP 的未来走向应主要分析美国国会的审批前景。

（一）不利于 TPP 通过审批的负面因素

不利于 TPP 协定审批的负面影响因素主要包括新总统候选人都明确表

示不支持 TPP 的条款，不少国会议员反对，利益集团反对以及其他成员国的国内批准障碍等。

1. 美国新总统候选人对 TPP 持负面态度

美国新总统候选人希拉里和特朗普都曾经明确表示反对或者不满意 TPP 的条款，特朗普甚至提出要 "撕毁 TPP"。虽然这些表态可能只是竞选的需要，但竞选承诺是要兑现的。如果 TPP 在奥巴马任期内没有通过国会审批，新总统执政时期必然难以直接批准通过，至少需要修改部分条款或者置换文本才会重新考虑。

2. 美国国会对 TPP 有不同声音

共和党议员支持自由贸易政策，对于 TPP 整体支持，但目前有一些议员提出不满，认为美国在一些关键条款上做出了过多让步。民主党议员通常对自由贸易持反对观点，目前对 TPP 的态度存在分歧，不少议员表示反对。当然，国会议员的反对声音一直存在，同时面临 2016 年 11 月的两院议员竞选，不少反对态度可能也是为了选票的需要。但尽管如此，国会议员的反对肯定不利于 TPP 的审批。

3. TPP 的一些条款涉及利益集团，遭到反对

美国劳工组织和环保组织强烈反对 TPP，认为 TPP 会损害美国的利益。以美国劳工总会与民主党与工会认为 TPP 将伤害美国劳工，美国企业在将工作机会转移到海外方面更加自由和灵活（World Bank，2016）。福特汽车在 TPP 协议签署后迅速回应，认为协议未能解决汇率操纵问题，并建议美国国会拒绝 TPP 协议①。利益集团的反对会形成政治压力，影响国会的审批。

4. 日本等其他国家的国内审批也不容易

日本、加拿大、澳大利亚等国家的内部审批同样需要协调国内不同的利益诉求和声音，要促使立法机构通过审批需要付出艰辛的努力。这些经济规模较大的成员国如果不能完成国内审批，也会影响 TPP 的生效。

---

① 《美国国内多方反对 TPP 协议》，腾讯财经新闻，2015 年 10 月 6 日。

（二）推动 TPP 协定通过国内审批的正面因素

TPP 协定能够通过成员国国内审批的积极因素包括成员国政府的支持，TPP 对美国经济和战略的价值，政治信用的考虑以及美国的贸易促进授权法案等。

1. TPP 协定已经达成，成员国构建协定的意愿相同

TPP 协定能够顺利签署，说明所有成员国政府支持并且有意愿达成协议，同时协定对所有成员国在整体上是有利的。基于这样的背景，协定的审批虽然面临挑战，但整体上肯定符合成员国的国内利益，通常情况下能够获得国内批准。

2. 美国总统候选人的反对态度可能是为了争取选票

美国总统候选人在竞选时期的表态不一定是真实的内心观点和想法，很大程度上考虑的是选票。一旦上任后，其考虑的角度会有很大差异，美国历任总统中不乏这样的事例。无论是希拉里还是特朗普当选新总统，都需要从整体上考虑美国的经济和战略需要，会对 TPP 重新定位和评估并采取理性的行动，较大的可能是朝着有利于批准 TPP 的方向发展。

3. TPP 是一个高标准的区域贸易协定，有利于美国的长远经济利益

TPP 是美国重返亚太的重要举措，对美国在亚太地区的战略经济利益影响深刻，正如奥巴马强调的，"TPP 将让美国而非其他国家诸如中国来书写全球贸易规则"[①]。美国如此煞费苦心的战略，预计不会轻易放弃或废除。

4. 推动 TPP 的国内审批和生效有利于维护美国的政治形象

TPP 是美国主导的区域贸易协定，美国极力推动协定的签署。如果美国轻易推翻或者放弃 TPP，就会失信于其他成员国，影响美国的信用和政治形象，这一后果会给美国带来压力，促使其推动 TPP 的批准。

5. 贸易促进授权（TPA）法案有利于国内审批

美国国会在 2015 年 6 月底通过了贸易促进授权（TPA）法案，为期 6

---

① 《奥巴马声称：不能让中国等国家书写全球贸易规则》，《环球时报》2015 年 10 月 6 日。

年，将来国会审批 TPP 时只能赞成或者反对，不得对条款内容进行修正，这在程序上有利于加快审批的步伐。

（三）发展前景的判断

TPP 协定是否能够通过各成员国的国内立法审批取决于核心国家政府的意愿。如果这些国家的政府有决心通过协定，阻挠批准的因素大多可以通过政治方式解决，或者以谅解，换文本或补充（Side Agreement）方式促使反对者改变立场。TPP 协定谈判达成的最终文本也处处体现了折中和妥协的痕迹，各国都以附件方式取得谅解。

在美国国内立法审批的历史上，多边和区域贸易协定签署之后由于国会立法审批时的反对而"流产"的案例很少，国际贸易组织（International Trade Organization，ITO）是最典型的一个。1943 年布里斯敦国际金融会议通过建立国际货币基金组织、世界银行和国际贸易组织的协定。但国际贸易组织在呈交美国国会审批时遭到反对，导致 ITO 未能成立。但谈判成员国政府在 1947 年变通地将关税谈判的结果和 ITO 宪章草案的第四章"贸易政策"部分合在一起并形成了一个未经各国立法机关审批的政府间临时性行政协议——关税与贸易总协定（GATT），并即时生效。这一临时协定使用了近半个世纪，直到 1995 年才被世界贸易组织（WTO）替代（刘敬东，2007）。

与此同时，区域贸易协定在美国国会审批时遭遇坎坷但最终顺利通过的案例不胜枚举。北美自由贸易协定（NAFTA）和美国－韩国自由贸易协定都曾在美国国会审批上陷入"窘境"。北美自由贸易协定从 1992 年 8 月签署到 1994 年 1 月正式生效，经历了近两年时间，遭到美国劳工团体等众多组织反对，但在克林顿政府的极力支持和推动下最终得以通过审批①。美韩自由贸易协定曾经在美国国会搁置五年，最终以换文本的方式才获得批准。两国于 2007 年 6 月 30 日正式签署自贸协定，之后由于美国的国会反对，双方又就汽车和农畜产品等敏感内容进行再次磋商谈判并达成新文本，才得以

---

① 袁征：《国会与美国外交》，中国社会科学网，2013 年 6 月 9 日。

批准，于 2012 年 3 月 15 日正式生效①。

基于这些背景和以往的经验，我们倾向于认为 TPP 最终能够通过美国以及其他成员国的国内立法审批并生效实施，只是可能需要经历一定的时间。TPP 的审批发展趋势和方向，有两种可能。

第一种可能是奥巴马政府选择 2016 年 11 月 8 日新总统选举结束到 2017 年 1 月 20 日新总统正式就职的"跛脚鸭国会"（Lame Duck Session）时期提交审议，并督促游说国会批准协定。届时，新的国会议员选举已经结束，议员们会较少受到利益团体反对声音的影响，站在美国战略利益的立场上思考，因此 TPP 相对比较容易通过审批。不过，新总统即将上任，国会议员还能够在多大程度上支持奥巴马政府推动的贸易协定，有待考察。如果这个时期能够通过批准，则会是最顺利的情况。一旦美国国内审批完成，其他成员国预计会陆续批准。

第二种可能是 TPP 需要到新总统就任后审批。无论是希拉里还是特朗普当选，由于都曾公开表示反对 TPP 的条款，预计不会直接提交国会审批。有可能的情况是，就 TPP 进行重新评估和讨论，甚至可能重新发起 TPP 成员国的谈判，修改部分条款，或者达成部分谅解之后再推动审批。但这样做又会陷入新一轮的谈判困境，并失信于协定的其他成员国，同时目前的 TPP 协定也没有重新谈判的规定和机制，另外 TPA 的授权期也会面临失效等问题。如果希拉里当选新总统，由于她原先支持 TPP，并且仅仅对部分条款存在不满，那么 TPP 的前景会明朗许多。而如果特朗普当选新总统，TPP 的前景会更加渺茫。总之，TPP 一旦进入新任总统时期内进行审批，问题会更加复杂，何时能够通过审批并生效，可能需要相当的耐心。

参考文献

李秀红：《美国总统制确立的理论渊源及制度基础》，《学术界》2015 年第 7 期。

---

① 陈听雨：《韩美自由贸易协定正式生效》，《中国证券报》2012 年 3 月 16 日。

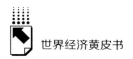
刘敬东：《论贸易自由化——多边贸易体制及其法律制度的基石》，《国际贸易》2007年第4期。

庄芮、杨亚琢、姜舰：《TPP的美国审批程序及其生效前景分析》，《国际商务》2015年第6期。

Fergusson, I. F. C., M. A. McMinimy and B. R. Williams, "The Trans-Pacific Partnership Negotiations and Issues for Congress", CRS Report R42694, March 2015.

Li, C. and J. Whalley, "China and the Trans-Pacific Partnership", CIGI Paper No. 102, May 2016.

World Bank, "Potential Macroeconomic Implications of the Trans-Pacific Partnership", *Global Economic Prospective*, January 2016.

Y.18
全球经济不确定性继续上升

——评全球智库重点关注的三个宏观议题

李远芳*

摘　要：　2016 年全球宏观经济和金融市场的重要议题有三个：美联储货币政策正常化、负利率政策和英国脱欧。这些议题的共同特征是对未来全球宏观经济前景有重要影响，且由于缺乏历史先例供参考，其操作和影响均存在相当大的不确定性。这一背景下，2016 年全球智库和学界围绕这些议题展开了热烈的讨论，本文分别介绍和评论这些议题的主要内容、关键认识分歧和政策含义。

关键词：　美联储加息　货币政策正常化　负利率　英国脱欧

2016 年全球经济波动和金融市场的重要议题有三个：美联储货币政策正常化、负利率政策和英国脱欧。这些议题直接涉及了当前全球经济中具有系统重要性的美、欧、日、英等经济体，而且影响并不局限在这些经济体中，而是通过市场信心、资本流动和金融价格等渠道迅速波及全球经济。这些议题还有一个共同特征，即无论是美国从极度宽松货币政策的正常化，欧、日深入负利率政策领域，还是英国脱离欧盟，都没有或者缺乏先例供参考，其操作和影响均存在相当大的不确定性，且这一不确定性预计在未来一

---

* 李远芳，经济学博士，中国社会科学院世界经济与政治研究所国际金融室助理研究员。

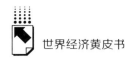

段时间还将持续发酵。未来全球宏观经济前景及主要经济体政策反应仍将与这些议题的发展息息相关。这一背景下，2016 年全球智库和学术界围绕这些议题展开了热烈的讨论，本文分别介绍和评论这些议题的主要内容、关键认识分歧和政策含义。

一　美联储货币政策正常化及对全球的影响

2015 年 12 月 16 日，美联储发布加息决议，联邦基金利率目标区间提高至 0.25% ~ 0.5%。自 2013 年美联储开始讨论退出量化宽松政策，2013 年末开始逐月缩减资产购买规模，2014 年 10 月停止增量的资产购买，美联储最终决定在危机后首次加息又已经历一年有余。由于有足够的时间预热，这次加息并未超出市场预期。美联储后续加息决策将如何落地并对全球经济产生何种影响，成为牵动全球市场的热点议题。可以说，美联储首次加息引发的问题比解决的问题更多，而多数问题涉及未来利率变化的不确定性，以及对全球金融市场、资本流动及其他经济体冲击的不确定性。

1. 美联储加息决策方式及其后果

在首次加息的声明中，联邦公开市场委员会表示，未来的加息决议将依赖于"大范围的信息"。这一措辞本身并未提供更多信息，但整个新闻发布会的内容都暗示着，劳动力市场的持续改善将对未来的利率决议至关重要。决议正文第一段讨论了劳动力市场条件的改善，这也是货币政策决议考虑因素列表中的第一项。然而，美联储的双重使命是"促进充分就业、维持物价稳定"。美联储希望通货膨胀率升至 2% 的目标水平。但通货膨胀率在首次加息时仍低于目标值。因此，美联储加息决策的一个重要前瞻性依据是，劳动力市场状况的改善预计将对工资与物价产生上行压力。

前达拉斯联储银行副主席、卡图研究所的研究员 Gerald O'Driscoll[1] 认

---

[1] O'Driscoll, Gerald, P. Jr., "The Fed's Uncertain Leap Forward", December 2015. http://www.cato.org/publications/commentary/feds－uncertain－leap－forward.

为，美联储在加息决策上采取前瞻式而非政策规则式的策略，会增加金融市场不稳定性。美联储决策依据显示了其对菲利普斯曲线的持续信赖。根据菲利普斯曲线，失业率和通货膨胀率之间存在反向关系。然而，对菲利普斯曲线，许多经济学家都提出了批评，最著名的如弗里德曼和卢卡斯，认为其背后的推理有理论缺陷。甚至包括美联储主席耶伦在内的美联储高官也承认，近年来劳动市场条件对通胀的作用相比危机前似乎已经减弱，菲利普斯曲线变得更加平缓①。但菲利普斯曲线仍是美联储最根本的模型，因此劳动力市场状况的改善仍是预测美联储未来行为的重要依据。这就意味着，美联储同时用劳动力市场状况指标来估计经济现状与充分就业水平的差距，并以此来预测通货膨胀率。

然而反映劳动力市场状况的指标很不稳定，而且美国劳工统计局随着时间推移会多次对数据加以修正。如果就业状况继续改善，经济活动持续活跃，市场预期美联储将会加息。在全球其他主要经济体仍动能不足时，这一预期本身就会导致美元走强。这将抑制美国的净出口，扭转美国的经济状况②，进而改变美联储的加息决策及市场预期。这种反复很可能使得2015年底的加息在很长一段时间都难有后文，反而给市场带来更大的不确定性。

从现实层面和技术层面上看，Gerald O'Driscoll③认为，美联储短期内仍难以启动加息。在现实层面上，第一，美联储希望提升国内短期利率，这可能面临金融方面的阻力；第二，加息会带来一些不合意的后果；第三，在技

---

① Brainard, Lael, "The 'New Normal' and What It Means for Monetary Policy", September 12, 2016. Remark at the Chicago Council on Global Affairs, https：//www. federalreserve. gov/ newsevents/speech/brainard20160912a. htm; Yellen, Janet, "Macroeconomic Research After the Crisis", October 14, 2016. Remark at the 60th Annual Economic Conference Sponsored by the Federal Reserve Bank of Boston Titled "The Elusive 'Great' Recovery: Causes and Implications for Future Business Cycle Dynamics", https：//www. federalreserve. gov/newsevents/speech/ yellen20161014a. htm.
② 纽约联储的研究者的实证研究显示，美元升值10%对美国经济的影响很显著，第一年真实出口下降2.6%，第二年累计下降3.5%；真实进口第一年上升0.9%，第二年上升1.6%。总体上，真实GDP第一年下降0.5%，第二年下降0.7%（Amiti and Bodine-Smith, 2015）。
③ O'Driscoll, Gerald, P. Jr., "Can the Fed Raise Interest Rates?", August, 2016. http：// www. cato. org/blog/can－fed－raise－interest－rates.

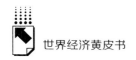
术层面上可能无法实现加息。金融阻力是指来自其他国家央行的措施。当前已有包括欧央行、日本央行在内的5家央行实行负利率政策，美联储进一步加息实际上是与全世界的央行政策相抗衡。目前欧央行操作的隔夜利率是-0.4%，而美联储是0.5%，已经存在90个基点的差距。美联储加息会吸引资本流入美元资产，进而带来美元升值及降息压力。这也导致了上述第二点：由于美元升值，净出口下降，美国很可能徘徊在每年1%左右的经济增速，这低于潜在增速。

在技术层面上，美联储以往通过买卖短期国债来影响联邦基金利率，即银行间相互拆借的隔夜利率。但目前美联储资产负债表上已不再持有短期国债，因而不能像以往那样对外出售。换言之，技术层面上美联储无法加息。2015年末的加息中，美联储提供了0.25%的逆回购合约，希望通过套利行为将联邦基金利率提升25～50个基点。然而这一举措效果有限。尽管联邦基金利率得到了预期的提升，但在二级市场上短期国债利率甚至已低于0.25%。此外，从2016年3月开始，五年、七年期的通胀保值债券（TIPS）利率为负值。因此，当前货币政策操作模式能否推动市场利率向预期方向发展并不明确。

彼特森国际经济研究所（PIIE）的高级研究员David J. Stockton也认为，像大萧条之后恢复时期发生多次的案例那样，美联储正常化其货币政策的过程将相当"不正常"[1]。除菲利普斯曲线斜率目前可能还很小以外，美联储并不确定为了最终实现利率正常化，利率应该上调到什么水平。2015年，美联储估计货币政策正常化后，基础利率应回到3.5%的水平。而到了2016年6月，这一数据已经下调到了3%。这与发达经济体所面临的困境有一定关系，投资疲软已经远远不能用基本面来解释。同为该所的研究员，Gagnon（2016）强调了人口增长率下降以及发展中国家储蓄流向美国和其他发达国家等原因对利率水平下行的影响。

---

[1]　Stockton, David J., "Nothing Normal about this 'Normalization'", July, 2016. https：//piie. com/blogs/realtime - economic - issues - watch/nothing - normal - about - normalization.

2. 新兴经济体所受影响及政策应对

美国货币政策正常化过程普遍被认为将对全球经济造成重大影响。由于在量化宽松期间资本大量流入，一些新兴经济体杠杆率提升迅速。当资本流向逆转时，这些经济体的企业和金融体系暴露出大面积的风险。以东盟为例，目前东盟国家公司债已经相当于东盟 GDP 的 80%，而且融资高度依赖海外贷款[①]。新加坡公司债务五年连续增长 50%，现已相当 GDP 的 250%。印尼虽然债务率较低，但企业财务状况极差。美联储加息带来资本流向及汇率的调整，持有大量美元债务并仍依靠外部融资的企业面临巨大挑战。

在微观层面上，新兴市场非金融公司外债在过去几年中的快速增长，部分是为了替代本地更加昂贵的融资，部分则被用于为直接投资注资，还有部分被用于寻求套利交易的机会[②]。不同类型的外部债务风险种类和大小也各有不同，但其共同的特征是货币错配风险的准确信息难以获得，企业资产负债表应当据此修正融资结构，同时还需获得更多衍生品头寸的信息。目前即便是出于避险目的的衍生品交易，也缺乏谁将承担最终风险的信息。金融监管上实现衍生品交易的中央结算是一种解决之道，或至少采取集中报告机制，但是迄今还远不能满足要求。另外，对有资本监管的国家，过去几年中不少非金融公司通过发行外债进行监管套利。一旦外部利率上升，非金融公司就收缩债券发行或者提前偿还债务，对国内金融体系的流动性可能产生较大冲击。这需要中央银行积极准备在需要时采取有力行动。

在宏观层面上，美联储加息对一些新兴经济体，特别是拉美经济体的货币政策带来了挑战。由于货币大幅贬值，大多数拉美国家通货膨胀已经高于目标水平，但在大宗商品价格下跌、投资热潮结束、企业和消费者信心恶化的背景下，经济活动非常疲弱。由于多数拉美国家央行采取的是通胀目标制

---

① Garcia-Herrero, Alicia, "Indebted ASEAN Companies Will Feel Fed's Rate Rise", December, 2015, http://bruegel.org/2015/12/indebted-asean-companies-will-feel-feds-rate-rise/.

② Caballero, Juliá, "Foreign Currency Corporate Debt in Emerging Economies: Where Are the Risks?", February, 2016. http://www.voxeu.org/article/identifying-risks-corporate-currency-mismatches-emerging-economies.

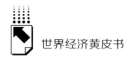

的政策框架，虽然增长乏力，但高通胀仍迫使拉美国家不得不缩减货币刺激。虽然大多数拉美国家政策方向与美联储一致，但与美联储加息的经济背景却大相径庭。同时，由于大宗商品收入大幅减少，拉美国家运用财政政策来促进经济增长的空间也极为逼仄。

彼特森国际经济研究所的 De José Gregorio 认为，拉美的货币政策应当服务于经济从深度依赖商品出口的模式中转型。虽然按照通胀目标的政策框架，紧缩货币政策有一定的合理性，但通胀目标更多地取决于政策制定者对于通胀走势的预期而非当下的通胀水平。美联储加息带来了贬值压力，在短期内还会造成拉美物价走高，但货币贬值推动通胀上行不太可能持久，因此应当在政策视野内被接受①。他认为，拉美货币政策仍应保持较宽松的状况，这也有利于维持较低的币值。新兴经济体货币整体上都在贬值，这很大程度上反映了基本面的力量。拉美货币贬值有利于重获竞争力，算是健康的发展。而稳定币值之举很可能是在逆基本面而动，难以成功。随着全球金融一体化加深，汇率成为全球金融市场变化的主要调整机制。全球金融危机后，不少新兴经济体事实上已经逐渐适应了币值的剧烈波动。如果新兴经济体实体经济活动没有出现改善的迹象，即便在美联储加息背景下宽松的货币政策也可能造成货币贬值，新兴经济体仍会重新转向宽松的货币政策。

在国际层面上，国际货币基金组织呼吁成员国改进货币政策，在全球层面实施政策"升级"②，通过加强全球金融安全网，建立促进安全资本流动的框架，来保证各国的均衡增长并缓解全球性风险。当前全球金融安全网面临碎片化趋势和不对称性问题等挑战，抵御危机冲击的能力尚待检验。不对称性问题是指现有的互换额度主要集中在发达经济体的中央银行间，许多新兴经济体没有进入这一互换网络。这使得全球金融安全网对于发达

① De Gregorio, José, "Following the Fed: Latin America", December, 2015. https://piie.com/commentary/op-eds/following-fed-latin-america.

② Lagarde, Christine, "The Case for a Global Policy Upgrade", January, 2016. http://www.imf.org/external/np/speeches/2016/011216.htm.

经济体较新兴经济体更为稳健。然而在贸易和金融领域，新兴经济体严重依赖发达国家货币。IMF 总裁拉加德认为，全球金融安全网不应该依靠分散的和不完整的地区或双边安排，而是需要多种预防性工具构成一个有效的全球性网络。

为增强系统稳健性，拉加德提出，还需要促进安全资本流动。目前全球资本流动的短期性和波动性是新兴经济体增长所面临的一大挑战。促进全球资本流动构成转向更为长期的股权投资，将更有利于这些地区的经济成长，降低这些地区积累的外汇储备，并增强国际货币体系的稳定性。

二　负利率政策根源及影响评估

自全球金融危机以来，主要发达经济体利率水平持续走低。尽管美联储在 2015 年底启动加息，但之后受国际环境及国内经济波动的影响一直未有进一步动作，显得非常犹疑。欧元区、瑞典、丹麦和日本则相继实施负利率政策，无风险真实利率也降到了零以下。负利率究竟是反映了由市场基本力量决定的长期均衡，还是主要反映了包括货币政策在内的短期政策的影响？负利率政策的实际效果和可能风险如何？这些问题受到广泛关注。

1. 负利率的根源与性质

目前不少发达经济体进入负利率时代，其本质是反映了实体经济的需要还是货币政策制定者的看法，在学术上仍有很大争议。乔治·梅森大学经济学教授、加图研究所高级研究员 Lawrence H. White 认为，根据 Wicksell 的经典理论分析，一方面，央行可以通过印发货币来使市场利率低于自然利率。随着货币供给线的右移，可贷资金数量增加，均衡利率会下降，即所谓的流动性效应。但另一方面，货币供给增加也提高了市场价格以及名义收入，使得货币需求曲线右移，又会提高利率，产生所谓的收入效应。根据这一理论，央行如果想要将利率持续控制在自然利率之下，那么就需要加速货币增发。但过去八年中，发达经济体并没有出现货币增长率和通胀率递增的迹象。因此经典理论难以支持当前市场利

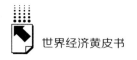

率低于自然利率的判断①。

如果接受当前极低的市场利率主要反映自然利率的走低的说法，那么就必须解释这一长期趋势背后的基本面原因。这些基本面原因不少可以概括在目前支持长期经济停滞假说的解释中。长期经济停滞假说认为经济增长减缓主要是因为结构性的总需求不足，这又是由一系列深层次因素决定，包括人口结构、收入不平等和技术进步等。长期经济停滞所带来的主要结果是实际利率的下降以及紧缩压力。

Lukasz Rachel 和 Thomas D. Smith 在英国央行的工作论文中试图量化造成长期真实利率下降的各种原因。他们的研究发现，全球经济增速放缓对于近一段时间真实利率下降是很重要的一个因素，不过对于更为长期的真实利率下降，储蓄和投资偏好的变化解释份额更大。过去 30 年中使得储蓄供给曲线右移的因素包括退休人口增加、高收入人群的收入占比提高、新兴市场国家的预防性储蓄等。使得投资需求曲线左移的原因则包括资本品相对价格的下降、公共投资下降以及相对无风险利率的溢价上升等②。根据这一研究的预期，这些使得实际利率走低的力量还将持续甚至加剧，这意味着全球利率仍将保持低位，在中长期接近或者低于 1%。如果这一结论成立，那么这就对在未来经济周期中如何使用货币政策具有很强的意义。

国际清算银行的最新年报则指出，当前的极低利率并非由总需求结构性不足导致的长期均衡，而是金融周期波动的结果③。根据这一解释，全球经济体系存在内在缺陷，难以抑制金融周期的产生。一旦资产泡沫在繁荣期过度积累，其破灭将会对经济产生长期性的损害。BIS 提出，与其说金融泡沫是经济繁荣的代价，不如说金融繁荣所引发的政策应对在一定程度上导致经济周期的下行。另外，危机前的金融繁荣往往会掩盖甚至加快生产率增速的

① White, Lawrence, H., "Why Are Interest Rates So Low?", July, 2016. http：//www.cato.org/blog/why－are－interest－rates－so－low.

② Rachel, L., & Smith, T. D., "Secular Drivers of the Global Real Interest Rate", December 9, 2015. http：//www.bankofengland.co.uk/research/Documents/workingpapers/2015/swp571.pdf.

③ Bank for International Settlements, BIS 86th Annual Report, June, 2016. https：//www.bis.org/publ/arpdf/ar2016e.htm.

下滑。

对于当前的超低利率，长期经济停滞假说倾向于认为，为了弥补全球总需求不足，低利率乃至负利率是必要的。根据 BIS 的金融周期假说，超低利率如果可能引发金融失衡并最终伤害经济，那么这一利率难说是一个均衡。同理，通货膨胀率也很难全面度量经济扩张是否可持续。危机前通胀率不高但金融过度繁荣的现象已经说明这一点。不过，BIS 年报并没有直接指责各国央行在危机前的宽松货币政策，但报告指出，一个相对紧缩的货币政策或许能放缓早期泡沫膨胀的速度。White 则认为，与其说用货币政策来对抗金融失衡，不如说通过资产价格或名义 GDP 等除通货膨胀之外更多的指标来衡量货币政策是否过于宽松。与其说将实际政策任务描述为制定一些指导性的原则来帮助中央银行更有效地应对金融繁荣和萧条，不如说需要一些原则让央行停止滋生金融泡沫或者加速金融萧条①。

2. 负利率政策的影响

欧央行和日本为了缓解国内通缩压力，刺激银行放贷，实施了负利率政策。这一政策实际执行中，并没有对普通储户执行负利率，而是对银行存放在央行的准备金存款征收利息。

从直接效果上看，负利率环境下银行拆借活动迅速收缩，零售端的存款利率虽受影响但影响有限，不过银行信贷投放活动明显上升②。在表面上看，银行间借贷利率为负，资金需求方的银行可以大肆借贷。但实际操作中，银行间同业拆借市场迅速陷入低迷。因为同业拆借资金都是短期头寸调剂，拆借进来的资金仍存放在央行账户上，不仅没有收益，还需要向央行支付利息。从零售端看，由于普通储蓄者将储蓄提取为现金的保管成本较低，银行对普通储蓄者提供的存款利率面临更多的下限约束，难以转嫁央行对超额储备征收负利率的成本。这部分成本更多是迫使银行改变其资产配置，更

---

① White, Lawrence H., "Why Are Interest Rates So Low?", July 6, 2016, http://www.cato.org/blog/why-are-interest-rates-so-low.

② 肖立晟：《负利率有哪些具体效果？》，2016 年 7 月 13 日，http://wallstreetcn.com/node/253633。

多投放于信贷资产。欧央行实施负利率政策以来，欧元区信贷增速的确由负转正，其中中长期信贷增速又超过短期信贷，这对于促进经济活动有积极作用。

Linnerman and Malkhozov[1]对负利率政策实施以来的传导表现进行了研究，他们发现除了零售存款利率和部分抵押贷款利率表现例外，负利率向货币市场及其他市场利率的传导方式大体与正利率类似。但如果负利率进一步加深或者延续相当长时间，个人及组织的行为方式将如何发展，仍存在很大不确定性。

负利率政策还可能存在多方面的负面效果[2]。首先，由于负利率政策难以充分传导到零售端，银行承担了主要的政策冲击，对银行体系的稳健性有不利影响。其次，对养老基金、保险机构等长期投资者而言，由于越来越多的安全资产落入负利率区间，其收入将持续下跌。特别在人口老龄化背景下，负利率加剧对社会保障体系的侵蚀，将加大政府未来的财政负担。再次，从未来货币政策退出的角度看，负利率政策未来可能存在更高的退出成本。当前美联储从非常规货币政策中逐步正常化的过程已经造成金融市场预期的反复震荡，未来从负利率的正常化很可能带来更大的挑战。最后，负利率很可能加剧收入不平等，不利于消费需求增长。极低的利率直接侵蚀依靠利息收入群体的利益，而财富的缩减反而有可能降低居民消费需求，抵消负利率政策扩大总需求的初衷。

三　英国脱欧对全球经济的影响

欧盟一直处于扩张模式，直到在 2016 年 6 月 23 日的英国脱欧公投成为

---

① Bech，Morten Linneman and Aytek Malkhozov，"How Have Central Banks Implemented Negative Policy Rates？"，March 6，2016. http：//www. bis. org/publ/qtrpdf/r_ qt1603e. htm.

② 管涛：《负利率能够治通缩吗？》，http：//wallstreetcn. com/node/253043，2016 年 7 月 8 日；吴晓灵：《负利率政策有明显负面作用》，http：//www. yicai. com/news/5017977. html，2016 年 5 月 24 日。

欧盟扩张进程出现逆转和史无前例的标志性事件。公投结果出乎很多政治和市场精英人士意料，并立即在全球金融市场产生剧烈波动。结果公布日英镑比前一日大跌约9%，标普500指数遭遇抛售，欧洲股市暴跌7%，其中银行股暴跌最为严重，达14.5%。此后，随着市场消化更多的信息，市场很快回调，短期波动已得到平复，但全球经济在中长期面临的不确定性却明显上升。不仅英国国内政治进程和与欧盟新的条约协商过程存在很大不确定性，欧盟一体化进程还遭到明显打击，欧盟乃至全球化未来发展的不确定性也大大增强。

1. 英国脱欧过程及其不确定性

英国脱欧的时间表存在不确定性。脱欧涉及复杂的欧洲法律程序，其中之一是2009年制定的欧盟《里斯本条约》第50条。《里斯本条约》第50条对于脱离欧盟明确了一系列步骤。英国首先需"通知"欧洲理事会，这一知会可以是通过对欧洲理事会主席的信件或是在欧洲理事会会议期间的官方申明，而其他形式是不具有法律效力的。但英国给出"通知"的时间由英国领导人而非欧盟其他领导人决定。一旦脱欧程序正式启动，英国将在两年后自动失去欧盟成员资格。虽然法德等欧盟大国领导人希望尽快开始谈判，但除了向英国施加压力外别无他法。英国新首相特里莎·梅在2016年7月13日上任后明确表示英国不会在2016年内启动脱欧谈判，直到当年10月2日才对外正式表示英国将在2017年3月底前启动正式脱离欧盟的程序。虽然英国首相表现出不希望在脱欧问题上拖沓的态度，但在单一市场和移民等关键问题上，她并没有做出详细解释。伴随这一表态，英镑跌破2016年6月23日英国脱欧公投后的最低点，重挫到30年来的最低水平。英国国内部分政治派系对首相此举表示强烈反对，并警告其可能采取阻挠行动。

脱欧后英国如何界定与欧盟之间的关系面临更大不确定性。如果无法清晰界定英国与欧盟的关系，启动《里斯本条约》第50条实际上导致的后果是所谓的"硬脱欧"。考虑到欧盟与英国紧密的经济关系，智库专家普遍认为英国在政治上脱离欧盟，但仍应留在欧洲经济区（EEA）和欧洲自贸联

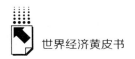
盟（EFTA）①。留在 EEA 可以具有完全单一的市场准入，继续保持与欧盟市场的关系，但是不再受欧盟的政治管辖，不必坚持所谓的"共同政策：共同农业政策，共同渔业政策，共同外交和防务政策，共同司法和民政事务"。EEA 的非欧盟成员国还保有直接与第三国进行贸易协定的能力，可自由设置增值税水平，免除欧盟债务承担责任。这对于寻求更大制度弹性的英国非常有吸引力。

EEA 单一市场包括货物、服务、资本及人员四个方面的自由化。虽然最后一项人员流动不是免费的，附加了一定的费用和义务，但大部分"脱欧者"要求只同意前三者即可，这构成反对 EEA 的一项理由。反对 EEA 的其他理由包括：第一，EEA 国家在制定与 EEA 有关的法律上"没有发言权"，这被戏称为布鲁塞尔的"传真民主"，即成员国只能受布鲁塞尔指示；第二，根据挪威政府的一项委托研究，按照法律的影响（非条数）来评估，EEA 实际上采用了 75% 的欧盟已生效的法律②。因此，EEA 作为一个直接选项的明显弊端也是此前留欧派强调的一个理由：英国即便脱欧也很大程度上仍需要遵守单一市场标准、规则和监管。但如果没有欧盟成员身份，美国连商议这些制度的资格都没有。

在技术层面上，两年之内完成与欧盟各方面关系的重新定义对于英国政府是一项巨大挑战。不少智库专家都认为，当前英国政府官员对于未来工作量还未有清晰的估算，谈判很可能要超越《里斯本条约》第 50 条所规定的两年期限。最终英国脱欧不太可能是一次性脱离，而是从与欧盟各方面的关系中渐进退出的过程③。

政治上，英国与其他欧盟成员及其他成员内部的政治波动性为谈判又增

---

① Adam Smith Institute, "Evolution not Revolution", April 2016. http: //www. adamsmith. org/ evolution – not – revolution.

② 这一估计结果根据方法不同会有很大差异。如果按照 EEA 所采用欧盟法律的条数占欧盟所有生效法律条数的比例来计算，那么这一结果仅为 9%。由于不考虑法律的实际社会经济影响，这一计算方法存在明显的缺陷。参见 Howarth（2015）。

③ Booth, Stephen, "Political Creativity Needed for Ambitious Brexit Deal May Be in Short Supply", September 21, 2016. http: //openeurope. org. uk/impact/hard – brexit – accident/.

加了复杂性。斯洛伐克首相 Robert Fico 就公开宣称，如果英国不保留其公民在英国的工作权利，斯洛伐克、波兰、捷克以及匈牙利将在欧盟否决有关英国脱欧的政治协议。这说明，即使英国与欧盟之间的谈判仅仅集中在欧盟单一市场进入权与移民问题自主权之间的讨价还价，谈判过程也会异常针锋相对，难以有双方满意的结果①。

英国新任首相特里莎·梅提出要与欧盟建立有雄心的新型关系。这可能表明，英国不太可能照搬挪威、瑞士或加拿大与欧盟的关系模式，毕竟英国是安理会常任理事国，北约以及 G7 的核心成员。英国与欧盟的合作并非单单在贸易领域，而全面涉及科学、教育、安全、国防和外交事务、海外援助、警察协助、海关合作、引渡，甚至包括即将完成的欧洲逮捕令等（AMI，2016）。因此，英国与欧盟未来的关系不应仅仅建立在持续的贸易投资上，还应反映在英国和欧盟对欧洲安全和经济持续繁荣的共同承诺上。然而这需要足够的政治灵活性和创造力，未来一段时间内受法德大选等因素影响，这种灵活性和创造力很可能供应不足。

2. 对英国和欧盟金融体系的影响

脱欧将重塑英国与欧盟的经贸关系，同时英国可能在多方面获得更大的政策自主性。虽然最终脱欧谈判的结果还有很大的不确定性，但总体上英国脱欧对英国经济会同时带来机遇与挑战，脱欧派和留欧派的关键分歧在于到底是收益更大，还是损失更大。

伦敦作为最为国际化的全球金融中心，金融业作为英国的优势产业，脱欧对这一领域的影响备受关注。从理论上看，多样的金融市场和经济体系可提高金融稳定性。英国脱欧后会采用与欧盟不同的金融监管政策，但 Danielsson，Macrae and Zigrand② 认为此举收益可能并不明显。尽管英国脱欧

---

① Booth, Stephen, "Political Creativity Needed for Ambitious Brexit Deal May Be in Short Supply", September 21, 2016. http：//openeurope. org. uk/impact/hard – brexit – accident/.

② Danielsson, Jon, Robert Macrae and Jean – Pierre Zigrand, "On the Financial Market Consequences of Brexit", June 24, 2016. http：//www. voxeu. org/article/financial – market – consequences – brexit.

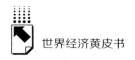

后可以自行制定金融政策，但大多数市场参与者仍需参与对欧盟的交易，反而因此会受到本国和欧盟规则的双重限制。一个更可能的结果是，英国金融体系变得更加无效和动荡，同时英国失去了对欧盟金融规则的影响权。随着时间的推移，伦敦全球金融中心的地位可能受到很大冲击。在欧盟方面，随着最大的自由主义加盟国脱离，欧盟可能会大幅提高金融监管强度，其决策将更受政治和保护主义潮流的影响而非出于经济效率的考虑。这可能导致全球金融体系更多样化、高成本，而非更安全。

在脱欧谈判中英国金融业受到的损失则是比较明确的①。伦敦作为国际金融中心的一个优势在于，它能通向更广阔的欧洲经济区（EEA）。外国金融公司可以将英国许可证当作欧洲护照，从而为整个欧盟经济区提供金融服务。如果丧失牌照通行权，伦敦作为非欧洲经济区银行的欧盟总部基地的吸引力将受到损害。伦敦同时也是众多以欧元结算的交易通向欧元清算体系的大本营。在英国开展的以欧元计价金融交易体量巨大，如70%以欧元计价的场外利率衍生品都在伦敦进行交易。伦敦直接使用大额支付（TarGET2）和欧元清算（LCH-Clearnet）的基础设施十分重要。如果英国不加入EEA，那么英国银行将不再是TarGET2的直接成员，只能通过EEA境内的子公司开展业务。这将使通过英国的欧元银行业务成本更高。

不过，伦敦市政府办公室的Gerard Lyons则认为，这一负面影响无须过分担心。英国是当今世界最大的金融服务净出口国，其中超过2/3的市场都位于欧洲之外。许多担忧主要反映其对短期过渡成本看得太重，以及对欧盟以外海外市场重要性的低估②。

3. 对欧盟一体化和全球化进程的影响

从更长远来看，脱欧对欧盟一体化乃至全球化的进程与方向都将产生深刻影响。英国退出可能加剧欧盟的离心倾向，类似瑞典、丹麦、捷克，甚至

---

① Schoenmaker, Dirk, "Lost Passports: a Guide to the Brexit Fallout for the City of London", June 30, 2016. http://bruegel.org/author/dirk-schoenmaker/.

② Armstrong, Angus, "NIESR Conference: Economics of the UK's EU Membership", March 9, 2016. http://www.voxeu.org/article/britain-s-eu-membership-alternative-views.

荷兰可能会与英国一样选择离开。这将重组欧盟的秩序，并引起欧盟动态调整。

一些智库专家认为，欧盟只是时代的产物，而那个时代已经一去不复返了。欧盟并非一个选举而成的机构，但所有欧盟国家政府受其限制。① 目前欧盟官僚化倾向严重，实际运作并不是为成员国的最大利益服务，而是掌握更多的权力和资源，巩固这一超国家主权的政治权力机构。②

更重要的是，全球化的发展使得欧盟建立的基础不断弱化。①③ 过去全球贸易的关税很高，结成类似欧洲共同体的组织降低关税是有收益的。然而全球化使得这一动因不断弱化。冷战结束、中国对外开放、WTO 成立、全球互联网等开启了全球化的新时代，贸易及有关标准可以自由拓展至全球层面。虽然欧盟也深入参与全球治理，但其欧洲化的思维仍是地区联邦主义，欧盟的体制则要求成员国在全球规则谈判上采取共同的立场。

从英国的角度看，如果英国继续留在欧盟，英国事实上很难直接在全球层面充分传达自身立场，这一点甚至不如挪威、澳大利亚等综合实力要弱于英国的国家。英国脱欧可以缩短英国政府和全球治理之间的责任链条，就监管、标准和规则等问题更多地表达自身立场，捍卫权利。反之，通过欧盟表达的意见多是微弱的、被扭曲的乃至可以被忽略的。

从这个意义上而言，英国脱欧甚至有可能推动欧洲的改革。英国脱欧公投已经显示公众对欧盟影响广度和深度不断扩张的深刻不满。③ 欧盟各成员国中多数民众都反对欧盟机构的进一步扩张，其形式不同，但普遍诉求之一都是反对不负责任、无竞争力的技术官僚统治。法国前总统萨科齐甚至支持

①　Adam Smith Institute, "Evolution not Revolution", April 2016. http：//www. adamsmith. org/
evolution – not – revolution.

②　Smith, Roland, "Stuck in the Middle with EU How Global Regulators Are Killing the Value of EU
Membership Reconciling Hayek's and Keynes' Views of Recessions", July, 2016. http：//static1.
squarespace. com/static/56eddde762cd9413e151ac92/t/570e40569f7266ca3cf48188/1460551903734/
fixed + Roland + Smith + Stuck + paper.

③　Gillingham, John R. and Marian L. Tupy, "Brexit Can Reform Europe and Perhaps Even Save the
EU", July 5, 2016. http：//www. cato. org/publications/commentary/brexit – can – reform – europe –
perhaps – even – save – eu.

彻底废除欧盟委员会。欧盟目前失业率高企，经济止步不前，其长期面临的结构性问题可能为复兴的国家主义倾向所加剧。28 个成员之间的分歧，使得欧盟缺乏对于欧洲的长远愿景，也难以达成改革计划。从英国脱欧的积极方面看，它可能推动重新规划欧洲的自由贸易，促成一个可以避开政治目标同时保留国内货币和财政政策权力的自由贸易联盟。

四　结论与展望

伴随上述三大问题的出现及发展，2016 年围绕着全球经济的不确定性进一步加深，并将持续影响未来几年全球的经济走向。无论是负利率政策，还是全球适应美联储货币政策正常化之艰难，都说明全球经济还远未正常化，这到底是长期结构性的增长放慢所致，还是超级金融泡沫破灭的"后遗症"，仍难有确切的答案。但全球经济在此之外又开始面临经济之外的一些更为根本的挑战。英国公投脱欧，对欧盟一体化进程无疑是重大挫折，其根源在很大程度上反映了过去几十年间迅速的全球化进程造成的收入不平等，客观上使得经济的进一步融合缺乏政治动力。全球经济疲弱，不少经济体都或明或暗地采取了保护主义政策，以邻为壑的最终结果是全球总需求的进一步萎缩。正是在需要寻求全球性的问题解决之道时，英国公投脱欧却显示，全球化在不少发达经济体面临越来越大的阻力，全球治理也更为碎片化。因此，在总体上，全球经济不确定性加深、全球化在新时期面临严峻挑战，意味着新兴经济体的发展空间更为局促。为抵消这些不利因素，新兴经济体亟须通过结构改革消除自身经济增长中的桎梏从而获得发展动能，抓住时机积极参与全球治理来营造更为有利的外部环境。

参考文献

吴晓灵：《负利率政策有明显负面作用》，2016 年 5 月 24 日，http：//www.yicai.

com/news/5017977. html.

Amiti, M. and Tyler Bodine – Smith, "The Effect of the Strong Dollar on U. S. Growth", 17 July 2015, http：//libertystreeteconomics. newyorkfed. org/2015/07/the – effect – of – the – strong – dollar – on – us – growth. html.

Howarth, Christopher, "How Much EU Law Does Norway Have to Adopt? 9%？or 75%？", 10 Feb 2015, http：//christopherhowarth. uk/how – much – eu – law – does – norway – have – to – adopt – 9 – or – 75/.

世界经济统计与预测

Statistics of the World Economy

Y.19
世界经济统计资料

曹永福[*]

目　录

---

* 曹永福，中国社会科学院世界经济与政治研究所副研究员，主要研究领域：宏观经济学。

说　明

（一）统计体例

1. 本部分所称"国家"为纯地理实体概念，而不是国际法所称的政治

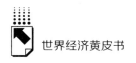

实体概念。

2. 除非特别说明，2016 年以后的数据（含 2016 年）为估计值或预测值。未来国际组织可能会对预测做出调整，本部分仅报告编制时能获得的最新数据。

3. "1995～2004 年"意为 1995～2004 年的平均值，两年度间的平均值表示法以此类推。"—"表示数据在统计时点无法取得或无实际意义，"0"表示数据远小于其所在表的计量单位。

4. 部分表格受篇幅所限无法列出所有国家和地区，编制时根据研究兴趣有所选择。

（二）国际货币基金组织的经济预测

本部分预测数据均来自国际货币基金组织（IMF）2016 年 10 月《世界经济展望》（World Economic Outlook），预测的假设与方法参见报告原文。

（三）国家和地区分类

《世界经济展望》将国家和地区分为发达经济体、新兴市场和发展中国家两大类。为了便于分析和提供更合理的集团数据，这种分类随时间变化亦有所改变，分类标准并非一成不变。表 A 列出了发达经济体的分类方法。新兴市场和发展中国家是发达经济体之外的国家和地区，按地区分为中东欧、独联体、亚洲发展中国家、拉丁美洲和加勒比地区、中东和北非、撒哈拉以南。

表 A　发达经济体细分类别

主要货币区	欧元区（19 国）	主要发达经济体(G7)	其他发达经济体
美国 欧元区 日本	奥地利、比利时、塞浦路斯、爱沙尼亚、芬兰、法国、德国、希腊、爱尔兰、意大利、拉脱维亚、立陶宛、卢森堡、马耳他、荷兰、葡萄牙、斯洛伐克、斯洛文尼亚、西班牙	加拿大、法国、德国、意大利、日本、英国、美国	澳大利亚、捷克、丹麦、中国香港、冰岛、以色列、韩国、新西兰、挪威、圣马力诺、新加坡、瑞典、瑞士、中国台湾

（一）世界经济形势回顾与展望

表 1-1 世界产出简况（2012～2021 年）

单位：%，十亿美元

类别＼年份	2012	2013	2014	2015	2016	2017	2021
世界实际 GDP 增长率	3.5	3.3	3.4	3.2	3.1	3.4	3.8
发达经济体	1.2	1.2	1.9	2.1	1.6	1.8	1.7
美国	2.2	1.7	2.4	2.6	1.6	2.2	1.6
欧元区	-0.9	-0.3	1.1	2.0	1.7	1.5	1.5
日本	1.7	1.4	0.0	0.5	0.5	0.6	0.6
其他发达经济体[①]	1.9	2.2	2.8	1.9	1.9	1.9	2.3
新兴市场和发展中国家	5.3	5.0	4.6	4.0	4.2	4.6	5.1
独联体[②]	3.5	2.1	1.1	-2.8	-0.3	1.4	2.4
亚洲新兴市场和发展中国家	7.0	7.0	6.8	6.6	6.5	6.3	6.4
欧洲新兴市场和发展中国家	1.2	2.8	2.8	3.6	3.3	3.1	3.2
拉美与加勒比地区	3.0	2.9	1.0	0.0	-0.6	1.6	2.7
中东与北非	5.1	2.2	2.6	2.1	3.8	3.6	3.6
撒哈拉以南	4.3	5.2	5.1	3.4	1.4	2.9	4.2
人均实际 GDP 增长率							
发达经济体	0.7	0.7	1.2	1.5	1.0	1.3	1.2
新兴市场和发展中国家	4.0	3.8	3.5	3.0	3.1	3.6	4.2
世界 GDP							
基于市场汇率	74092	76075	78042	73599	75213	79536	98632
基于购买力平价	99270	104153	109554	114137	119097	125774	158562

注：①这里的"其他发达经济体"指除去美国、欧元区国家和日本以外的发达经济体。②包括格鲁吉亚和蒙古，虽然二者不是独联体成员，但由于同独联体国家在地理和经济结构上类似，故在地区分组上将二者归入独联体。

资料来源：IMF，World Economic Outlook，2016 年 10 月。

表 1-2 GDP 不变价增长率回顾与展望：部分国家和地区（2008～2017 年）

单位：%

国家和地区＼年份	2008	2009	2010	2011	2012	2013	2014	2015	2016	2017
阿　根　廷	4.1	-5.9	10.1	6.0	-1.0	2.4	-2.5	2.5	-1.8	2.7
澳　大　利　亚	2.6	1.8	2.3	2.7	3.6	2.0	2.7	2.4	2.9	2.7
巴　　　　西	5.1	-0.1	7.5	3.9	1.9	3.0	0.1	-3.8	-3.3	0.5

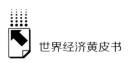

国家和地区＼年份	2008	2009	2010	2011	2012	2013	2014	2015	2016	2017
加拿大	1.0	-3.0	3.1	3.1	1.7	2.2	2.5	1.1	1.2	1.9
中国	9.6	9.2	10.6	9.5	7.9	7.8	7.3	6.9	6.6	6.2
埃及	7.2	4.7	5.1	1.8	2.2	2.1	2.2	4.2	3.8	4.0
芬兰	0.7	-8.3	3.0	2.6	-1.4	-0.8	-0.7	0.2	0.9	1.1
法国	0.2	-2.9	2.0	2.1	0.2	0.6	0.6	1.3	1.3	1.3
德国	0.8	-5.6	4.0	3.7	0.7	0.6	1.6	1.5	1.7	1.4
希腊	-0.3	-4.3	-5.5	-9.1	-7.3	-3.2	0.7	-0.2	0.1	2.8
中国香港	2.1	-2.5	6.8	4.8	1.7	3.1	2.7	2.4	1.4	1.9
冰岛	1.5	-4.7	-3.6	2.0	1.2	4.4	2.0	4.0	4.9	3.8
印度	3.9	8.5	10.3	6.6	5.6	6.6	7.2	7.6	7.6	7.6
印度尼西亚	7.4	4.7	6.4	6.2	6.0	5.6	5.0	4.8	4.9	5.3
爱尔兰	-4.4	-4.6	2.0	0.0	-1.1	1.1	8.5	26.3	4.9	3.2
意大利	-1.1	-5.5	1.7	0.6	-2.8	-1.7	-0.3	0.8	0.8	0.9
日本	-1.0	-5.5	4.7	-0.5	1.7	1.4	0.0	0.5	0.5	0.6
韩国	2.8	0.7	6.5	3.7	2.3	2.9	3.3	2.6	2.7	3.0
马来西亚	4.8	-1.5	7.5	5.3	5.5	4.7	6.0	5.0	4.3	4.6
墨西哥	1.4	-4.7	5.1	4.0	4.0	1.4	2.2	2.5	2.1	2.3
新西兰	-0.4	0.3	2.0	1.8	2.8	1.7	3.0	3.0	2.8	2.7
尼日利亚	7.2	8.4	11.3	4.9	4.3	5.4	6.3	2.7	-1.7	0.6
挪威	0.4	-1.6	0.6	1.0	2.7	1.0	2.2	1.6	0.8	1.2
菲律宾	4.2	1.1	7.6	3.7	6.7	7.1	6.2	5.9	6.4	6.7
葡萄牙	0.2	-3.0	1.9	-1.8	-4.0	-1.1	0.9	1.5	1.0	1.1
俄罗斯	5.2	-7.8	4.5	4.0	3.5	1.3	0.7	-3.7	-0.8	1.1
沙特阿拉伯	6.3	-2.1	4.8	10.0	5.4	2.7	3.6	3.5	1.2	2.0
新加坡	1.8	-0.6	15.2	6.2	3.7	4.7	3.3	2.0	1.7	2.2
南非	3.2	-1.5	3.0	3.3	2.2	2.3	1.6	1.3	0.1	0.8
西班牙	1.1	-3.6	0.0	-1.0	-2.6	-1.7	1.4	3.2	3.1	2.2
瑞典	-0.6	-5.2	6.0	2.7	-0.3	1.2	2.3	4.2	3.6	2.6
瑞士	2.2	-2.1	2.9	1.9	1.1	1.8	1.9	0.8	1.0	1.3
中国台湾	0.7	-1.6	10.6	3.8	2.1	2.2	3.9	0.6	1.0	1.7
泰国	1.7	-0.7	7.5	0.8	7.2	2.7	0.8	2.8	3.2	3.3
土耳其	0.7	-4.8	9.2	8.8	2.1	4.2	3.0	4.0	3.3	3.0
英国	-0.6	-4.3	1.9	1.5	1.3	1.9	3.1	2.2	1.8	1.1
美国	-0.3	-2.8	2.5	1.6	2.2	1.7	2.4	2.6	1.6	2.2
越南	5.7	5.4	6.4	6.2	5.2	5.4	6.0	6.7	6.1	6.2

资料来源：IMF，World Economic Outlook Database，2016 年 10 月。

表 1-3 市场汇率计 GDP：部分国家和地区 （2009～2017 年）

单位：亿美元

2015 年位次	国家和地区	2009 年	2010 年	2011 年	2012 年	2013 年	2014 年	2015 年	2016 年	2017 年
1	美 国	144187	149644	155179	161553	166915	173931	180367	185619	193772
2	中 国	51220	60662	75222	85703	96352	105576	111816	113916	123617
3	日 本	50351	54987	59090	59572	49089	45955	41242	47303	51063
4	德 国	34267	34235	37611	35459	37537	38854	33653	34949	36186
5	英 国	23772	24312	26111	26555	27215	30024	28585	26499	26099
6	法 国	27007	26518	28653	26829	28094	28437	24202	24883	25700
7	印 度	13654	17085	18230	18290	18632	20426	20730	22510	24577
8	意 大 利	21907	21290	22784	20740	21310	21419	18158	18525	18953
9	巴 西	16692	22087	26124	24595	24647	24172	17726	17696	19539
10	加 拿 大	13712	16135	17886	18243	18374	17838	15505	15323	16273
11	韩 国	9019	10945	12025	12228	13056	14113	13779	14044	15210
12	俄 罗 斯	13137	16385	20318	21701	22306	20310	13260	12678	14424
13	澳 大 利 亚	9967	12490	15037	15593	15058	14444	12253	12566	13436
14	西 班 牙	15029	14343	14894	13407	13697	13835	11997	12522	13030
15	墨 西 哥	8950	10511	11712	11866	12620	12982	11438	10636	11243
16	印度尼西亚	5775	7553	8926	9190	9146	8906	8590	9410	10149
17	荷 兰	8601	8379	8946	8294	8670	8810	7507	7699	7998
18	土 耳 其	6144	7315	7747	7886	8230	7987	7179	7357	7695
19	瑞 士	5409	5806	6966	6654	6852	7012	6640	6625	6844
20	沙特阿拉伯	4291	5268	6695	7340	7443	7538	6460	6378	6890
21	阿 根 廷	3346	4247	5276	5797	6115	5636	6304	5417	5950
22	中 国 台 湾	3921	4461	4857	4959	5116	5300	5230	5191	5355
23	尼 日 利 亚	2975	3691	4141	4610	5150	5685	4938	4151	4137
24	瑞 典	4297	4884	5631	5439	5787	5711	4930	5174	5324
25	波 兰	4368	4791	5285	5007	5242	5449	4748	4674	4884
26	比 利 时	4858	4845	5275	4981	5215	5321	4543	4702	4887
27	泰 国	2816	3409	3706	3973	4199	4043	3953	3906	4036
28	伊 朗	3967	4637	5700	3820	3794	4149	3900	4123	4383
29	挪 威	3864	4285	4982	5097	5227	5005	3883	3763	3927
30	奥 地 利	3986	3909	4294	4076	4288	4376	3743	3873	4011
31	阿 联 酋	2535	2862	3485	3734	3886	4020	3703	3750	4076
32	埃 及	1983	2300	2477	2758	2854	3015	3302	—	—
33	南 非	2972	3753	4169	3963	3678	3516	3147	2804	2882
34	中 国 香 港	2140	2286	2485	2626	2757	2912	3092	3161	3264
35	以 色 列	2073	2338	2614	2576	2933	3088	2994	3117	3276

资料来源：IMF, World Economic Outlook Database, 2016 年 10 月。

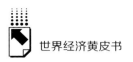

表1-4　人均GDP：部分国家和地区（2015～2017年）

市场汇率计人均GDP（美元）				购买力平价计人均GDP（国际元）			
2015年位次	国家和地区	2015年	2016年	2017年	2015年位次	国家和地区	2015年	2016年	2017年

2015年位次	国家和地区	2015年	2016年	2017年	2015年位次	国家和地区	2015年	2016年	2017年
1	卢森堡	102717	105829	109370	1	卡塔尔	132870	129727	131063
2	瑞士	80603	79578	81314	2	中国澳门	101293	96148	96832
3	挪威	74598	71497	73591	3	卢森堡	99506	101936	104906
4	中国澳门	71394	67013	67264	4	新加坡	85382	87082	90249
5	卡塔尔	68940	60733	63386	5	文莱	79508	79711	83513
6	爱尔兰	61206	65871	69119	6	科威特	70542	71264	72675
7	美国	56084	57294	59407	7	挪威	68591	69296	70645
8	新加坡	52888	53053	55252	8	阿联酋	67217	67696	68895
9	丹麦	52139	53243	55154	9	爱尔兰	65806	69375	72524
10	澳大利亚	51181	51593	54236	10	圣马力诺	62938	64443	66659
11	冰岛	50277	57889	63033	11	瑞士	58647	59376	60787
12	瑞典	50050	51604	52311	12	中国香港	56878	58095	60070
13	圣马力诺	49615	49579	51109	13	美国	56084	57294	59407
14	荷兰	44323	45210	46829	14	沙特阿拉伯	53802	54078	55229
15	英国	43902	40412	39526	15	荷兰	49624	50846	52618
16	奥地利	43414	44561	45799	16	巴林	49601	50303	51266
17	加拿大	43280	42319	44412	17	瑞典	48199	49678	51317
18	芬兰	42414	43492	44852	18	澳大利亚	47644	48806	50322
19	中国香港	42295	42963	44094	19	奥地利	46986	47856	49080
20	德国	40952	42326	43686	20	德国	46974	48190	49768
21	比利时	40529	41491	42662	21	中国台湾	46833	47790	49505
22	阿联酋	38650	38050	40198	22	丹麦	45723	46603	48087
23	法国	37653	38537	39621	23	冰岛	45666	48070	50425
24	新西兰	37066	38066	40596	24	加拿大	45602	46240	47560
25	以色列	35743	36557	37778	25	比利时	44148	44881	45972
26	日本	32479	37304	40408	28	英国	41499	42514	43579
27	文莱	30993	24713	27561	29	法国	41476	42384	43678
28	意大利	29867	30294	30892	31	日本	38142	38894	40090
29	波多黎各	29620	29048	28951	33	韩国	36612	37948	39778
30	科威特	27756	26146	28756	36	意大利	35781	36313	37318
31	韩国	27222	27633	29806	49	希腊	26391	26809	28201
37	中国台湾	22263	22044	22684	52	俄罗斯	25965	26109	26967

市场汇率计人均GDP（美元）					购买力平价计人均GDP（国际元）				
2015年位次	国家和地区	2015年	2016年	2017年	2015年位次	国家和地区	2015年	2016年	2017年
42	希　腊	17989	18078	18954	63	阿根廷	20499	20171	20972
66	墨西哥	9452	8699	9102	68	墨西哥	18430	18865	19519
67	俄罗斯	9243	8838	10060	80	巴　西	15646	15211	15496
74	巴　西	8670	8587	9409	88	中　国	14340	15424	16660
77	中　国	8141	8261	8929	103	印　尼	11149	11699	12421
121	印　尼	3362	3636	3871	126	印　度	6187	6658	7224
144	印　度	1604	1719	1852	187	布隆迪	831	818	832
189	布隆迪	304	284	263	189	中非共和国	628	656	693

注：共有189个国家和地区的排名数据，本表只列出部分国家和地区。各国购买力平价（PPP）数据参见IMF，World Economic Outlook Database，IMF并不直接计算PPP数据，而是根据世界银行、OECD、Penn World Tables等国际组织的原始资料进行计算。

资料来源：IMF，World Economic Outlook Database，2016年10月。

（二）世界通货膨胀、失业形势回顾与展望

表2－1　通货膨胀率*回顾与展望：部分国家和地区（2009～2017年）

单位：%

国家和地区＼年份	2009	2010	2011	2012	2013	2014	2015	2016	2017
澳大利亚	1.8	2.9	3.4	1.7	2.5	2.5	1.5	1.3	2.1
比利时	0.0	2.3	3.4	2.6	1.2	0.5	0.6	2.1	1.6
加拿大	0.3	1.8	2.9	1.5	0.9	1.9	1.1	1.6	2.1
丹　麦	1.3	2.3	2.8	2.4	0.8	0.6	0.5	0.4	1.1
法　国	0.1	1.7	2.3	2.2	1.0	0.6	0.1	0.3	1.0
德　国	0.2	1.1	2.5	2.1	1.6	0.8	0.1	0.4	1.5
希　腊	1.3	4.7	3.1	1.0	-0.9	-1.4	-1.1	-0.1	0.6
中国香港	0.6	2.3	5.3	4.1	4.3	4.4	3.0	2.5	2.6
冰　岛	12.0	5.4	4.0	5.2	3.9	2.0	1.6	1.7	3.1
以色列	3.3	2.7	3.5	1.7	1.5	0.5	-0.6	-0.6	0.8
意大利	0.8	1.6	2.9	3.3	1.2	0.2	0.1	-0.1	0.5
日　本	-1.4	-0.7	-0.3	-0.1	0.3	2.8	0.8	-0.2	0.5

续表

国家和地区＼年份	2009	2010	2011	2012	2013	2014	2015	2016	2017
韩　　　国	2.8	2.9	4.0	2.2	1.3	1.3	0.7	1.0	1.9
中 国 澳 门	1.2	2.8	5.8	6.1	5.5	6.0	4.6	2.6	2.8
新 加 坡	0.6	2.8	5.2	4.6	2.4	1.0	−0.5	−0.3	1.1
中 国 台 湾	−0.9	1.0	1.4	1.9	0.8	1.2	−0.3	1.1	1.1
英　　　国	2.2	3.3	4.5	2.8	2.6	1.5	0.1	0.7	2.5
美　　　国	−0.3	1.6	3.1	2.1	1.5	1.6	0.1	1.2	2.3
巴　　　西	4.9	5.0	6.6	5.4	6.2	6.3	9.0	9.0	5.4
中　　　国	−0.7	3.3	5.4	2.6	2.6	2.0	1.4	2.1	2.3
埃　　　及	16.2	11.7	11.1	8.7	6.9	10.1	11.0	10.2	18.2
印　　　度	10.6	9.5	9.5	9.9	9.4	5.9	4.9	5.5	5.2
印　　　尼	5.0	5.1	5.3	4.0	6.4	6.4	6.4	3.7	4.2
伊　　　朗	10.8	12.4	21.2	30.8	34.7	15.6	11.9	7.4	7.2
伊 拉 克	−2.2	2.4	5.6	6.1	1.9	2.2	1.4	2.0	2.0
马 来 西 亚	0.6	1.7	3.2	1.7	2.1	3.1	2.1	2.1	3.0
墨 西 哥	5.3	4.2	3.4	4.1	3.8	4.0	2.7	2.8	3.3
菲 律 宾	4.2	3.8	4.7	3.2	2.9	4.2	1.4	2.0	3.4
俄 罗 斯	11.7	6.9	8.4	5.1	6.8	7.8	15.5	7.2	5.0
沙　　　特	4.1	3.8	3.7	2.9	3.5	2.7	2.2	4.0	2.0
南　　　非	7.1	4.3	5.0	5.7	5.8	6.1	4.6	6.4	6.0
泰　　　国	−0.9	3.3	3.8	3.0	2.2	1.9	−0.9	0.3	1.6
土 耳 其	6.3	8.6	6.5	8.9	7.5	8.9	7.7	8.4	8.2
乌 克 兰	15.9	9.4	8.0	0.6	−0.3	12.1	48.7	15.1	11.0
越　　　南	6.7	9.2	18.7	9.1	6.6	4.1	0.6	2.0	3.7

注：＊以消费者物价指数衡量的通货膨胀率。

资料来源：IMF，World Economic Outlook Database，2016 年 10 月。

表 2−2　失业率：发达经济体（2001～2016 年）

单位：%

国家和地区＼年份	2001～2007	2010	2011	2012	2013	2014	2015	2016
澳 大 利 亚	5.5	5.2	5.1	5.2	5.7	6.1	6.1	5.7
奥 地 利	4.9	4.8	4.6	4.9	5.4	5.6	5.7	6.2
比 利 时	7.8	8.3	7.1	7.6	8.5	8.6	8.5	8.4
加 拿 大	7.0	8.0	7.5	7.3	7.1	6.9	6.9	7.0
塞 浦 路 斯	4.3	6.3	7.9	11.9	15.9	16.2	14.9	13.0

续表

国家和地区\年份	2001~2007	2010	2011	2012	2013	2014	2015	2016
捷　　克	7.4	7.3	6.7	7.0	7.0	6.1	5.0	4.1
丹　　麦	4.7	7.5	7.6	7.5	7.0	6.5	6.2	6.0
爱沙尼亚	9.0	16.7	12.3	10.0	8.6	7.4	6.1	5.6
芬　　兰	8.4	8.4	7.8	7.7	8.1	8.7	9.3	9.1
法　　国	8.5	9.3	9.2	9.8	10.3	10.3	10.4	9.8
德　　国	9.4	6.9	5.9	5.4	5.2	5.0	4.6	4.3
希　　腊	9.8	12.7	17.9	24.4	27.5	26.5	25.0	23.3
中国香港	5.9	4.3	3.4	3.3	3.4	3.3	3.3	3.2
冰　　岛	2.8	7.6	7.1	6.0	5.4	5.0	4.0	3.4
爱尔兰	4.4	13.9	14.7	14.7	13.1	11.3	9.5	8.3
以色列	11.7	8.3	7.1	6.8	6.3	6.0	5.2	5.2
意大利	7.8	8.3	8.4	10.7	12.1	12.6	11.9	11.5
日　　本	4.7	5.1	4.6	4.3	4.0	3.6	3.4	3.2
韩　　国	3.6	3.7	3.4	3.2	3.1	3.5	3.6	3.6
拉脱维亚	10.4	19.5	16.2	15.0	11.9	10.8	9.9	9.4
卢森堡	3.5	5.9	5.7	6.1	6.9	7.1	6.9	6.4
马耳他	7.2	6.9	6.4	6.3	6.4	5.8	5.4	4.8
荷　　兰	4.6	5.0	5.0	5.8	7.3	7.4	6.9	6.7
新西兰	4.4	6.2	6.0	6.4	5.8	5.4	5.4	5.3
挪　　威	3.9	3.6	3.3	3.2	3.5	3.5	4.4	4.7
葡萄牙	6.4	10.8	12.7	15.5	16.2	13.9	12.4	11.2
新加坡	3.1	2.2	2.0	2.0	1.9	2.0	1.9	2.0
斯洛伐克	16.5	14.5	13.7	14.0	14.2	13.2	11.5	9.9
斯洛文尼亚	6.1	7.3	8.2	8.9	10.1	9.7	9.0	8.2
西班牙	10.0	19.9	21.4	24.8	26.1	24.4	22.1	19.4
瑞　　典	6.6	8.6	7.8	8.0	8.0	7.9	7.4	6.9
瑞　　士	3.1	3.5	2.8	2.9	3.2	3.0	3.2	3.5
中国台湾	4.4	5.2	4.4	4.2	4.2	4.0	3.8	3.9
英　　国	5.1	7.9	8.1	8.0	7.6	6.2	5.4	5.0
美　　国	5.2	9.6	8.9	8.1	7.4	6.2	5.3	4.9

资料来源：IMF，World Economic Outlook Database，2016 年 10 月。

世界经济黄皮书

（三）世界财政形势回顾与展望

表3-1　广义政府财政差额占 GDP 比例：发达经济体（2009~2017 年）

单位：%

国家和地区＼年份	2009	2010	2011	2012	2013	2014	2015	2016	2017
澳 大 利 亚	-4.5	-4.8	-4.0	-2.8	-2.0	-2.0	-1.9	-1.8	-1.4
奥 地 利	-3.1	-2.3	-0.4	0.0	0.8	-0.7	0.8	0.2	0.2
比 利 时	-2.0	-0.7	-0.9	-1.0	-0.1	-0.3	-0.1	-0.5	-0.2
加 拿 大	-2.8	-3.9	-2.7	-1.8	-1.2	0.0	-0.6	-2.0	-2.0
塞 浦 路 斯	-3.6	-3.2	-4.1	-3.3	-2.1	2.4	1.4	2.0	1.9
捷 克	-4.5	-3.3	-1.7	-2.8	-0.2	-0.8	0.5	0.2	0.2
丹 麦	-2.4	-2.1	-1.5	-3.0	-0.7	1.8	-0.9	-0.2	-1.3
爱 沙 尼 亚	-2.2	0.0	0.9	-0.5	-0.4	0.6	0.3	0.1	0.1
芬 兰	-2.9	-2.5	-1.0	-2.0	-2.5	-3.0	-2.5	-2.2	-2.4
法 国	-4.9	-4.5	-2.6	-2.4	-1.9	-1.9	-1.6	-1.5	-1.5
德 国	-0.8	-2.1	1.1	1.8	1.4	1.7	2.0	1.2	1.0
希 腊	-10.1	-5.4	-3.0	-1.4	0.5	0.0	0.7	0.1	0.7
中 国 香 港	-0.2	2.3	1.9	1.3	-0.7	3.6	0.6	0.6	0.9
冰 岛	-6.6	-7.0	-2.9	-0.4	1.6	3.6	3.2	17.2	2.6
爱 尔 兰	-12.4	-29.7	-9.7	-4.4	-2.0	-0.3	0.3	1.3	1.4
以 色 列	-1.6	-0.3	-0.6	-1.3	-0.9	-0.5	-0.2	-0.4	-0.8
意 大 利	-1.0	-0.1	1.0	2.1	1.7	1.4	1.4	1.3	1.4
日 本	-9.9	-8.6	-9.0	-7.9	-7.8	-5.6	-4.9	-5.2	-5.3
韩 国	-0.7	0.8	0.9	0.8	-0.2	-0.3	-0.4	-0.3	0.2
拉 脱 维 亚	-6.4	-5.5	-2.2	1.3	0.7	-0.4	-0.2	-0.2	-0.2
立 陶 宛	-8.2	-5.2	-7.2	-1.2	-0.9	1.0	1.3	1.1	1.0
马 耳 他	0.0	-0.1	0.6	-0.6	0.3	0.8	1.1	1.5	1.5
荷 兰	-4.2	-3.8	-3.0	-2.8	-1.2	-1.1	-0.8	-0.2	0.2
新 西 兰	-1.4	-5.4	-4.8	-1.1	-0.4	0.2	0.3	-0.1	0.1
挪 威	8.0	8.8	11.1	11.7	8.7	6.3	3.0	0.6	0.8
葡 萄 牙	-7.1	-8.5	-3.6	-1.4	-0.6	-2.8	-0.2	1.3	1.2
圣 马 力 诺	-2.6	-2.4	-4.1	-2.5	-1.4	1.0	0.0	-0.2	0.0
新 加 坡	-1.1	5.4	8.2	7.4	6.2	4.8	1.6	1.5	1.5
斯 洛 伐 克	-6.8	-6.4	-2.8	-2.7	-1.0	-1.0	-1.5	-1.1	-1.1
斯 洛 文 尼 亚	-4.6	-4.0	-4.2	-1.4	-11.6	-2.9	-0.6	0.3	-0.1

国家和地区＼年份	2009	2010	2011	2012	2013	2014	2015	2016	2017
西 班 牙	-9.6	-7.8	-7.6	-7.9	-4.0	-2.9	-2.4	-2.0	-0.8
瑞 典	-0.5	0.1	0.2	-0.9	-1.3	-1.6	-0.2	-0.7	-0.9
瑞 士	1.1	0.8	0.8	0.4	0.1	0.0	0.0	-0.2	-0.1
英 国	-9.1	-7.1	-4.9	-5.4	-4.3	-3.8	-2.8	-1.6	-0.9
美 国	-11.2	-8.9	-7.3	-5.7	-2.4	-2.2	-1.5	-2.1	-1.8

注：广义政府财政差额对应的英文统计口径为 General Government Primary Net Lending/Borrowing。
资料来源：IMF，World Economic Outlook Database，2016 年 10 月。

表3-2　广义政府财政差额占GDP比例：部分新兴市场和发展中国家（2009~2017年）

单位：%

国家和地区＼年份	2009	2010	2011	2012	2013	2014	2015	2016	2017
阿 根 廷	-1.1	-0.4	-1.4	-1.5	-2.4	-3.2	-5.4	-5.6	-5.1
孟 加 拉 国	-1.0	-0.8	-1.9	-1.1	-1.4	-1.0	-1.8	-2.2	-2.4
玻 利 维 亚	1.7	3.1	2.1	2.8	1.6	-2.4	-5.9	-7.1	-6.3
巴 西	1.9	2.3	2.9	1.9	1.7	-0.6	-1.9	-2.8	-2.2
智 利	-4.5	-0.3	1.5	0.8	-0.4	-1.4	-1.9	-3.0	-2.5
中 国	-1.3	1.1	0.4	-0.2	-0.3	-0.4	-2.1	-2.2	-2.3
埃 及	-3.6	-3.6	-4.5	-4.9	-6.3	-5.8	-4.8	-4.4	-1.8
印 度	-5.2	-4.2	-3.9	-3.1	-3.1	-2.8	-2.3	-2.1	-2.1
印 尼	-0.1	0.0	0.5	-0.4	-1.0	-0.9	-1.2	-1.0	-1.0
伊 朗	0.8	2.7	0.7	-0.2	-0.9	-1.1	-1.6	-0.6	-0.4
伊 拉 克	-12.5	-3.7	5.5	4.5	-5.4	-5.3	-13.0	-12.6	-3.6
马 来 西 亚	-5.0	-2.9	-2.0	-2.0	-2.2	-0.8	-1.4	-1.5	-0.7
墨 西 哥	-2.3	-1.4	-1.0	-1.2	-1.2	-1.9	-1.2	0.1	0.2
蒙 古	-3.6	0.9	-3.7	-8.3	-7.5	-8.8	-5.1	-15.2	-7.0
缅 甸	-3.5	-3.2	-2.0	-0.7	-0.6	0.8	-3.4	-3.2	-3.0
菲 律 宾	0.6	0.7	2.2	2.3	2.7	3.1	2.3	1.6	0.3
罗 马 尼 亚	-6.1	-5.0	-2.8	-0.7	-0.8	-0.4	-0.2	-1.4	-1.3
俄 罗 斯	-6.2	-3.1	1.7	0.7	-0.8	-0.7	-3.2	-3.4	-0.8
沙 特	-5.2	4.0	11.3	11.9	5.4	-4.0	-17.9	-15.5	-10.2
南 非	-2.5	-2.1	-1.1	-1.3	-0.9	-0.6	-0.6	-0.4	-0.2
泰 国	-1.5	-0.7	0.8	-0.1	1.1	-0.1	0.8	0.2	0.2
土 耳 其	-1.4	0.3	2.1	1.1	1.4	1.4	1.2	0.3	0.7
乌 克 兰	-4.9	-4.1	-0.8	-2.4	-2.3	-1.2	3.0	0.9	0.0

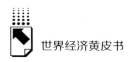

续表

国家和地区 \ 年份	2009	2010	2011	2012	2013	2014	2015	2016	2017
阿联酋	-4.1	2.3	6.5	11.2	10.8	5.2	-1.8	-3.6	-1.6
乌兹别克斯坦	2.5	3.6	7.8	7.8	2.4	2.2	0.9	0.0	0.1
委内瑞拉	-7.2	-8.6	-9.4	-12.4	-10.9	-13.0	-21.0	-24.8	-25.9
越南	-4.9	-1.6	0.0	-5.6	-5.9	-4.5	-3.9	-4.4	-3.8

注：广义政府财政差额对应的英文统计口径为 General Government Primary Net Lending/Borrowing。

资料来源：IMF，World Economic Outlook Database，2016 年 10 月。

（四）世界金融形势回顾与展望

表 4-1　广义货币供应量年增长率：新兴市场和发展中国家（2009～2017 年）

单位：%

国家和地区 \ 年份	2009	2010	2011	2012	2013	2014	2015	2016	2017
新兴市场和发展中国家	16.0	16.2	16.5	14.3	14.1	12.2	12.2	11.4	13.5
独联体*	15.6	24.4	22.4	13.5	15.8	14.3	17.3	0.2	9.5
俄罗斯	17.3	24.6	20.8	12.2	15.7	15.5	19.7	-3.4	8.3
除俄罗斯	9.7	24.0	28.1	17.8	16.4	10.7	9.9	11.6	12.9
亚洲新兴市场和发展中国家	22.6	17.6	16.2	14.1	13.6	10.9	12.1	12.0	11.7
中国	28.4	18.9	17.3	14.4	13.6	11.0	13.3	13.0	12.0
印度	16.9	16.1	13.5	13.6	13.4	10.9	10.5	9.5	12.3
除中国和印度	12.7	14.8	15.1	13.7	13.8	10.3	8.4	9.8	10.2
欧洲新兴市场和发展中国家	9.9	11.8	11.2	7.1	12.7	9.2	11.9	11.7	10.0
拉丁美洲与加勒比地区	10.8	14.6	19.4	17.3	14.4	15.0	14.2	16.8	25.2
巴西	16.3	15.8	18.5	15.9	8.9	13.5	9.8	5.8	9.6
墨西哥	5.8	7.5	11.7	8.7	8.3	10.2	7.9	9.4	8.8
中东与北非	13.1	12.6	13.2	13.9	18.0	11.4	5.4	6.9	8.0
撒哈拉以南	13.8	12.6	12.5	15.4	7.5	14.7	10.3	13.3	14.1

注：*包括格鲁吉亚和蒙古。虽然二者不是独联体成员，但由于同独联体国家在地理和经济结构上类似，故在地区分组上将二者归入独联体。

资料来源：IMF，World Economic Outlook，2016 年 10 月。

表 4 - 2　汇率：部分国家和地区（2008～2016 年）

单位：本币/美元

年份 币种	2008	2009	2010	2011	2012	2013	2014	2015	2016
欧元	0.68	0.72	0.76	0.72	0.78	0.75	0.75	0.90	0.89
日元	103.36	93.57	87.78	79.81	79.79	97.60	105.95	121.04	108.17
英镑	0.54	0.64	0.65	0.62	0.63	0.64	0.61	0.65	0.70
阿根廷比索	3.14	3.71	3.90	4.11	4.54	5.46	8.08	9.23	14.23
澳大利亚元	1.19	1.28	1.09	0.97	0.97	1.04	1.11	1.33	1.34
巴西里尔	1.83	2.00	1.76	1.67	1.95	2.16	2.35	3.33	3.51
加拿大元	1.07	1.14	1.03	0.99	1.00	1.03	1.11	1.28	1.29
人民币	6.95	6.83	6.77	6.46	6.31	6.20	6.14	6.23	6.53
印度卢比	43.51	48.41	45.73	46.67	53.44	58.60	61.03	64.15	66.89
韩元	1102.05	1276.93	1156.06	1108.29	1126.47	1094.85	1052.96	1131.16	1163.22
墨西哥比索	11.13	13.51	12.64	12.42	13.17	12.77	13.29	15.85	18.06
俄罗斯卢布	24.85	31.74	30.37	29.38	30.84	31.84	38.38	60.94	65.88
沙特里亚尔	3.75	3.75	3.75	3.75	3.75	3.75	3.75	3.75	3.75
南非兰特	8.26	8.47	7.32	7.26	8.21	9.66	10.85	12.76	15.03
土耳其里拉	1.30	1.55	1.50	1.67	1.80	1.90	2.19	2.72	2.90

注：2008～2015 年为年内均值，2016 年为第二季度底值。

资料来源：CEIC 数据库，2016 年 10 月。

表 4 - 3　股票价格指数：全球主要证券交易所（2010～2016 年）

国家	指数名称	2010 年	2011 年	2012 年	2013 年	2014 年	2015 年	2016 年
阿根廷	MERVAL 指数	3524	2463	2854	5391	8579	11675	16676
澳大利亚	S&P/ASX 200 指数	4745	4057	4649	5352	5411	5296	5436
巴西	BOVESPA 指数	69305	56754	60952	51507	50007	43350	58367
加拿大	S&P/TSX 综合指数	13443	11955	12434	13622	14632	13010	14726
中国	上证综合指数	2808	2199	2269	2116	3235	3539	3005
法国	CAC40 指数	3805	3160	3641	4296	4273	4637	4448
德国	DAX 指数	6914	5898	7612	9552	9806	10743	10511
印度	Sensitive 30 指数	20509	15455	19427	21171	27499	26118	27866
印度尼西亚	雅加达综合指数	3704	3822	4317	4274	5227	4593	5365
意大利	MIB 指数	20173	15090	16273	18968	19012	21418	16401
日本	日经 225 指数	10229	8455	10395	16291	17451	19034	16450
韩国	KOSPI 指数	2051	1826	1997	2011	1916	1961	2044

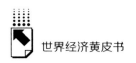
续表

国家	指数名称	2010 年	2011 年	2012 年	2013 年	2014 年	2015 年	2016 年
墨 西 哥	BMV IPC 指数	38551	37078	43706	42727	43146	42978	47246
俄 罗 斯	MICEX 指数	1688	1402	1475	1504	1397	1761	1978
沙特阿拉伯	TASI 指数	6621	6418	6801	8536	8333	6912	5623
南 非	全部股票价格指数	32119	31986	39250	46256	49771	50694	51950
土 耳 其	BIST National 100 指数	66004	51267	78208	67802	85721	71727	76488
英 国	FTSE 100 指数	5900	5572	5898	6749	6566	6242	6899
美 国	标准普尔 500 指数	1258	1258	1426	1848	2059	2044	2168

注：2010～2015 年为年底值，2016 年为 9 月底值。

资料来源：CEIC 数据库，2016 年 10 月。

（五）国际收支形势回顾与展望

表 5－1　国际收支平衡表：部分国家和地区（2009～2015 年）

单位：亿美元

国家	年份项目	2009	2010	2011	2012	2013	2014	2015
美国	经常项目差额	－ 3840.2	－ 4419.6	－ 4603.6	－ 4465.3	－ 3664.2	－ 3920.7	－ 4629.6
	货物贸易差额	－ 5097.0	－ 6486.8	－ 7406.4	－ 7411.7	－ 7022.4	－ 7521.7	－ 7625.7
	服务贸易差额	1259.2	1540.2	1920.2	2044.0	2403.7	2619.9	2622.1
	主要收入差额	1235.9	1776.6	2209.6	2157.9	2189.7	2240.0	1823.8
	资本项目差额	－ 1.4	－ 1.6	－ 11.9	69.0	－ 4.1	－ 0.5	－ 0.4
	金融项目差额	－ 2831.3	－ 4388.1	－ 5316.4	－ 4450.0	－ 3878.9	－ 2838.0	－ 1889.3
	直接投资 － 资产	3137.3	3545.8	4404.1	3782.2	3946.4	3434.4	3486.5
	直接投资 － 负债	1537.9	2593.4	2574.1	2430.1	2769.8	2073.7	3794.3
	证券投资 － 资产	3758.8	1996.2	853.6	2487.6	4813.0	5826.9	1539.7
	证券投资 － 负债	3573.5	8204.3	3116.3	7470.1	5119.8	7018.6	2509.4
	金融衍生品差额	－ 448.2	－ 140.8	－ 350.1	70.6	22.2	－ 543.5	－ 253.9
	其他投资 － 资产	－ 6096.6	4074.2	－ 453.3	－ 4537.0	－ 2214.1	－ 992.0	－ 2709.2
	其他投资 － 负债	－ 1928.8	3065.7	4080.4	－ 3646.8	2556.7	1471.4	－ 2351.4
	误差与遗漏	1532.2	51.4	－ 541.1	－ 9.1	－ 241.4	1047.3	2677.7
	储备资产变动	521.8	18.3	159.8	44.6	－ 30.9	－ 35.8	－ 63.0

续表

国家	项目\年份	2009	2010	2011	2012	2013	2014	2015
日本	经常项目差额	1456.8	2208.9	1296.0	601.2	463.8	360.2	1356.1
	货物贸易差额	580.9	1085.2	-44.7	-534.8	-896.5	-998.2	-52.1
	服务贸易差额	-348.4	-303.3	-350.7	-477.1	-354.8	-287.8	-138.6
	主要收入差额	1348.2	1550.9	1829.7	1756.6	1816.3	1835.9	1706.7
	资本项目差额	-49.9	-49.6	5.0	-10.2	-76.8	-19.9	-22.5
	金融项目差额	1406.8	2030.0	-190.3	913.4	-430.1	499.2	1697.2
	直接投资-资产	736.8	796.6	1168.4	1176.3	1556.9	1362.6	1307.4
	直接投资-负债	122.3	74.4	-8.5	5.5	106.5	184.1	-0.4
	证券投资-资产	1543.3	2564.1	956.5	1416.1	-896.2	1167.0	3054.5
	证券投资-负债	-562.6	1116.4	2641.0	1093.9	1850.3	1570.4	1727.5
	金融衍生品差额	-105.5	-119.4	-170.8	71.4	582.2	343.4	179.0
	其他投资-资产	-2027.5	1301.4	926.8	1211.3	1850.8	1074.1	-441.1
	其他投资-负债	-819.4	1321.8	438.7	1862.2	1567.0	1693.4	675.4
	误差与遗漏	269.2	309.3	275.0	-60.2	-429.4	243.6	414.9
	储备资产变动	269.2	438.5	1766.2	-382.6	387.8	84.8	51.3
德国	经常项目差额	1988.7	1930.3	2279.7	2489.2	2534.8	2813.0	2850.8
	货物贸易差额	1980.1	2137.4	2272.8	2574.2	2810.6	3004.1	2918.3
	服务贸易差额	-274.1	-354.1	-455.8	-418.1	-572.6	-469.7	-334.6
	主要收入差额	772.6	680.8	953.0	847.4	878.4	818.5	706.8
	资本项目差额	-26.0	16.2	22.5	-6.1	-8.6	17.7	-1.4
	金融项目差额	1720.8	1216.1	1637.9	1840.9	2901.6	3272.2	2524.3
	直接投资-资产	996.5	1466.9	1078.3	991.1	907.7	1150.3	1088.4
	直接投资-负债	566.7	860.5	974.8	654.6	627.1	94.4	462.3
	证券投资-资产	1101.9	2302.2	255.6	1361.6	1860.2	1984.0	1382.6
	证券投资-负债	-90.5	761.1	769.7	693.2	-267.8	178.2	-820.8
	金融衍生品差额	-75.4	175.7	397.6	309.2	318.8	420.9	287.1
	其他投资-资产	-1455.1	1568.8	1944.7	2175.6	-2314.7	537.9	130.3
	其他投资-负债	-1629.1	2675.9	293.8	1648.9	-2488.9	548.2	722.6
	误差与遗漏	-118.4	-709.1	-625.2	-625.2	386.9	408.5	-349.2
	储备资产变动	123.6	21.3	39.2	17.0	11.6	-33.0	-24.2

资料来源：CEIC 数据库，2016 年 10 月。

表 5-2 经常项目差额占 GDP 比例：部分国家和地区（2009~2017 年）

单位：%

国家和地区＼年份	2009	2010	2011	2012	2013	2014	2015	2016	2017
阿 根 廷	2.5	-0.3	-0.8	-0.2	-2.0	-1.4	-2.5	-2.3	-3.2
澳 大 利 亚	-4.6	-3.6	-2.9	-4.2	-3.4	-3.0	-4.7	-3.5	-3.9
巴 西	-1.6	-3.4	-2.9	-3.0	-3.0	-4.3	-3.3	-0.8	-1.3
加 拿 大	-2.9	-3.6	-2.8	-3.6	-3.2	-2.3	-3.2	-3.7	-3.1
中 国	4.7	3.9	1.8	2.5	1.5	2.6	3.0	2.4	1.6
法 国	-0.8	-0.8	-1.0	-1.2	-0.9	-1.1	-0.2	-0.5	-0.4
德 国	5.7	5.6	6.1	7.0	6.7	7.3	8.4	8.6	8.1
印 度	-2.8	-2.8	-4.3	-4.8	-1.7	-1.3	-1.1	-1.4	-2.0
印度尼西亚	1.8	0.7	0.2	-2.7	-3.2	-3.1	-2.1	-2.3	-2.3
意 大 利	-1.9	-3.4	-3.0	-0.4	0.9	1.9	2.2	2.2	1.9
日 本	2.9	4.0	2.2	1.0	0.9	0.8	3.3	3.7	3.3
韩 国	3.7	2.6	1.6	4.2	6.2	6.0	7.7	7.2	5.9
墨 西 哥	-1.0	-0.5	-1.2	-1.4	-2.5	-2.0	-2.9	-2.7	-2.8
俄 罗 斯	3.8	4.1	4.8	3.3	1.5	2.8	5.2	3.0	3.5
沙特阿拉伯	4.9	12.7	23.7	22.4	18.2	9.8	-8.3	-6.6	-2.6
南 非	-2.7	-1.5	-2.2	-5.1	-5.9	-5.3	-4.3	-3.3	-3.2
土 耳 其	-1.8	-6.1	-9.6	-6.1	-7.7	-5.5	-4.5	-4.4	-5.6
英 国	-3.0	-2.7	-1.8	-3.7	-4.4	-4.7	-5.4	-5.9	-4.3
美 国	-2.7	-3.0	-3.0	-2.8	-2.2	-2.3	-2.6	-2.5	-2.7

资料来源：IMF，World Economic Outlook Database，2016 年 10 月。

（六）国际贸易形势回顾

表 6-1 货物贸易进出口：世界部分国家和地区（2012~2015 年）

单位：亿美元

2015 年位次	国家和地区	货物出口				2015 年位次	国家和地区	货物进口			
		2012 年	2013 年	2014 年	2015 年			2012 年	2013 年	2014 年	2015 年
	世界	184960	189480	189950	164820		世界	187050	190110	191040	167250
1	中 国	20487	22090	23423	22749	1	美 国	23365	23291	24125	23079
2	美 国	15457	15796	16205	15049	2	中 国	18184	19500	19592	16820
3	德 国	14011	14451	14946	13295	3	德 国	11549	11812	12070	10500

续表

2015 年位次	国家和地区	货物出口				2015 年位次	国家和地区	货物进口			
		2012 年	2013 年	2014 年	2015 年			2012 年	2013 年	2014 年	2015 年
4	日　本	7986	7151	6902	6249	4	日　本	8858	8332	8122	6485
5	荷　兰	6554	6716	6727	5672	5	英　国	6952	6600	6905	6258
6	韩　国	5479	5596	5727	5268	6	法　国	6744	6815	6766	5727
7	中国香港	4929	5352	5241	5106	7	中国香港	5535	6214	6006	5594
8	法　国	5687	5810	5805	5059	8	荷　兰	5869	5897	5894	5058
9	英　国	4728	5406	5052	4604	9	韩　国	5196	5156	5255	4365
10	意大利	5013	5183	5299	4591	10	加拿大	4763	4758	4800	4364
11	加拿大	4556	4583	4747	4085	11	意大利	4886	4794	4742	4089
12	比利时	4459	4688	4723	3982	12	墨西哥	3805	3910	4116	4053
13	墨西哥	3708	3800	3971	3808	13	印　度	4897	4654	4629	3920
14	新加坡	4084	4102	4098	3505	14	比利时	4391	4517	4546	3753
15	俄罗斯	5293	5233	4978	3403	15	西班牙	3373	3406	3589	3093
16	瑞　士	3125	3579	3112	2899	16	新加坡	3797	3730	3662	2967
17	中国台湾	3064	3114	3201	2854	17	瑞　士	2960	3215	2757	2519
18	西班牙	2953	3178	3245	2818	18	中国台湾	2773	2780	2818	2375
19	印　度	2968	3148	3227	2671	19	阿联酋	2260	2390	2500	2300
20	阿联酋	3490	3790	3750	2650	20	澳大利亚	2609	2421	2369	2084
21	泰　国	2291	2285	2275	2144	21	土耳其	2365	2517	2422	2072
22	沙　特	3884	3759	3423	2017	22	泰　国	2491	2504	2277	2027
23	马来西亚	2275	2283	2339	1999	23	俄罗斯	3354	3413	3080	1941
24	波　兰	1854	2050	2202	1982	24	波　兰	1991	2076	2237	1926
25	巴　西	2426	2420	2251	1911	25	巴　西	2334	2506	2392	1788
26	澳大利亚	2567	2530	2412	1884	26	马来西亚	1964	2059	2089	1760
27	越　南	1145	1320	1502	1621	27	沙　特	1556	1682	1738	1723
28	捷　克	1570	1623	1751	1582	28	越　南	1138	1320	1478	1661

资料来源：WTO Statistics Database Online，2016 年 9 月。

表 6-2　服务贸易进出口：世界部分国家和地区（2012~2015 年）

单位：亿美元

2015 年位次*	国家和地区	服务出口				2015 年位次*	国家和地区	服务进口			
		2012 年	2013 年	2014 年	2015 年			2012 年	2013 年	2014 年	2015 年
	世界	44680	47473	50638	47540		世界	43190	45813	49132	46117
1	美　国	6336	6649	6901	6901	1	美　国	4242	4384	4533	4691
2	英　国	3172	3323	3614	3451	2	中　国	2803	3294	4508	4663

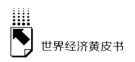

续表

2014 年位次*	国家和地区	服务出口				2014 年位次*	国家和地区	服务进口			
		2012 年	2013 年	2014 年	2015 年			2012 年	2013 年	2014 年	2015 年
3	中　国	2006	2058	2794	2855	3	德　国	2921	3247	3294	2895
4	法　国	2337	2553	2747	2397	4	法　国	2022	2262	2518	2282
5	德　国	2420	2612	2724	2473	5	英　国	1957	2022	2102	2077
6	荷　兰	1664	1771	1948	1781	6	日　本	1828	1690	1902	1737
7	日　本	1338	1326	1586	1579	7	荷　兰	1426	1512	1727	1571
8	印　度	1450	1482	1557	1553	8	新 加 坡	1295	1463	1552	1433
9	新 加 坡	1275	1400	1504	1393	9	爱 尔 兰	1196	1236	1451	1516
10	爱 尔 兰	1095	1227	1347	1277	10	印　度	1290	1252	1267	1222
11	西 班 牙	1219	1256	1320	1174	11	俄 罗 斯	1067	1257	1189	869
12	比 利 时	1043	1106	1220	1093	12	比 利 时	977	1038	1168	1055
13	瑞　士	1074	1125	1166	1080	13	韩　国	1078	1092	1147	1123
14	意 大 利	1071	1106	1141	986	14	意 大 利	1064	1084	1137	993
15	韩　国	1023	1025	1110	968	15	加 拿 大	1106	1115	1067	954
16	中国香港	984	1047	1066	1042	16	瑞　士	860	923	981	924
17	卢 森 堡	755	885	995	951	17	巴　西	758	811	859	689
18	加 拿 大	878	887	852	763	18	卢 森 堡	566	674	770	720
19	瑞　典	654	713	756	710	19	中国香港	765	750	738	739
20	丹　麦	669	709	725	609	20	西 班 牙	639	627	680	646
21	奥 地 利	573	639	666	579	21	瑞　典	555	594	665	595
22	俄 罗 斯	615	691	648	510	22	阿 联 酋	623	612	637	657
23	中国台湾	486	507	565	565	23	沙　特	499	517	627	565
24	泰　国	493	583	550	603	24	澳大利亚	657	671	624	537
25	澳大利亚	530	526	534	484	25	丹　麦	609	623	621	535
26	中国澳门	454	536	531	399	26	挪　威	523	562	561	458
27	土 耳 其	428	474	510	459	27	奥 地 利	440	509	532	455
28	挪　威	464	486	493	403	28	泰　国	528	546	529	505
29	波　兰	418	445	480	434	29	马来西亚	431	450	452	398
30	马来西亚	405	420	419	348	30	中国台湾	418	418	451	468

注：①部分国家和地区 2014 年服务贸易数据暂时无法得到，本表按 2014 年数据排序。
资料来源：WTO Statistics Database Online, 2016 年 9 月。

表6-3 原油进出口量：世界部分国家和地区（2010年和2015年）

单位：千桶/天，%

国家和地区	2010年		2015年		国家和地区	2010年		2015年	
	进口量	占世界比重	进口量	占世界比重		出口量	占世界比重	出口量	占世界比重
北美	10627	24.7	7929	18.4	北美	1520	3.7	2755	6.6
加拿大	765	1.8	578	1.3	加拿大	1478	3.6	2297	5.5
美国	9862	22.9	7351	17.1	美国	42	0.1	458	1.1
拉丁美洲	1381	3.2	929	2.2	拉丁美洲	4624	11.2	5213	12.5
巴西	313	0.7	252	0.6	厄瓜多尔	340	0.8	433	1.0
智利	160	0.4	158	0.4	墨西哥	1460	3.5	1247	3.0
古巴	100	0.2	109	0.3	委内瑞拉	1562	3.8	1974	4.7
东欧	1850	4.3	1944	4.5	东欧	7273	17.7	7197	17.3
保加利亚	109	0.3	121	0.3	俄罗斯	4978	12.1	4898	11.8
罗马尼亚	120	0.3	136	0.3	西欧	2555	6.2	1949	4.7
西欧	10625	24.7	10432	24.2	挪威	1602	3.9	1235	3.0
法国	1298	3.0	1146	2.7	英国	747	1.8	595	1.4
德国	1883	4.4	1846	4.3	中东	15988	38.8	17037	40.9
希腊	406	0.9	446	1.0	伊朗	2248	5.5	1081	2.6
意大利	1592	3.7	1262	2.9	伊拉克	1890	4.6	3005	7.2
荷兰	1037	2.4	1057	2.5	科威特	1430	3.5	1964	4.7
土耳其	342	0.8	506	1.2	阿曼	749	1.8	788	1.9
英国	965	2.2	856	2.0	卡特尔	587	1.4	491	1.2
中东	519	1.2	521	1.2	沙特	6644	16.1	7163	17.2
巴林	225	0.5	246	0.6	阿联酋	2104	5.1	2441	5.9
非洲	805	1.9	661	1.5	非洲	7635	18.6	6178	14.8
科特迪瓦	59	0.1	60	0.1	阿尔及利亚	709	1.7	642	1.5
摩洛哥	109	0.3	85	0.2	安哥拉	1711	4.2	1711	4.1
亚太地区	17269	40.1	20632	47.9	利比亚	1118	2.7	235	0.6
澳大利亚	477	1.1	318	0.7	尼日利亚	2464	6.0	2114	5.1
中国	4767	11.1	6731	15.6	苏丹	389	0.9	166	0.4
印度	2759	6.4	3936	9.1	亚太地区	1565	3.8	1325	3.2
印尼	280	0.7	374	0.9	澳大利亚	314	0.8	222	0.5
日本	3473	8.1	3375	7.8	文莱	162	0.4	112	0.3
菲律宾	184	0.4	189	0.4	中国	61	0.1	57	0.1
新加坡	716	1.7	805	1.9	印尼	356	0.9	315	0.8
韩国	2401	5.6	2781	6.5	马来西亚	370	0.9	366	0.9
泰国	849	2.0	874	2.0	越南	161	0.4	144	0.3
世界	43075	100.0	43048	100.0	世界	41159	100.0	41654	100.0
OECD	28553	66.3	26193	60.8	OPEC	23162	56.3	23569	56.6

注：数据包括转口数据，每个地区只列出主要的而非全部国家和地区。

资料来源：OPEC *Annual Statistical Bulletin* 2016，Interactive Version，www. opec. org。

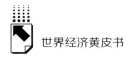

（七）国际投资与资本流动回顾

表 7－1　国际投资头寸表：部分国家和地区（2009～2015 年）

单位：亿美元

国家	项目＼年份	2009	2010	2011	2012	2013	2014	2015
美国	资产	194265	217678	222089	225622	241448	247175	233408
	对外直接投资	49453	54864	52148	59695	71207	71331	69784
	证券投资	60586	71604	68717	79840	92061	97043	96062
	股本证券	39953	49003	45014	53219	64729	67706	68282
	债务证券	20633	22601	23703	26621	27332	29336	27779
	金融衍生品	34898	36523	47166	36198	30171	32141	23954
	其他投资	45290	49801	48687	44166	43526	42318	39773
	储备资产	4038	4887	5370	5724	4483	4343	3836
	负债	220541	242796	266639	270805	295174	317637	306214
	外来直接投资	36186	40991	41992	46624	58149	63501	65438
	证券投资	104632	118693	126472	139789	155413	169198	166770
	股本证券	29177	35458	38419	45454	58646	66425	62189
	债务证券	75456	83235	88053	94335	96767	102773	104581
	金融衍生品	33634	35419	46305	35620	29395	31286	23381
	其他投资	46088	47693	51869	48772	52217	53652	50625
	国际投资净头寸	－26276	－25118	－44550	－45183	－53727	－70462	－72806
日本	资产	60390	68931	75026	76133	75753	78117	78732
	对外直接投资	7532	8462	9723	10541	11330	11772	12582
	证券投资	28459	33052	33793	35598	34307	33980	35117
	股本证券	5940	6785	6658	6872	11987	11901	12751
	债务证券	22518	26267	27134	28726	22320	22079	22367
	金融衍生品	462	526	539	534	779	4666	3732
	其他投资	13426	15924	18038	16812	16657	15174	14974
	储备资产	10512	10967	12934	12648	12680	12525	12328
	负债	31252	37513	40834	41552	44820	47993	50578
	外来直接投资	2124	2300	2422	2222	1857	1969	2024
	证券投资	15370	18668	20263	20856	23932	23631	26602
	股本证券	8296	9888	8472	9654	14466	14021	15512
	债务证券	7074	8780	11791	11201	9467	9610	11090
	金融衍生品	566	647	726	615	822	4937	3780
	其他投资	13192	15898	17424	17859	18209	17457	18173
	国际投资净头寸	29138	31419	34192	34581	30933	30124	28154

国家	项目 年份	2009	2010	2011	2012	2013	2014	2015
德国	资产	75541	87393	88626	96304	95667	92954	86013
	对外直接投资	16053	16349	16962	19311	20831	20016	19722
	证券投资	25079	25557	23804	27601	30836	30757	29056
	股本证券	7071	7397	6472	7474	9196	9398	9520
	债务证券	18008	18160	17332	20127	21640	21360	19536
	金融衍生品	—	10478	11853	12598	8685	9609	7289
	其他投资	32601	32844	33619	34306	33333	30644	28209
	储备资产	1808	2165	2389	2489	1982	1928	1737
	负债	66670	78515	80469	86115	82529	78435	69879
	外来直接投资	12124	12105	12520	14480	15948	14360	13601
	证券投资	30427	30155	30449	33618	33937	32109	28038
	股本证券	6473	6676	5658	7025	8551	7546	7252
	债务证券	23954	23479	24791	26594	25386	24563	20787
	金融衍生品	—	10508	12022	12510	8528	9889	7418
	其他投资	24119	25746	25477	25507	24116	22077	20821
	国际投资净头寸	8870	8878	8157	10189	13138	14520	16135
中国	资产	34369	41189	47345	52132	59861	64383	62189
	对外直接投资	2458	3172	4248	5319	6605	8826	11293
	证券投资	2428	2571	2044	2406	2585	2625	2613
	股本证券	546	630	864	1298	1530	1613	1620
	债务证券	1882	1941	1180	1108	1055	1012	993
	金融衍生品	0	0	0	0	0	0	36
	其他投资	4952	6304	8495	10527	11867	13938	14185
	储备资产	24532	29142	32558	33879	38804	38993	34061
	负债	19464	24308	30461	33467	39901	48355	46225
	外来直接投资	13148	15696	19069	20680	23312	25991	28423
	证券投资	1900	2239	2485	3361	3865	7962	8105
	股本证券	1748	2061	2114	2619	2977	6513	5906
	债务证券	152	178	371	742	889	1449	2200
	金融衍生品	0	0	0	0	0	0	53
	其他投资	4416	6373	8907	9426	12724	14402	9643
	国际投资净头寸	14905	16880	16884	18665	19960	16028	15965

资料来源：CEIC 数据库，国家外汇管理局网站，2016 年 10 月。

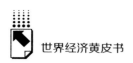

表7-2-1　FDI流量：部分经济体（2011年、2013年、2015年）

单位：亿美元

国家和地区	流入量			流出量		
	2011 年	2013 年	2015 年	2011 年	2013 年	2015 年
奥 地 利	106.2	57.2	38.4	219.1	155.7	124.0
比 利 时	782.6	136.8	310.3	463.7	181.6	385.5
法 国	316.4	428.9	428.8	514.2	250.0	350.7
德 国	675.1	116.7	317.2	779.3	403.6	943.1
意 大 利	343.2	242.7	202.8	536.7	251.3	276.1
荷 兰	243.7	513.8	726.5	347.9	699.7	1134.3
瑞 典	129.2	48.6	125.8	298.6	300.7	237.2
英 国	422.0	475.9	395.3	955.9	-187.7	-614.4
加 拿 大	396.7	717.5	486.4	521.5	548.8	671.8
美 国	2298.6	2115.0	3798.9	3965.7	3079.3	2999.7
澳 大 利 亚	589.1	569.8	222.6	17.2	15.8	-167.4
日 本	-17.6	23.0	-22.5	1076.0	1357.5	1286.5
新 西 兰	42.3	18.3	-9.9	25.3	5.3	2.1
莫 桑 比 克	35.6	61.8	37.1	0.0	—	0.0
南 非	42.4	83.0	17.7	-2.6	66.5	53.5
中 国	1239.9	1239.1	1356.1	746.5	1078.4	1275.6
中 国 香 港	962.1	745.5	1748.9	959.7	810.3	551.4
韩 国	97.7	127.7	50.4	297.1	283.6	276.4
印 尼	192.4	188.2	155.1	77.1	66.5	62.5
菲 律 宾	18.5	24.3	52.3	3.4	36.5	56.0
新 加 坡	483.3	660.7	652.6	314.6	395.9	354.9
泰 国	32.7	166.5	108.5	62.6	119.3	77.8
越 南	75.2	89.0	118.0	9.5	19.6	11.0
土 耳 其	161.4	122.8	165.1	23.3	35.3	47.8
阿 根 廷	108.4	98.2	116.6	14.9	8.9	11.4
巴 西	961.5	530.6	646.5	11.6	-11.8	3.7
委 内 瑞 拉	57.4	26.8	15.9	-3.7	7.5	-11.2
墨 西 哥	236.5	458.6	302.9	126.4	131.4	80.7
英属维京群岛	575.8	1121.3	516.1	599.3	1032.9	761.7
开 曼 群 岛	190.3	181.8	189.9	69.7	110.3	82.7
俄 罗 斯	368.7	534.0	98.3	486.4	706.9	265.6

资料来源：联合国贸发会2016年《世界投资报告》。

表 7 - 2 - 2　FDI 存量：部分经济体（2011 年、2013 年、2015 年）

单位：亿美元

国家和地区	流入存量			流出存量		
	2011 年	2013 年	2015 年	2011 年	2013 年	2015 年
奥 地 利	1528	1788	1648	1931	2318	2083
比 利 时	9428	5718	4687	10029	5031	4588
法 国	6989	7965	7720	12480	13603	13142
德 国	9977	10887	11213	14348	16119	18125
意 大 利	3551	3650	3353	5214	5360	4666
荷 兰	6107	7710	7070	9961	11442	10743
瑞 典	3491	3861	2819	3793	4223	3459
英 国	11457	14899	14574	16260	15798	15381
加 拿 大	8627	9620	7560	8916	11023	10783
美 国	34987	49547	55880	45143	62914	59828
澳 大 利 亚	5549	5681	5374	4188	4570	3964
日 本	2258	1707	1707	9628	11180	12266
新 西 兰	644	752	661	190	187	173
莫 桑 比 克	82	200	288	0	0	0
南 非	1594	1521	1249	971	1287	1628
中 国	7118	9568	12209	4248	6605	10102
韩 国	1352	1809	1746	1724	2388	2784
印 尼	1848	2308	2248	62	194	302
菲 律 宾	310	473	593	75	290	411
新 加 坡	6824	8851	9784	4997	6128	6253
泰 国	1550	1793	1754	377	583	681
越 南	645	818	1028	32	63	86
土 耳 其	1366	1498	1455	277	333	447
阿 根 廷	989	937	939	319	345	373
巴 西	6491	6448	4860	1598	2042	1814
墨 西 哥	3390	3947	4200	1148	1396	1519
英属维京群岛	3225	5091	6107	4361	5935	7509
开 曼 群 岛	1557	1820	2247	897	1039	1210
俄 罗 斯	4089	4715	2584	3157	3853	2520

资料来源：联合国贸发会（UNCTAD）数据库。

（八）全球竞争力和大公司排名

表 8-1　2016 年全球竞争力指数：部分国家和地区

国家和地区	2016 年竞争力指数		国家和地区	2016 年竞争力指数	
	位次	分数		位次	分数
瑞　　　士	1	5.8	捷　　　克	31	4.7
新 加 坡	2	5.7	西 班 牙	32	4.7
美　　　国	3	5.7	智　　　利	33	4.6
荷　　　兰	4	5.6	泰　　　国	34	4.6
德　　　国	5	5.6	波　　　兰	36	4.6
瑞　　　典	6	5.5	印　　　度	39	4.5
英　　　国	7	5.5	印　　　尼	41	4.5
日　　　本	8	5.5	俄 罗 斯	43	4.5
中 国 香 港	9	5.5	意 大 利	44	4.5
芬　　　兰	10	5.4	葡 萄 牙	46	4.5
挪　　　威	11	5.4	南　　　非	47	4.5
丹　　　麦	12	5.3	墨 西 哥	51	4.4
新 西 兰	13	5.3	土 耳 其	55	4.4
中 国 台 湾	14	5.3	菲 律 宾	57	4.4
加 拿 大	15	5.3	越　　　南	60	4.3
阿 联 酋	16	5.3	罗 马 尼 亚	62	4.3
比 利 时	17	5.3	秘　　　鲁	67	4.2
卡 塔 尔	18	5.2	匈 牙 利	69	4.2
奥 地 利	19	5.2	乌 拉 圭	73	4.2
卢 森 堡	20	5.2	伊　　　朗	76	4.1
法　　　国	21	5.2	塔 吉 克 斯 坦	77	4.1
澳 大 利 亚	22	5.2	巴　　　西	81	4.1
爱 尔 兰	23	5.2	希　　　腊	86	4.0
以 色 列	24	5.2	阿 根 廷	104	3.8
马 来 西 亚	25	5.2	埃　　　及	115	3.7
韩　　　国	26	5.0	巴 基 斯 坦	122	3.5
冰　　　岛	27	5.0	委 内 瑞 拉	130	3.3
中　　　国	28	5.0	莫 桑 比 克	133	3.1
沙　　　特	29	4.8	乍　　　得	136	2.9
爱 沙 尼 亚	30	4.8	也　　　门	138	2.7

　　注：因篇幅所限本表未列出全部国家和地区。

　　资料来源：世界经济论坛，http：//www.weforum.org/gcr。

表 8 – 2　2016 年《财富》全球 50 强公司排名

2016 年 排名	2015 年 排名	公司名称	总部所在地	营业收入 （亿美元）	利润 （亿美元）
1	1	沃尔玛	美国	4821.3	146.9
2	7	国家电网公司	中国	3296.0	102.0
3	4	中国石油天然气集团公司	中国	2992.7	70.9
4	2	中国石油化工集团公司	中国	2943.4	35.9
5	3	荷兰皇家壳牌石油公司	荷兰	2721.6	19.4
6	5	埃克森美孚	美国	2462.0	161.5
7	8	大众公司	德国	2366.0	– 15.2
8	9	丰田汽车公司	日本	2365.9	192.6
9	15	苹果公司	美国	2337.2	533.9
10	6	英国石油公司	英国	2259.8	– 64.8
11	14	伯克希尔 – 哈撒韦公司	美国	2108.2	240.8
12	16	麦克森公司	美国	1924.9	22.6
13	13	三星电子	韩国	1774.4	165.3
14	10	嘉能可	瑞士	1705.0	– 49.6
15	18	中国工商银行	中国	1672.3	441.0
16	17	戴姆勒股份公司	德国	1658.0	93.4
17	35	联合健康集团	美国	1571.1	58.1
18	30	CVS 健康公司	美国	1532.9	52.4
19	19	EXOR 集团	意大利	1525.9	8.3
20	21	通用汽车公司	美国	1523.6	96.9
21	27	福特汽车公司	美国	1495.6	73.7
22	29	中国建设银行	中国	1479.1	363.0
23	33	美国电话电报公司	美国	1468.0	133.5
24	11	道达尔公司	法国	1434.2	50.9
25	31	鸿海精密工业股份有限公司	中国	1412.1	46.3
26	24	通用电气公司	美国	1403.9	– 61.3
27	37	中国建筑股份有限公司	中国	1401.6	22.5
28	46	美源伯根公司	美国	1359.6	– 1.3
29	36	中国农业银行	中国	1334.2	287.3
30	41	威瑞森电信	美国	1316.2	178.8
31	12	雪佛龙	美国	1311.2	45.9
32	22	意昂集团	德国	1292.8	– 77.6
33	20	安盛	法国	1292.5	62.3
34	32	安联保险集团	德国	1229.5	73.4

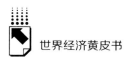
续表

2016 年排名	2015 年排名	公司名称	总部所在地	营业收入（亿美元）	利润（亿美元）
35	45	中国银行	中国	1223.4	271.9
36	44	本田汽车	日本	1216.2	28.7
37	38	日本邮政控股公司	日本	1187.6	35.5
38	52	好市多	美国	1162.0	23.8
39	42	法国巴黎银行	法国	1115.3	74.3
40	50	房利美	美国	1103.6	109.5
41	96	中国平安保险	中国	1103.1	86.3
42	54	克罗格	美国	1098.3	20.4
43	49	法国兴业银行	法国	1077.4	44.4
44	88	亚马逊	美国	1070.1	6.0
45	55	中国移动通信集团公司	中国	1067.6	101.4
46	60	上海汽车集团股份有限公司	中国	1066.8	47.4
47	114	沃博联	美国	1034.4	42.2
48	53	惠普公司	美国	1033.6	45.5
49	48	意大利忠利保险公司	意大利	1025.7	22.5
50	84	康德乐	美国	1025.3	12.2

资料来源：*Fortune*。

Abstract

The world economic growth further slowed in 2016 as well as employment growth. The prices of commodities kept in low-middle band after rebound and global inflation increased lightly. International trade and investment have been depressed since 2012. Global outstanding debt has been rising continuously and international financial market fluctuated frequently.

There are many challenges facing world economy, which include falling global potential economic growth rate, more fragile financial market, instability caused by the change of U. S. policies, low growth of international trade and investment, more inequality of income, and more serious anti-globalization. These challenges will restrain the strong, sustainable, balanced and inclusive growth of world economy. Moreover, geopolitical risks, refugee crisis, political cycle of great powers and terrorism may bring negative effects on the stability and development of world economy.

It is expected that the PPP-based GDP growth rate of the world economy will be 3. 0% , and the market exchange rate-based GDP growth rate of the world economy will be 2. 4% in 2017. These numbers are lower than the forecasts of IMF in October 2016.

It is expected that commodities' prices will rise and keep in low-middle band. Because OPEC reached an oil output reduction agreement and Russian committed to reduce oil output, crude oil price will increase and be above 60 US $ per barrel in 2017.

Contents

I   Overview

Abstract: The world economic growth further slowed in 2016 as well as employment growth. The prices of commodities kept in low-middle band after rebound and global inflation increased lightly. International trade and investment have been depressed since 2012. Global outstanding debt has been rising continuously and international financial market fluctuated frequently. There are many challenges facing world economy, which include falling global potential economic growth rate, more fragile financial market, instability caused by the change of U. S. policies, low growth of international trade and investment, more inequality of income, and more serious anti-globalization. These challenges will restrain the strong, sustainable, balanced and inclusive growth of world economy. Moreover, geopolitical risks, refugee crisis, political cycle of great powers and terrorism may bring negative effects on the stability and development of world economy. It is expected that the PPP-based GDP growth rate of the world economy is 3. 0% in 2017.

Keywords: World   Economic;   International   Trade;   International Investment; International Finance

Ⅱ Country／Region Study

Abstract: The contribution of personal consumption expenditure to U. S. economic growth decreased and the slowdown of the gross private domestic investment indicate that enterprises became less optimistic to the future in the past year. Net export and government expenditure are also promote grow effectively against the background of the subdued pace of foreign economic growth and huge public debt burden. Even through fundamental economic indexes still in good shape, future growth expectation held down by the flattened unemployment rate, the slowed pace of improvement of labor market condition, the fell back of consumer confidence index after it reach its peak, and remained relative stable of longer-run inflation expectation. The uncertainty of the economic growth warrant only gradual future increase in the federal funds rate. It is expected that the U. S. economy will grow at a slower pace in 2016 and 2017.

Keywords: Macroeconomic Situation; The U. S. Economy; Macroeconomic Policy

Abstract: Since the third quarter of 2015, the European economy continued in the recovery process, while the economic growth rate is modest. The quantitative easing monetary policy, including negative interest rate and expansion of Public Sector Purchase Program, and accommodative fiscal policy has played a positive role in promoting European economic recovery. However, the stable recovery of European economy is facing some challenges: the continuing slack global economic growth, financial market uncertainty after UK referendum etc. In

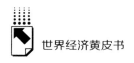

2017, the European economy will in the process of modest recovery.

Keywords: European Economy; Quantitative Easing; Economic Outlook

Y. 4   The Japanese Economy: The Policy Stimulus is Less Effective

Feng Weijiang / 063

Abstract: The Bank of Japan introduced "Quantitative and Qualitative Monetary Easing (QQE) with a Negative Interest Rate" in 2016. However, the monetary policy transmission is less effective to the stock market, the foreign exchange market and the real economy in Japan. To make up for the decline in the effectiveness of monetary policy, The Japanese cabinet approved an economic stimulus package worth 28.1 trillion yen. Limited by low growth and high government debt, the potential for further stimulus decreased. Sino-Japanese trade and investment relations were falling, which showed the cooling of economic cooperation caused by the strained Sino-Japanese relations could become permanent. Japan's real GDP is expected to grow about 0.4 % in 2016 and is expected to grow about 0.6 percent in 2017.

Keywords: Negative Interest Rate; "New Three Arrows" of Abenomics; Policy Stimulus

Y. 5   Asia-Pacific Economy: Domestic Demand Supporting Growth

Yang Panpan / 081

Abstract: The growth rate of Asia-Pacific Economy in 2016 is projected to be 5.4% – lower than 5.3% in 2015. Although the aggregated growth rate of major developed and developing economies in this region is higher this year than last year, China-the biggest economy – is experiencing transition and a lower growth rate. Thus, the growth rate of the whole region is declining. Compared with last year, most countries have higher inflation, lower currency value and moderate current account imbalance. With regarding to the major economies of this region, Korea, Indonesia and Australia are experiencing recovery owning to a higher private demand and accommodative macro policy, but there is no significant sign of external recovery due to weak global trade. India's growth is still robust with major boost from domestic consumption and government is implementing reform to remove bottlenecks for growth. Canada is hit by fire but will turn out to be better next year. In 2017, the prospect of Asia Pacific Region is affected by the uncertainty of external demand, the sustainability of domestic demand and the potential of long-term growth.

Keywords: Asia-Pacific Economy; Economic Growth; Domestic Demand; External Demand

Y. 6　Russian Economy: Stabilizing and Improving

Zhang Lin, *Gao Lingyun* / 096

Abstract: In 2015, Russian Federation's economy appeared to be recession in a certain extent because of some uncertainty factors, such as declining consumption, shrinking investment and the sharp depreciation of the ruble exchange rate, etc. Russia's economic slowdown significantly slowed. The total amount of foreign debt has declined. Inflation has shown a gradual decline in the trend of development, and the exchange rate also gradually stabilized in 2016. The effects of sanctions and anti sanctions continues to ferment, and the Russian import and export trade is still in the downturn. However, economic and trade cooperation between China and Russia made positive progress. In general, Russian economy is still relatively fragile.

Keywords: Russia Economy; Economic Sanctions; Recovery

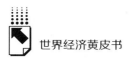
世界经济黄皮书

Y. 7　Latin American Economy: Enduring the

Economic Downturn　　　　　　　*Xiong Aizong* / 114

Abstract: Latin American economic growth rate is expected to be −0. 9% in 2016, witnessing negative growth for two consecutive years. From the internal point of view, the domestic demand contracted due to the fall in investment and consumption, from the external point of view, the external demand weakened caused by the slowdown of global economy, and lower commodity prices made Latin American economy worse. At the same time, the Latin American countries are also generally faced with high inflation, exchange rate volatility, deterioration of the employment situation and other risks, economic uncertainty further increased. Shrinking investment in the region has become a major reason for economic recession, the fragile investment confidence, high financing costs, sluggish commodity prices, deterioration of government finances and other factors will continue to inhibit the investment in the region, which also determines the Latin American economy in the short term will be difficult to return to the previous high-speed growth.

Keywords: Latin America; Economic Situation; Future Prospect

Y. 8　West Asia and Africa Economy: Seeking New Momentum of

Economic Growth　　　　　　　*Tian Feng* / 128

Abstract: The economic growth of West Asia and Africa slowed down in 2015. In West Asia and North Africa region, economic growth projected to be slightly stronger in 2016 and in 2017 is expected to be roughly the same as in 2016. In Sub Saharan Africa region, economic growth continued to slow down in 2016 and will slightly rebound in 2017. The factors affect economic growth in West Asia and Africa include the fall of Commodity prices (especially oil prices) fell, the unstable political security situation, and the relatively unfavorable global economic situation. The major economic powers in West Asia and Africa are implementing structural reforms to improve the business environment, enhance the vitality and competitiveness of enterprises, promote economic diversification, cut down the pressure on public finance, and construct the new impetus of economic growth.

Keywords: Commodity; Structure Reform; Economic Growth

Abstract: Chinese economy witnessed a rebound driven by real estate sector in 2016. However, China's potential economic growth rate was still on the downward trend. China's economic transformation process is similar to experience of high income economies rather than experience of those economies trapped in middle income. Reforms in many areas are required to enhance China's economic growth potential, such as development of metropolitan areas, deregulations in service sectors, and transformations of government functions in China's high income areas.

Keywords: Business Cycle; Economic Transformation; Real Estate Sector

Ⅲ   Special Reports

Abstract: In 2015, the global trade did not improve significantly. In the first half of 2016, the increase of global merchandise trade was still moderate, and was much lower than the annual growth rate 2. 8% predicted by WTO in April. Therefore, WTO reduced it to 1. 7% in September. The recovery of world economy is still quite weak. The global trade growth still tends to slow down. We think that the global merchandise trade growth in 2016 may not reach the level of that in 2015, and the trade volume growth rate will be less than 2. 0% . The development of global trade will be constrained by the economic downturn for a

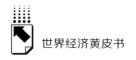

prolonged time. We estimate that the growth rate of global merchandise trade in 2017 could be around 2.5%. The improvement of global trade needs concrete growth strategy and effective trade governance measures. *G20 Global Trade Growth Strategy* passed by G20 Hangzhou summit will promote the sustainable development of global trade and economy. The summit proposed to build an innovative, invigorated, interconnected and inclusive world economy to encourage G20 members to participate in the governance of international trade and contribute to the vitality of global trade and economy.

Keywords: International Trade; Growth Forecast; G20 Global Trade Growth Strategy; Global Trade Governance

Y. 11　International Financial Market: Retrospectives and Prospects

Gao Haihong, Liu Dongmin / 172

Abstract: The global economic recovery was still weak in 2015 − 16, with the divergence of monetary policies among major countries. The US raised its interest rate at the end of 2015, but the further rise has been delayed again and again. By contrast, Japan and some European countries adopted negative interest rates in 2016, which exerted a significant impact on the global financial market. However, such policy changes did not have a notable effect upon the real economy. As a result, the risk preference of international investors declined and the financial fragility of emerging economies rises. It is the most important feature for the global bond market in 2016 that the yield of long term government bonds of Japan and some European countries goes negative. The global stock market performed well in 2016 because of extreme monetary policy and the rise of commodity prices. The appreciation of US dollar is the mainstream in the global foreign exchange market in 2016. How to prevent a new financial crisis is a key challenge facing the world in 2017.

Keywords: International Financial Risks; Bond Market; Equity Market; Foreign Exchange Market

Y. 12   International Direct Investment: Developments and

Prospects   *Wang Bijun* / 195

Abstract: Due to corporate reconfigurations, which often involve large movements in the balance of payments but little change in actual operations, global foreign direct investment (FDI) in 2015 jumped by 38% to $1. 76 trillion, their highest level since the global economic and financial crisis of 2008 − 2009. Developed economies and developing countries are imbalanced. The former gains the advantage while the latter is on the wane encumbered by the falling commodity prices, the slowing economic growth and the escalating geopolitical risk. However China becomes the world second largest ODI investor and its overseas investment exceeds FDI for the first time.

Keywords: Foreign Direct Investment; Cross-border Merger and Acquisition; Corporate Reconfigurations; Structure adjustment

Y. 13   Global Commodity Market: Current Situation and

Prospect   *Wang Yongzhong* / 210

Abstract: Increasing demand and declining supply has led to most of price indexes of commodities have reached trough in January 2016 and realized steady rebound in the first half of 2016. During the interval from January to July, 2016, the price index of all commodities in terms of current dollars has rebounded by 14. 3% , and that of crude petroleum, gold, minerals and metals, food, and agriculture raw material has risen by 48. 1% , 21. 9% , 15. 7% , 15. 7% , and 6. 1% respectively. With the impact of economic restructure, overcapacity obsolete, and the slow down in economic growth, the growth rate of China's demand on commodity has declined significantly, even recorded minus growth for several commodities. Due to the substantial decline in prices, the value of China's commodity import in 2015 has decreased by 30. 4% , while the quantity of import

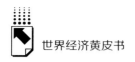
has risen by 6.7%, and China's import share has risen to 21.4% with an increase of 1.8 percents. The price index of global commodities will consolidate in the second half of 2016, and will rebound moderately in 2017. It is expected that the average price of crude petroleum will fluctuate at around USD52/barrel, and USD45/barrel in the fourth quarter, and whole year of 2016 respectively, and which will climb at around USD57/barrel in 2017.

Keywords: Commodity Market; Demand; Supply; Price

Ⅳ　Hot Topics

Y.14　Global Economic Governance Institution and Priority
　　　　Agenda of the G20: A Perspective from
　　　　Hangzhou Summit　　　　　　　　　　　　*Huang Wei* / 228

Abstract: In 9 years of its history, the G20 has formed a unique work mechanism and a number of stable priority issues. In the background of sluggish global economic growth and complex global economic performance, there is a high expectation for the Hangzhou Summit. For the first time, China, as the 11th G20 summit presidency, has designed the G20's agenda and navigated the global economic governance in 2016. China's presidency not only reflects G20's existing experience and succession, but also shows Chinese unique wisdom in the field of economic governance. The successful G20 Hangzhou summit has left a fruitful and historical mark for the G20 and global economic governance.

Keywords: Global Economic Governance; the G20; Hangzhou Summit

Y.15　Negative Interest Rate Policies: Targets, Channels And
　　　　Consequences　　　　　　　　　　　　　*Xiao Lisheng* / 243

Abstract: Against a background of persistently weak growth and low inflation expectations, a number of central banks have implemented negative interest rate policies to provide additional monetary policy stimulus over the past few years. This paper outlines the concerns associated with negative interest rates, provides an overview of the international experience so far with negative policy rates and sets out some general observations based on this experience. From the view of bank credit, transmission of negative policy rates works, although pass-through to bank deposit and lending rates has generally been partial. Transmission through the exchange rate channel depends on the exchange rate regime. While negative interest rate policies indeed change the pricing of financial assets, they need to be handled with care to secure their benefits while mitigating risks.

Keywords: Negative Interest Rate; Financial Stability; Bank Credit; Exchange Rate

Y. 16   Global Debt: Current Situation and Deleveraging Strategies

Zhang Ming / 257

Abstract: The global debt kept soaring in the past decade. The Rise of emerging economies' debt was much faster than the rise of advanced economies' debt. Governments' debt rose quickly than households' and corporations' debt. Among the advanced economies, Japan's debt was the highest, however France's debt rose fastest. Among the emerging economies, China's debt was the highest and China's debt also rose fastest. High debt would cause the following three major risks: the slowing down of economic growth, the rise of systemic financial risk, and the impact of deleveraging to economic growth after the burst of crisis. The strategy of global debt deleveraging includes reducing debt directly and accelerating economic growth. The austerity way of deleveraging would lengthen the deleveraging process and impact economic growth severely. Therefore, a relative loose fiscal and monetary policy mix would be indispensable during the deleveraging process.

Keywords: Global debt; Deleveraging; Economic Growth; Financial Risk

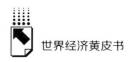
世界经济黄皮书

Y. 17　The US Presidential Election and Prospects of the TPP

Li Chunding , Ma Tao / 277

Abstract: The Trans-Pacific Partnership agreement is in the process of domestic approval by 12 member countries. The dominant position and huge economic scale of the US determines that the US's domestic approval is key for the fate of TPP. The US president and congress election delays the approval of TPP. Meanwhile, negative attitudes from the new president candidates, and oppositions from some congressmen and interest groups make the future of TPP unclear. Our analysis reveal that the TPP will be approved at last even though faced with many challenges. If the Obama government could finish the ratification of the TPP in Lame Duck Session Congress, the agreement will take effect soon. If the approval has been postponed to the new president period, the TPP will fall into a further debate.

Keywords: Trans-Pacific Partnership; US Presidential Election; Domestic Approval

Y. 18　Global Economic Uncertainties on Continual Rise
　　　　—Review on Three Key Macroeconomic Issues
　　　　Followed by Global Think-Tanks　　　*Li Yuanfang / 293*

Abstract: There are three key issues in global macroeconomy and financial markets in 2016, namely the normalization of the Fed monetary policy, the widening and deepening of the negative interest rate policy, and the UK's vote to leave the EU. One common feature of these issues is that huge uncertainties hover above their related policy practice and impact, due to a lack of historical precedents. Against this background, global think-tanks and academia made heated discussions around these issues. The paper introduces and comments the contents, opinions, divergences and policy implications of these issues.

Keywords: The Fed Rate Hike; Monetary Policy Normalization; The Negative Interest Rate; The Brexit

社会科学文献出版社 **皮书系列**

❖ 皮书起源 ❖

"皮书"起源于十七、十八世纪的英国，主要指官方或社会组织正式发表的重要文件或报告，多以"白皮书"命名。在中国，"皮书"这一概念被社会广泛接受，并被成功运作、发展成为一种全新的出版形态，则源于中国社会科学院社会科学文献出版社。

❖ 皮书定义 ❖

皮书是对中国与世界发展状况和热点问题进行年度监测，以专业的角度、专家的视野和实证研究方法，针对某一领域或区域现状与发展态势展开分析和预测，具备原创性、实证性、专业性、连续性、前沿性、时效性等特点的公开出版物，由一系列权威研究报告组成。

❖ 皮书作者 ❖

皮书系列的作者以中国社会科学院、著名高校、地方社会科学院的研究人员为主，多为国内一流研究机构的权威专家学者，他们的看法和观点代表了学界对中国与世界的现实和未来最高水平的解读与分析。

❖ 皮书荣誉 ❖

皮书系列已成为社会科学文献出版社的著名图书品牌和中国社会科学院的知名学术品牌。2011年，皮书系列正式列入"十二五"国家重点出版规划项目；2012~2015年，重点皮书列入中国社会科学院承担的国家哲学社会科学创新工程项目；2016年，46种院外皮书使用"中国社会科学院创新工程学术出版项目"标识。

中国皮书网

发布皮书研创资讯，传播皮书精彩内容
引领皮书出版潮流，打造皮书服务平台

栏目设置

关于皮书：何谓皮书、皮书分类、皮书大事记、皮书荣誉、
　　　　　皮书出版第一人、皮书编辑部
最新资讯：通知公告、新闻动态、媒体聚焦、网站专题、视频直播、下载专区
皮书研创：皮书规范、皮书选题、皮书出版、皮书研究、研创团队
皮书评奖评价：指标体系、皮书评价、皮书评奖
互动专区：皮书说、皮书智库、皮书微博、数据库微博

所获荣誉

2008 年、2011 年，中国皮书网均在全
国新闻出版业网站荣誉评选中获得"最具商
业价值网站"称号；

2012 年，获得"出版业网站百强"称号。

网库合一

2014 年，中国皮书网与皮书数据库端
口合一，实现资源共享。更多详情请登录
www.pishu.cn。

权威报告·热点资讯·特色资源

皮书数据库
ANNUAL REPORT(YEARBOOK) DATABASE

当代中国与世界发展高端智库平台

所获荣誉

- 2016年，入选"国家'十三五'电子出版物出版规划骨干工程"
- 2015年，荣获"搜索中国正能量 点赞2015""创新中国科技创新奖"
- 2013年，荣获"中国出版政府奖·网络出版物奖"提名奖
- 连续多年荣获中国数字出版博览会"数字出版·优秀品牌"奖

成为会员

通过网址www.pishu.com.cn或使用手机扫描二维码进入皮书数据库网站，进行手机号码验证或邮箱验证即可成为皮书数据库会员（建议通过手机号码快速验证注册）。

会员福利

- 使用手机号码首次注册会员可直接获得100元体验金，不需充值即可购买和查看数据库内容（仅限使用手机号码快速注册）。
- 已注册用户购书后可免费获赠100元皮书数据库充值卡。刮开充值卡涂层获取充值密码，登录并进入"会员中心"—"在线充值"—"充值卡充值"，充值成功后即可购买和查看数据库内容。

数据库服务热线：400-008-6695
数据库服务QQ：2475522410
数据库服务邮箱：database@ssap.cn
图书销售热线：010-59367070/7028
图书服务QQ：1265056568
图书服务邮箱：duzhe@ssap.cn

社会科学文献出版社 皮书系列
SOCIAL SCIENCES ACADEMIC PRESS (CHINA)
卡号：9402080985649136
密码：

S 子库介绍
ub-Database Introduction

中国经济发展数据库

涵盖宏观经济、农业经济、工业经济、产业经济、财政金融、交通旅游、商业贸易、劳动经济、企业经济、房地产经济、城市经济、区域经济等领域，为用户实时了解经济运行态势、把握经济发展规律、洞察经济形势、做出经济决策提供参考和依据。

中国社会发展数据库

全面整合国内外有关中国社会发展的统计数据、深度分析报告、专家解读和热点资讯构建而成的专业学术数据库。涉及宗教、社会、人口、政治、外交、法律、文化、教育、体育、文学艺术、医药卫生、资源环境等多个领域。

中国行业发展数据库

以中国国民经济行业分类为依据，跟踪分析国民经济各行业市场运行状况和政策导向，提供行业发展最前沿的资讯，为用户投资、从业及各种经济决策提供理论基础和实践指导。内容涵盖农业，能源与矿产业，交通运输业，制造业，金融业，房地产业，租赁和商务服务业，科学研究，环境和公共设施管理，居民服务业，教育，卫生和社会保障，文化、体育和娱乐业等100余个行业。

中国区域发展数据库

对特定区域内的经济、社会、文化、法治、资源环境等领域的现状与发展情况进行分析和预测。涵盖中部、西部、东北、西北等地区，长三角、珠三角、黄三角、京津冀、环渤海、合肥经济圈、长株潭城市群、关中—天水经济区、海峡经济区等区域经济体和城市圈，北京、上海、浙江、河南、陕西等34个省份及中国台湾地区。

中国文化传媒数据库

包括文化事业、文化产业、宗教、群众文化、图书馆事业、博物馆事业、档案事业、语言文字、文学、历史地理、新闻传播、广播电视、出版事业、艺术、电影、娱乐等多个子库。

世界经济与国际关系数据库

以皮书系列中涉及世界经济与国际关系的研究成果为基础，全面整合国内外有关世界经济与国际关系的统计数据、深度分析报告、专家解读和热点资讯构建而成的专业学术数据库。包括世界经济、国际政治、世界文化与科技、全球性问题、国际组织与国际法、区域研究等多个子库。

法 律 声 明